伝説の編集長が教える
会社四季報はココだけ見て得する株だけ買えばいい

改訂版

『会社四季報』元編集長
山本隆行

東洋経済新報社

目次

伝説の編集長が教える
会社四季報はココだけ見て
得する株だけ買えばいい　改訂版

第1章

会社四季報は毎号読むから意味がある

第4章

稼ぎ頭を見抜くとっておきテクニック

第6章

業績欄「知ってるつもり」じゃもったいない ……… 119

第9章

会社四季報「分解術」で大事なことが見えてくる……181

第10章 キャッシュフローでわかる儲けのウソ・ホント

第11章 最高益企業を狙え！

第12章 「フル生産」の落とし穴

第15章

割安株の本当の探し方

『会社四季報』とは

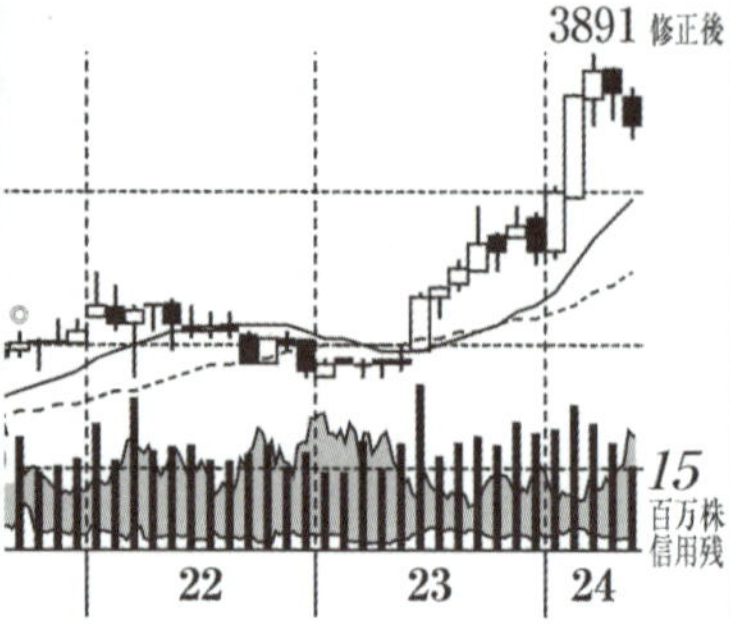

株価指標	
予想PER	(倍)
〈25.3〉	12.4
〈26.3〉	11.3
実績PER	
高値平均	11.8
安値平均	7.5
PBR	1.36
株価(5/27)	3450円
最低購入額	34万5000円

7203 トヨタ自《じ》動《どう》車《しゃ》

【決算】3月
【設立】1937.8
【上場】1949.5

【特色】4輪世界首位。国内シェア3割超。傘下に日野、ダイハツ。SUBARU、マツダ、スズキと提携
【連結事業】自動車91(11)、金融8(16)、他1(13)〈24・3〉

【費用増】世界販売1095万台(1・3%減)で高水準。日米軸に高単価SUV好調。利幅厚いHV貢献。部品会社や販売店支援等7000億円重く営業減益だが、販価是正や円安で一部補う。会社計画保守的。
【米　国】インディアナ工場に約2200億円投じ、SUV型EVの生産を26年に開始。不正発覚のダイハツ海外新車事業はトヨタが開発から認証まで責任持つ体制に。

【本社】471-8571愛知県豊田市トヨタ町1
☎0565-28-2121
【東京本社】☎03-3817-7111
【名古屋オフィス】☎052-552-2111
【工場】本社，元町，上郷，高岡，三好，堤，他
【従業員】〈24.3〉連380,793名 単‥名(‥歳)年‥万円
【証券】上東京P，名古屋P，NY，LON 幹(主)野村 (副)日興，三菱Uモル，大和，みずほ 名三菱U信 監PwCJapan【銀行】三菱U，三井住友
【仕入先】—
【販売先】—

東洋経済新報社が発刊する企業情報誌。創刊は1936年（昭和11年）で80年以上の歴史がある。上場全企業約3900社の業績を業界担当記者が独自予想し、記事をまとめている。ほかにも財務状況や株主構成、仕入れ先など、会社分析に必要な情報が凝縮されている。毎年12月の新春号（1集）、3月の春号（2集）、6月の夏号（3集）、9月の秋号（4集）の年4回発行。

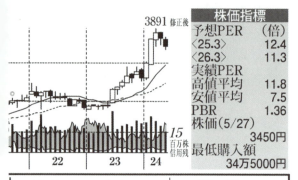

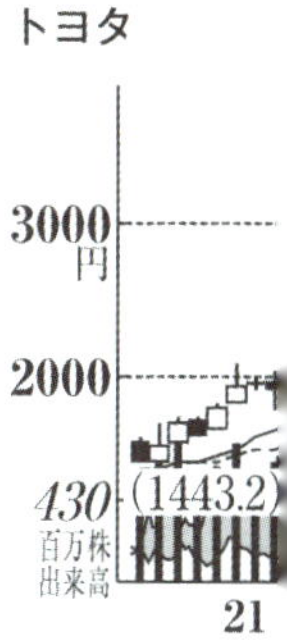

【輸送用機器】

↓前号比減額

㊝会社比強気

年月	【資本異動】	万株
16. 8	交換	338,509
20. 1	交換	331,009
21.10	分1→5	1,631,498
24. 5	消却	1,579,498

東証P	高値	安値
49~22	**10460**(21)	**21**(50)
23	2911.5(9)	1764(3)
24.1~5	3891(3)	2572(1)

	高値	安値	出来万株
24. 3	**3891**	3398	66,906
4	3824	3453	56,974
#5	3674	**3309**	48,009

【外国人持株】 +2.5pt(+0.3pt)
前年 18.1%(5年前 20.3%)
【会社業績修正】 上方6 下方0
経常益÷期初会社予想 1.4倍
【業種】 自動車
時価総額順位 1/8社
【比較会社】 7201 日産自動車, 7267 ホンダ, 7269 スズキ

【株式】4/30 16,314,987千株
単位 100株 貸借
時価総額 54.4兆円 225
【財務】<◇24.3> 百万円
総資産 90,114,296
自己資本 34,220,991
自己資本比率 38.0%
資本金 397,050
利益剰余金 32,795,365
有利子負債 36,561,780
【指標等】 <◇24.3>
ROE 15.8% 予11.0%
ROA 5.5% 予 4.2%
調整1株益 —円
最高純益(24.3) 4,944,933
設備投資 20,108億 予21,500億
減価償却 12,484億 予13,800億
研究開発 12,023億 予13,000億
【キャッシュフロー】 億円
営業CF 42,063(29,550)
投資CF ▲49,987(▲15,988)
財務CF 24,975(▲561)
現金同等物 94,120(75,169)

【株主】㊖‥名<24.3> 万株
自社(自己株口) 284,081(17.4)
日本マスター信託 180,840(11.0)
豊田自動織機 119,233(7.3)
日本カストディ銀行 83,648(5.1)
日本生命保険 63,323(3.8)
JPモルガン・チェース・バンク 58,558(3.5)
デンソー 44,957(2.7)
ステート・ストリート・バンク&トラスト 37,884(2.3)
BNYMデポジタリRH 32,167(1.9)
三井住友海上火災 28,407(1.7)
<外国>20.6% <浮動株> ‥%
<投信> ‥% <特定株> ‥%
【役員】(会)豊田章男 (副会)早川茂 (社)佐藤恒治 (取)中嶋裕樹 宮崎洋一 ⇨巻末
【連結】 ダイハツ工業, 日野自動車, 米国トヨタ自動車販売

【業績】(百万円)	営業収益	営業利益	税前利益	純利益	1株益(円)	1株配(円)
◎20. 3*	29,929,992	2,442,869	2,554,607	2,076,183	147.1	44
◇21. 3*	27,214,594	2,197,748	2,932,354	2,245,261	160.6	48特
◇22. 3*	31,379,507	2,995,697	3,990,532	2,850,110	205.2	52
◇23. 3	37,154,298	2,725,025	3,668,733	2,451,318	179.5	60
◇24. 3	45,095,325	5,352,934	6,965,085	4,944,933	365.9	75
◇25. 3予	46,500,000	4,600,000	5,370,000	3,760,000	279.1	75~80
◇26. 3予	48,000,000	5,100,000	5,900,000	4,130,000	306.6	75~85
◇23.4~9	21,981,617	2,559,294	3,521,525	2,589,428	191.3	30
◇24.4~9予	22,300,000	2,200,000	2,500,000	1,750,000	129.9	30~35
会25. 3予	46,000,000	4,300,000	5,070,000	3,570,000	(24.5.8発表)	

【配当】	配当金(円)
22. 3	28
22. 9	25
23. 3	35
23. 9	30
24. 3	45
24. 9予	30~35
25. 3予	45

予想配当利回り 2.17%
1株純資産(円)<◇24. 3>
2,540 (2,089)

この本の見方・使い方

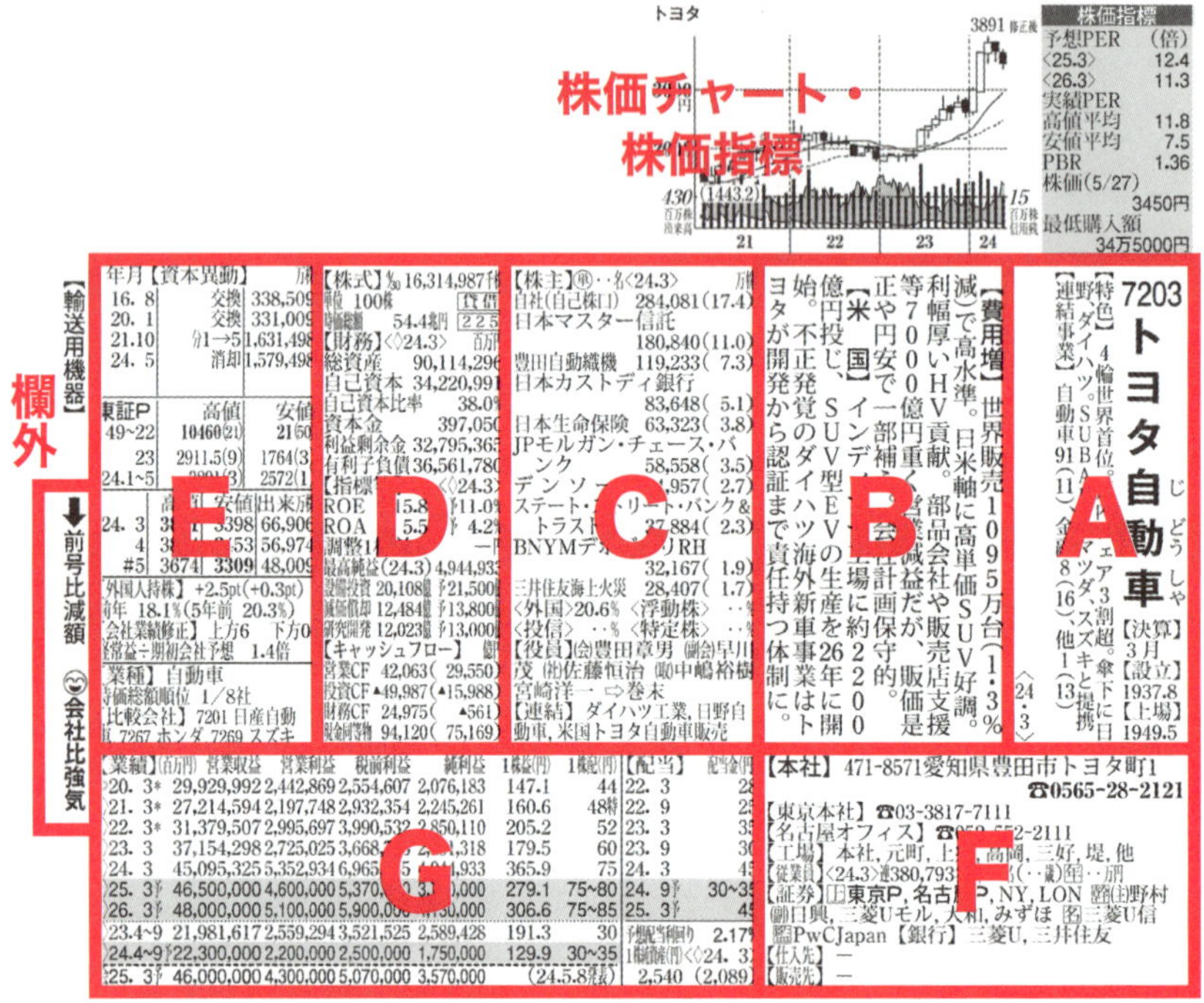

この本では会社四季報誌面を7ブロックに分けて解説している。

Aブロック　どんな会社か①

【特色】ではビジネスモデルや市場シェア、沿革などがわかり、【連結事業】の事業構成比と各事業の売上高利益率を見れば、収益柱がわかる。【海外】は海外売上比率。

Bブロック　業績記事

前半の業績欄では今期予想営業利益を中心に業績動向を解説し、後半の材料欄では今後の成長戦略や経営課題に触れている。

Cブロック　誰が所有し、経営を任されているか

【株主】に上位10名の大株主を掲載している。なお、【業績】欄の予想1株益は自社（自己株口）の株数を控除して算出している。

Dブロック　安全性と収益性

【財務】に資産、負債など貸借対照表の重要数値を掲載している。このうち有利子負債と、株主に帰属する資産の比率を表す自己資本比率は、安全性を測る代表的指標。実際の現金の出入りを示す【キャッシュフロー】も掲載。会社の収益性を調べる場合は【指標等】が参考になる。ROE（自己資本利益率）は、株主から集めたおカネを使い利益を生み出す際の効率性を表している。会社の将来性を見るには、設備投資や研究開発も重要。

Eブロック　株式市場の評価

中段にある株価推移で過去の高値《たかね》・安値《やすね》や出来高が確認できる。その下のスペースでは過去3期と比較した四半期進捗率や就職関連など、毎号テーマを変えた特集を組んでいる。【業種】は東証33業種よりも詳しい東洋経済独自の60分類を掲載。順位は業界内の時価総額順だ。【比較会社】には事業領域や時価総額の近い会社が載っている。ライバル会社を探すときや、会社比較の際に役立つ。

Fブロック　どんな会社か②

【従業員】の平均年齢や平均年収から会社の活力を推し量ることができる。社員数を用いて1人当たりの売上高や利益率の変化を計算すれば、会社の成長性がわかる。【仕入先】、【販売先】などにも注目したい。

Gブロック　業績

業界担当記者の取材に基づいた独自2期予想を掲載。上から①過去の実績、②今期・来期の会社四季報独自予想（太字になっている）、罫線を挟んで③四半期決算、④会社の今期予想、の順。【配当】は、株主が実際に受け取った、または受け取れると予想した額を掲載している。一方の1株配（円）は、株式分割や株式併合で発行済み株式数が変化した場合も時系列で増減を比べられるように、影響を調整した額となっている。

株価チャート・株価指標

過去3年強（41カ月）分の月足チャートを掲載。中長期的な株価位置がわかる。移動平均線は12カ月（実線）と24カ月（点線）を表示。下部の折れ線は信用売り残と買い残を示す。

株価指標の予想PER（株価収益率）は株価÷会社四季報予想1株利益。高値平均、安値平均は過去3年PERの平均値。株価が割安か割高かを判断する参考になる。今期・来期の予想PERとPBR（株価純資産倍率）を、業種別平均（毎号巻頭の「業績展望」表に掲載）と比べるのも有効。

欄外

今号予想を上方修正したときは⬆や⬆⬆が、逆に下方修正したときは⬇や⬇⬇といった前号比修正矢印が現れる。また会社四季報予想と会社計画に差のある会社は、下段にニッコリマークやダブルニッコリマークがつく。

第1章

会社四季報は毎号読むから意味がある

会社四季報はこうして生まれた

私は会社四季報セミナーの講師として全国の主要都市を回っているが、時々「会社四季報は一体どうやって生まれたんですか？」と聞かれることがある。

セミナー参加者はイベントごと地域ごとにさまざまで、株式投資未経験の主婦や若いカップル、投資経験40年の「億り人」、会社経営者、スナックのママさん風の女性といろいろいる。そうした皆さんも、**「あんな分厚い雑誌を年4回も出そうとしたのがそもそも驚き」という点では一致しているようだ。**

生みの親の名は小倉政太郎という。アイデアマンだった小倉は1903年福島県に生まれ、1917年に東洋経済新報社に入社した。小倉は1934年、関西支局長時代に会社四季報のアイデアを思いついた。当時の部下は次のように回想している。

「小倉は本を読むより現実を直視して考えよと説いた人で、会社四季報の創案はダイヤモンド社が1934年に発刊した『ポケット会社要覧』がヒントになっている。しかし投資に必要な業績見通しや新規事業計画などの記事がなく、しかも年2回刊では間が空きすぎる。少なくとも四半期ごとの解説がほしかった。そこで小倉は過去の数字を半分、今後の見通しを半分盛り込んだ四半期報を出したらどうかと考え、必ず売れると確信して編集会議に提案した」

会社四季報の第1号が誕生したのは二・二六事件が起きた1936年の6月のことだ。反響は上々で、同年6月12日付の社内報は「市場人の絶賛を得、大口注文が続々とあります」と報告し、第2号についても読者の声として「実に便利でよろしい。第2輯（原文ママ）は大分会社数も増されてありますが、此の上もっと新興会社を加へて貰い度い」「出来栄え類書中出色と思ふ。御世辞ではなく。銘柄はなるたけ多く」「今後市場の花形株を増加して御発行下さい」など好意的な批評を紹介している（『東洋経済新報社　百年史』より抜粋、一部筆者が編集加筆）。

会社四季報に四季がある理由

会社四季報が年4回発行されるのは「会社の決算が四半期ごとにあるから」と考えている人が多いが、それは違う。米国で法令により四半期決算が義務化されたのは、会社四季報創刊より34年もあとの1970年である。

つまり、**会社四季報は米国より一世代も早く、四半期決算（実際には決算ではないが）の重要性を見抜いていたことになる**。その理由は先ほどお話ししたとおり、小倉が「年2回では間が空きすぎる」と考えたからだが、会社四季報創刊号は巻頭の「本書発刊に就いて」の中でより詳しくこう記している。

「言うまでもなく会社は生きた物である。ことに投資的対象として株式会社を見る場合には、日々刻々の息吹を知る必要がある。だから年に1回しか発行されぬ便覧の類いではその目的には不十分だ。そこで我々はもっと頻繁に3カ月ごとに刊行する『会社四季報』を作ったわけである」

ちなみに、日本では1999年頃から四半期決算を発表する会社がちらほら出始め、金融商品取引法で法的に義務化されたのはさらに10年後の2009年3月期からだ。

80年以上にわたって企業業績を分析してきた

２０２１年に誕生した岸田文雄政権は目玉政策の１つとして四半期開示の簡素化を掲げ、２０２３年11月、衆議院本会議において金融商品取引法を改正、「四半期報告書」の廃止を決定した。証券取引所の規則に基づく「決算短信」と四半期報告書の開示時期が近く、内容面でも重複が多かったため、会社の負担軽減効果を狙ったものだった。

ただこれで四半期開示が重要でなくなったわけでは決してない。それが証拠に、東京証券取引所は２０２４年度から四半期決算短信の内容を拡充し、投資家ニーズの強いセグメント収益やキャッシュフローに関する情報の開示を義務づけることになった。**もちろん、年4回発行するという会社四季報の創刊からのスタンスは変わることはない**。

その読み方はとてももったいない

会社四季報は国内の上場企業３９００社強すべてをカバーしている。**一国の上場企業を1社の例外もなく同じスタイルで分析し、1冊にまとめた出版物は世界広しといえど会社四季報しか存在しない**。

そんな会社四季報だが、読者の皆さんは3カ月ごとに発売される誌面から「日々刻々の息吹」を感じ取ってくれているだろうか。

私はセミナーの最初で必ず聞くことがある。

「会社四季報を毎号買っている人は、手を挙げてみてください」

100人規模のセミナーでも、挙手するのは5～6人くらいだろうか。いちばん多いのは年に2冊買う人で、次が1冊だけという人たちだ。

「ではその1冊は、春号（3月発売）、夏号（6月）、秋号（9月）、新春号（12月）のどれですか」とさらに聞くと、多いのは夏号、次が新春号という順になる。**しかし残念ながら、それでは会社四季報の本当においしいところは食べ残したままなのだ。**

私は、会社四季報の最大の効用は「気づき」にあると思っている。気づきには2種類あり、1つは「へーっ！」という気づき、もう1つは「あれっ？」という気づきだ。

例えば、「カレーハウスCoCo壱番屋」を全国展開する壱番屋（7630）。会社四季報の【特色】欄には「ハウス食品の子会社」とあり、【株主】欄を見るとハウス食品グループ本社（2810）が50・9％を握る筆頭株主となっている。壱番屋は2015年にハウス食品に買収されたのだが、「へーっ！　知らなかった」という人は多いようだ。

自動車のカーペットや内装品を手がける住江織物（2024年12月からSUMINOEに社名変更、3501）の【特色】欄に「国会の赤じゅうたんを納入する名門繊維企業」と書いてあったり、「マルちゃん」「赤いきつね」「緑のたぬき」などの即席麺でおなじみの東洋水産（2875）に「米国、メキシコでは圧倒的首位」とあったりするのも、初めて知った人なら「へーっ！」と思うに違いない。**こう**

した気づきは、会社四季報のあちこちにちりばめられている。

ここで1つ質問したい。「ユニクロ」を世界展開するファーストリテイリング（9983）の株主数は何人だろうか？

答えの前に、他社のデータを見てみよう。やはり大手アパレルのアダストリア（2685）は4万9852人、ユナイテッドアローズ（7606）は2万2594人だ（いずれも会社四季報2024年夏号ベース）。時価総額ではどうだろうか。ファストリの時価総額13兆4800億円（2024年7月17日時点）と並ぶ信越化学工業（4063）の株主数は13万2478人となっている。小売りセクターの時価総額で首位のファストリに次ぐセブン＆アイ・ホールディングス（2025年中に「セブン－イレブン・コーポレーション（仮）」へ社名変更予定、3382）は6万4827人だ。

会社四季報2024年夏号を見ると、ファストリの株主数はたったの8506人しかいない。2023年3月に株式を3分割したこともあって実はこれでも増加基調にあり、1年前の2023年春号時点ではわずか6419人だった。全国4証券取引所（札幌、東京、名古屋、福岡）の調べによると、2022年度末における上場会社1社当たりの平均株主数は1万8182人であり、ファストリは平均の6割強程度となる。理由は本書の後半で触れるが、これも「へー、そうだったのか！」の気づきに当たる。

「あれっ？」という気づき

一方、2つ目の「あれっ？」は、「変化」に対する気づきだ。

会社四季報の【従業員】欄に掲載されている年収が、3カ月前に出た前号からドカンとアップしていたら、誰しも「あれっ？　なぜだろう」と思うだろう。

FA（生産自動化）センサーなど検出・計測制御機器を手がけるキーエンス（6861）という会社をご存じだろうか。自社工場を持たず生産を外注するファブレス企業で、代理店を通さない直販営業と「世界初・業界初」の開発力で営業利益率（営業利益÷売上高×100）はなんと50％を超える。

キーエンス株は1株7万円を超える値ガサ株だ（2024年7月時点）。値ガサ株とは、1単元当たりの単価が高い株のことをいう。1株7万円なら1単位でも700万円以上が必要となり、会社員投資家がおいそれと手を出せる代物ではない。

キーエンスの時価総額は約18兆円。日本企業の時価総額1位はいうまでもなくトヨタ自動車（51兆円）だが、キーエンスは堂々の4位に君臨する。中でも驚くのは社員の年収が製造業で日本一という点にある。

会社四季報2022年春号を見ると、平均年齢35・8歳、平均年収1751万円という高給っぷりである。これだけでも十分驚きなのだが、2年後の2024年春号ではなんと2279万円と、528万円（！）もアップしている。**この変化が「あれっ」という気づきにつながる**。

ちなみに逆のケースもある。消費者向けＥＣ（電子商取引）業者向けに決済処理サービスを手がけるＧＭＯペイメントゲートウェイ（３７６９）は、２０２１年夏号で上場来初めて年収が減っている。同号の見出しは**【絶好調】**と最上級の扱いだったにもかかわらずである。敏感な読者なら、「あれっ、なんかおかしいな」と思っただろう。

「1年に1冊買う程度です」「ごくたまに読みます」という人は、申し訳ないがおそらくこうした変化に気づけまい。とてももったいないと思う。**会社四季報は毎号チェックしてこそ、掲載されている情報の価値が倍増するのだ**。

みんな知らない各号の違い

このように説明してもなお「それでも私は1年に1冊だけでいいんです。その場合、どの号を買えばよいですか」と聞いてくる投資家もいる。この問いに答えるには、まず、年4回発売される各号の特徴をきちんと把握しておく必要があるだろう。

会社四季報にあまりなじみのない人は、年4回発行される各号に特徴や違いがあることを知らないのではないだろうか。また、年に1、2回しか買わない読者の中には、多くの上場企業が3月決算のため、その発表後に発売される夏号（6月発売）こそが会社四季報の本命であって、その他の号はアップデート版程度に考えている人も多いようだ。**しかし、その程度の知識で会社四季報と本気で〝付き合う〟にはちょっと無理がある**。

決算発表と会社四季報発売のタイミング（3月決算のケース）

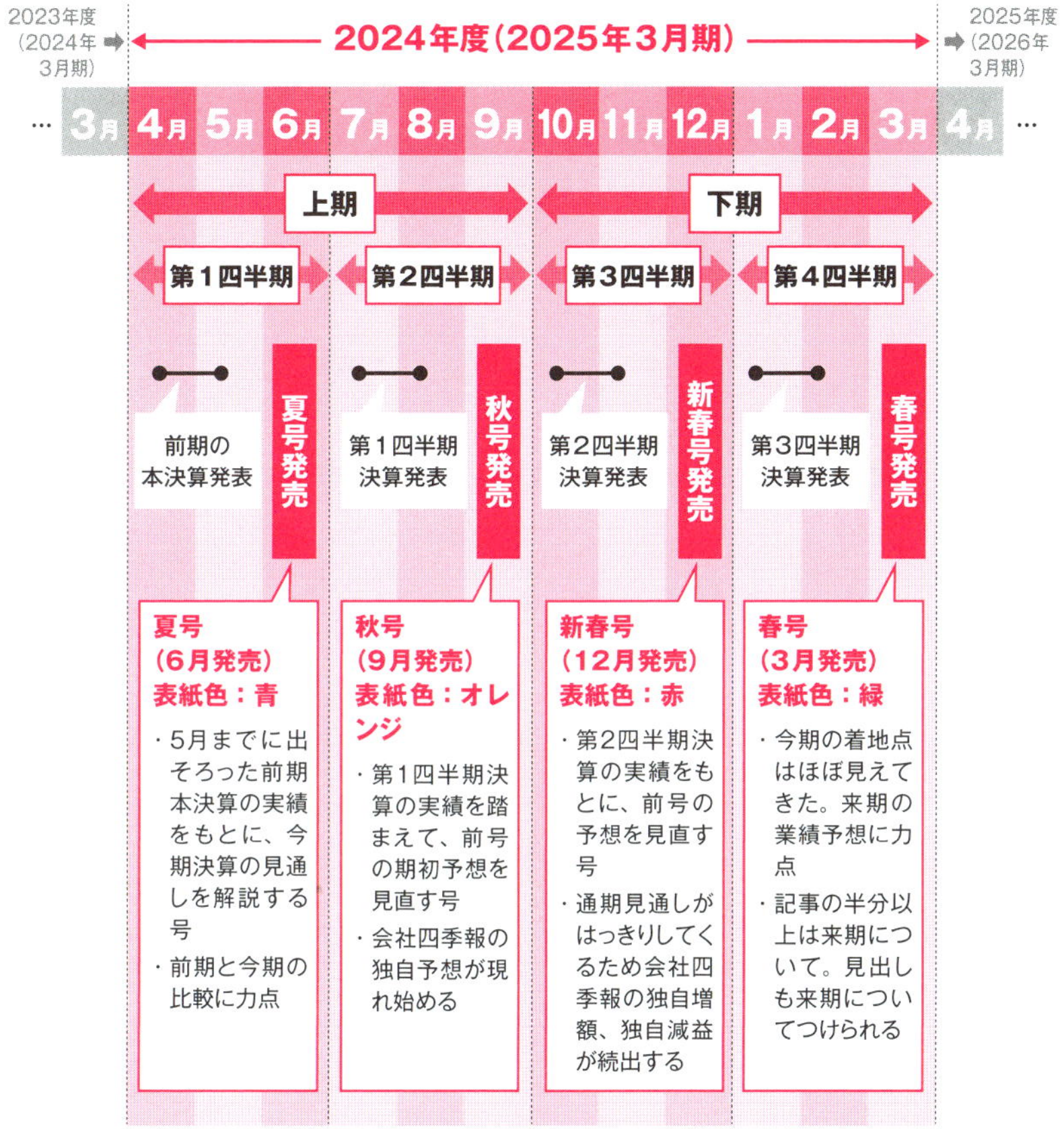

日本の上場企業の場合、3月決算（4月〜翌年3月）が最も多い。会社四季報では2025年3月期なら25.3と表記する。決算日から3週間〜1カ月半後に発表された発表内容を受けて記者が取材・執筆するという流れとなっている。

株式投資を行う以上、しっかりと押さえておかなければならないのは、株価に大きな影響を与える「決算発表」の流れである。

日本の上場企業は約6割が3月期決算会社だ。毎年4月に新しい事業年度がスタートし、翌年の3月末に終了する。3月決算会社の場合、新年度に入って最初の決算となる第1四半期（4～6月）の業績発表は、夏真っ盛りの7月下旬から8月中旬にかけてのおよそ20日間のどこかで行われる。次の第2四半期（7～9月）決算発表は秋本番の10月下旬から11月中旬に行われ、その後3カ月ごとに第3四半期（10～12月）決算、第4四半期（1～3月）決算……と繰り返されていく。

東京証券取引所が、決算発表は締め日から30日以内、遅くとも45日以内に行うのが望ましいとしているため（45日ルールという）、こうしたタイミングになる。

決算発表シーズンは投資家にとって最大の書き入れ時だ。決算の内容を見て、あるいは事前に見越して活発に短期売買するいわゆる「決算プレー」で大いににぎわう。

記者たちの真剣勝負

会社四季報の記者も、年4回の決算発表のタイミングで取材活動に入る。例えば、1年の事業活動の締めくくりとなる3月本決算は、ゴールデンウィークを挟んだ4月下旬から5月半ばにかけて発表される。この時期、100人を超える記者は若手、ベテランを問わず取材に駆け回り、無駄口もきかなくなる。決算発表が山場を迎えてから会社四季報発売までは約1カ月しかない。その間にすべての担当会社を取材・執筆しなければならないのだから、大げさではなく必死にならないと間に合わない。

記者は取材で得た情報や印象をもとに独自の予想を立て、業績記事を書く。原稿は編集部やベテラン記者陣の厳しいチェックを経て1冊にまとまり、6月中旬に全国の書店に並ぶ。

余談になるが、個別取材のスタイルは会社によってまったく違う。社長みずから熱心に取材対応する会社もあれば、広報・IR（Investor Relations）の担当者が、話もそこそこに「もうこのくらいでいいですか」と切り上げにかかるような、消極的な会社もある。どの会社がどのタイプなのかは、会社四季報を長年読み続けている投資家なら、業績記事の行間からなんとなく読み取れるのではないだろうか。

これまた余談だが、記者が最初に書いた記事がそのまま通ることはめったにない。編集部やベテラン記者から原稿が1、2度突き返されるのは当たり前だ。業績予想数字に対する背景説明が甘かったり矛盾したりしていると、多いときは7、8回戻されることもある。あまりに甘い業績予想は投資家の信用を失うことになり、逆に厳しすぎると会社側からクレームの嵐となることもある。

要は何があっても説明責任を果たせるだけの取材と執筆、編集が絶対必要なのだ。

夏号は1年の変化に軸足

話を6月発売の夏号に戻そう。3月本決算後の最初の号となる夏号の特徴はなんといっても、前期の業績実績と今期の業績予想、そして2期目となる来期の業績予想の3つが一斉に入れ替わる（新しくなる）点にある。

ある会社がどんな事業で売上高や利益をいくら挙げているかを調べるための〝会社要覧〟として使うなら、最新数字に更新される夏号で確かに十分だろう。実際、過去何十年分の販売統計を見ても、この号が1年でいちばん売れている。

夏号が軸足を置いているのは前期との比較、つまり、前期と今期で業績がどう変化するのかという点にある。前期に減益だった会社が今期は増益が見込まれるなら、業績記事には「なぜ増益に転じるのか」という背景説明が、短い文章で端的に書かれる。

業績変化は大きく4つのパターンに分かれる。**①今期は前期に比べ売上高も利益も増える（増収増益）**、**②売上高も利益も減る（減収減益）**。この2つは単純なパターンといえる。一方、**③売上高は増えるが利益が減る（増収減益）**、**④売上高は減るが利益は増える（減収増益）**パターンも意外に多い。株式投資の世界では、どちらかというと③増収減益や④減収増益のほうに買いのヒントがあったり、逆に落とし穴が隠されていたりする。

では、今期予想が③増収減益の会社と④減収増益の会社があったら、どちらに投資すべきだろうか？

答えは「なぜそのパターンになるかの理由しだい」だ。

例えば、ある会社は社員を積極採用し販売員を増やしたため、売上高は増えた反面、人件費負担が重くなって利益が減った。典型的な③増収減益パターンの一例だが、このケースでは今期の業績だけではマルかバツかは判断できない。**ポイントとなるのは2期目（来期）の予想業績だ**。人員増強が奏功して売上高がさらに伸び、人件費負担を吸収して増益に転じることができるか。実際の予想がそうなっていれば、今期がたとえ減益でもこの会社の株は「買い」となる。

「人員増強が奏功して」と言ったが、奏功という単語は会社四季報の業績記事にたびたび登場する。19字×9行の短い原稿量しかないのに「功を奏する」と5文字も使う余裕はない。同じように、想定を超えてというところを「想定超」、よく伸びるの代わりに「好伸」と言い切ったりするのも会社四季報ならではの〝用語〟だ。拡販（販売量が増える）、深耕（市場をより深く耕してニーズを捉える）、販価（販売価格）など、普通はあまり使わない言い回しも多い。

よい減益か悪い減益か

脇道にそれたが、では④減収増益のパターンにはどんなものがあるだろうか。

多角化を進めてきたある会社が構造改革に着手し、不採算部門の切り離し（事業譲渡や撤退）に踏み切ったとしよう。すると売上高は減るが、利益にはプラスに働く。

この場合、2期目の業績予想をチェックして来期も減収が続いているようなら問題だが、来期には増収に転じ利益が伸びるか、あるいは伸びないまでも収益性を示す営業利益率が改善しているようであれば、やはり「買い」の判断になる。

会社四季報2024年夏号で、このパターンとして目にとまったのは日清紡ホールディングス（3105）だ。【特色】に「綿紡績名門」とあるように祖業は繊維で、一時は売上高の70%超を占めていたが、１９８０年代以降の円高に苦しみ、２０２０年12月期には７％まで縮小した。

代わって期待をかけたのが、繊維の技術を応用できる自動車ブレーキ用の摩擦材である。２０１１年には同社として過去最大の約４５０億円を投じ、世界２位のドイツの企業を買収するなどして一時は世界トップに立った。ところがこれは失敗に終わる。ＥＵ（欧州連合）の環境規制や、ＣＡＳＥ（コネクテッド、自動運転、シェアリング、電動化）普及による事業環境の変化への対応に追われたうえ、原燃料高に圧迫されたことで、３期連続で赤字を喫し、２０２３年11月にはついに欧州ブレーキ事業の売却を決断することになる。**このため、２０２４年12月期には売り上げが減り利益は増える減収増益予想となっている。**

ただ、日清紡は直後の２０２３年12月に日立国際電気（２０２４年12月より国際電気に社名変更）を

構造改革で「よい減収増益」に

3105
日清紡《にっしんぼう》ホールディングス
【決算】12月
【設立】1907.2
【上場】1949.5

【特色】綿紡績名門。ブレーキ摩擦材や無線通信、半導体など多角化。不動産が安定収益源。M&A積極
【連結事業】無線・通信1029(3)、デバイス15(1)、ブレーキ33(3)、精密機器2(2)、化学品2(7)、繊維7(▲1)、不動産・他4(35)【海外】56〈23・12〉

【改　善】**売却で欧州ブレーキ事業剥落**の一方、買収した日立国際が通期寄与。車載、民生向けのマイクロデバイス回復に遅れ。期末に不動産売却で通期営業増益ながら、会社計画は過大感。減損大幅減で最終黒字。
【無線通信】日立国際と日本無線の人材交流推進。公共だけでなく鉄道など民間向け事業拡大。防衛予算増加を受け、無線・レーダーなど防衛関連の受注積み増し狙う。

【本社】103-8650東京都中央区日本橋人形町2-31-11 ☎03-5695-8833
【工場】藤枝，徳島，旭，他
【従業員】〈24.3〉連19,162名 単226名(42.7歳)年643万円
【証券】上東京P 幹野村，日興 名三菱U信 監トーマツ
【銀行】みずほ，三菱U
【仕入先】—
【販売先】—

年月	【資本異動】	万株
21. 6	現物出資	17,904
22. 3	消却	16,904
22. 5	現物出資	16,912
23. 5	現物出資	16,919
24. 5	現物出資	16,924

東証P	高値	安値
49~22	**1920**(90)	**98**(69)
23	1271.5(7)	933(1)
24.1~5	1361(2)	1090(5)

	高値	安値	出来万株
24. 3	**1255.5**	1156	971
4	1238.5	1136.5	846
#5	1212.5	**1090**	736

【外国人持株】▲1.3pt(+6.0pt)
前年 25.4%(5年前 18.1%)
【会社業績修正】上方3 下方2
経常益÷期初会社予想 1.3倍
【業種】自動車部品
時価総額順位 18／122社
【比較会社】7238 曙ブレーキ

【株式】6/30 169,192千株
単位 100株 貸借 優待
時価総額 1,867億円
【財務】〈連24.3〉 百万円
総資産 698,267
自己資本 265,060
自己資本比率 38.0%
資本金 27,774
利益剰余金 176,278
有利子負債 224,077
【指標等】〈連23.12〉
ROE ▲7.8% 予6.7%
ROA ▲3.0% 予2.5%
調整1株益 —円
最高純益(18.3) 26,352
設備投資 277億 予406億
減価償却 258億 予278億
研究開発 273億 予‥億
【キャッシュフロー】 億円
営業CF 235(195)
投資CF ▲465(▲116)
財務CF 253(▲88)
現金同等物 499(450)

【株主】単40,612名〈23.12〉 万株
日本マスター信託口 2,399(14.1)
自社(自己株口) 1,207(7.1)
富国生命保険 900(5.3)
日本カストディ信託口 803(4.7)
ステート・ストリート・バンク&トラスト505001 586(3.4)
野村絢 388(2.2)
帝人 315(1.8)
DFAInt'lスモールキャップバリュP 284(1.6)
四国化成HLD 260(1.5)
ニッケ 228(1.3)
〈外国〉24.1% 〈浮動株〉13.6%
〈投信〉10.0% 〈特定株〉43.7%
【役員】(社)村上雅洋 (取)小洗健 田路悟 石井靖二 塚谷修示 多賀啓二* 八木宏幸* 谷奈穂子* R.ダイク* 生野由紀* (常監)馬場一訓 森田謙一 (監)山下淳* 市場典子*
【連結】日本無線，日清紡マイクロデバイス

【業績】(百万円)	売上高	営業利益	経常利益	純利益	1株益(円)	1株配(円)
連21.12	510,643	21,788	25,358	24,816	149.1	30
連22.12	516,085	15,435	20,397	19,740	121.1	34
連23.12	541,211	12,453	15,785	▲20,045	▲127.6	36
連24.12予	513,000	21,000	24,000	17,800	113.3	36
連25.12予	540,000	25,000	28,000	20,000	127.3	40~45
連23.1~6	269,367	12,000	15,771	11,627	74.0	18
連24.1~6予	253,000	8,000	10,000	8,000	50.9	18
連23.1~3	144,004	12,759	14,711	11,705	74.5	
連24.1~3	130,754	8,147	10,085	7,895	50.3	
会24.12予	513,000	24,000	26,000	19,000	(24.2.9発表)	

【配当】	配当金(円)
21.12	15
22. 6	17
22.12	17
23. 6	18
23.12	18
24. 6予	18
24.12予	18

予想配当利回り 3.26%
1株純資産(円)〈連24. 3〉
1,687 (1,595)

●日清紡HD（3105）2024年3集夏号

買収しており、今後は無線・通信、マイクロデバイス事業と子会社の日清紡ブレーキが手がける銅フリー摩擦材事業に経営資源を集中する構えだ。会社四季報夏号は2025年12月期には増収増益と反撃を予想している。

同じ④減収増益パターンでも、減収の理由が販売不振にあったり、増益要因が単なる経費削減だったりする場合は、投資判断としては当然「売り」となる。なんとか増益で踏ん張れるのは今期いっぱいで、頑張ってももう1年が限界だろう。こんな会社に投資したら尻すぼみだ。

第2章

各号の特徴を生かしてお宝銘柄を発掘！

増益と増額、似て非なる存在

第1章で見たように夏号が前期と今期の業績変化、つまり1年ごとの変化に軸足を置いているのに対して、9月発売の秋号や12月発売の新春号は性格が異なる。**秋号は、1つ前の夏号で立てた予想がその後どう変化したか、すなわち「3カ月の変化」に軸足を置いている**。会社四季報ビギナーには少しわかりにくいかもしれないので、A社の例で説明しよう。

上から、会社四季報夏号（6月発売）、秋号（9月発売）、新春号（12月発売）、春号（3月発売）の順に業績数字を並べてある。ここでは売上高と営業利益の2つに注目してほしい。なお、会社四季報の数字は基本的に100万円単位となっている。

いちばん上の夏号を見ると、A社の前期（2024年3月期）は売上高が100億円、営業利益が20億円だった。今期（2025年3月期）は、売上高が前期比20％増の120億円、営業利益も50％増の30億円と、業績が大きく伸びる見通しだ。

会社四季報に載っている業績予想数字は記者が取材を通して立てた独自予想だ。会社側が期初に公表した予想数字と同じであることもあれば、より強気のことも弱気のこともある。

次に秋号に目を移そう。表紙の色は紅葉を思わせるオレンジ色だ。今期予想は売上高が125億円と夏号より5億円増え、営業利益も8億円増えて38億円に変わっている。このように予想数字を増やすことを増額（上方修正）と呼ぶ。

増益と増額は、言葉は似ているが意味はまったく違う。**増益は利益が前の期より増えること。増額は同じ期の利益について、従来予想より増えることをいう。**

増額と減額の株価インパクト

株価へのインパクトは増益より増額のほうがはるかに大きい。**マーケットは結果ではなく変化を大事にするためだ。**

ここ数年増収増益を続けている優等生企業があり、決算発表時に「新年度（今期）は連続増収増益になる見通し」と発表したとしよう。**投資ビギナーだったらこの銘柄につい飛びついてしまうかもしれないが、実は株価はあまり反応しない。**なぜなら「ずっと増収増益だったから、今期もきっと増収増益だろう」という認識があらかじめ広く共有されてしまっているからだ。

今期がサプライズ級の大増益になるなら別だが、市場アナリストたちのコンセンサス予想（複数のアナリストが予想する業績予想の平均値）に基づいて株価は事前に形成さ

増益と増額、減益と減額の違い（A社の例）

（百万円）

	決算期	売上高	営業利益	経常利益	純利益
夏号（6月発売）	連24.3	10,000	2,000	2,200	1,100
表紙色：青	連25.3予	12,000	3,000	3,200	1,600
秋号（9月発売）	連24.3	10,000	2,000	2,200	1,100
表紙色：オレンジ	連25.3予	12,500	3,800	4,000	2,000
新春号（12月発売）	連24.3	10,000	2,000	2,200	1,100
表紙色：赤	連25.3予	12,500	3,500	3,700	1,400
春号（3月発売）	連24.3	10,000	2,000	2,200	1,100
表紙色：緑	連25.3予	10,500	1,900	2,000	1,000

増益

増額

減額（増益幅縮小）

一転減益

（注）24.3＝2024年3月期実績、25.3予＝2025年3月期予想

れてしまっているのである。これを織り込み済みという。**ところが、A社がある日突然、今期の業績予想を増額すると、株価は不意を突かれた形で敏感に反応することが多い**。時には制限値幅上限にあたるストップ高水準まで買われることもある。ただしこの場合も、**修正後予想が事前の市場予想に届いていないと逆に手ひどく売られることになる**。

さて、秋号からさらに3カ月が過ぎ、年の瀬も迫った12月に新春号が発売された。表紙はめでたい赤色だ。するとびっくり、売上高は従来予想と同じだが、営業利益が前号の38億円から35億円に減っている。このケースは減額（下方修正）と呼ばれ、先ほどの増額の反対の状態を指す。こちらも減益と意味が混同されやすいので注意してほしい。

ただし減額は減額でも、前期の営業利益20億円は上回っており増益はキープしている。こうした場合、会社四季報の業績記事の最初につける見出し（【　】内の言葉）でストレートに【減額】と表現するとマイナスイメージだけが先行してしまう。そのため【増益幅縮小】と表現することが多い。**もっとも、どう表現しようとも、減額はマイナスのインパクトにならざるをえない**。38億円の利益が出るものとして株価形成されてしまっているからだ。

【一転減益】の見出しが並ぶとき

年が変わって翌年の3月半ばになると春号が発売される。表紙の色は新緑をイメージした緑色だ。春号を見たら愕然とする予想数字に変わっていた。なんと売上高は従来の125億円から105億円に減少。営業利益も35億円から19億円に急減し、前期より減益になってしまっているではないか。35億円が19億円に減ったのでこれも減額と呼ぶべきケースではあるが、それ以上に重要なのは、減額によって従来の増益予想がどこかに吹っ飛び、減益予想に転じてしまったことである。**こうした場合、会社四季報の業績記事はよりマイナスイメージの強い言葉を使って【一転減益】という見出しを打つ**。

【一転減益】は、景気や経営環境が急激に後退する局面でよく登場する。2022年12月に発売された2023年新春号では実に95銘柄を数え、会社四季報巻頭の「【見出し】ランキング」で6位に入るほどだった。ウクライナ戦争に端を発する資源価格やエネルギー価格の上昇、人件費高騰などさまざまなコストアップ要因が各社を苦しめていた時期である。記者たちは取材先で「期初の想定以上にコストが膨らんでしまってどうしようもない」「赤字が避けられない下期以降、どうやって飯を食っていけばいいのか」という悲鳴を数多く聞いたという。

ビギナーの中には、連続増益に終止符が打たれて減益に転じたことを一転減益と勘違いしている人がいるが、それはただの減益にすぎない。**株価へのマイナスインパクトは一転減益のほうがはるかに大きいのでとくに注意が必要だ**。

春号だけがなぜ〝異質〟なのか

ところで、春号にはほかの3つの号とは決定的に違う特徴がある。**業績記事の半分以上が、今期ではなく来期の動向の説明に割かれている点だ**。

春号が発売される3月半ばというのは実に微妙な時期である。暦の上ではあと半月で4月からの新年度に突入し、「今期」は「前期」となって、今期について書いた内容は新鮮味がなくなってしまう。一方で、4月下旬以降の決算発表まではまだ時間があり、レースに例えるなら正式タイムに関心は残る。そこで春号は今期を総括しつつ、来期を展望する形をとっている。

ただ、マーケットは、すでに第3コーナーを通過しおおよその記録は見えてしまっていると判断し、年末ないしは年明けごろには来期業績を織り込み始めている。

下図は、2023年12月発売の会社四季報新春号に掲載された日本化薬

見出しは【全面苦戦】だが株価は上昇

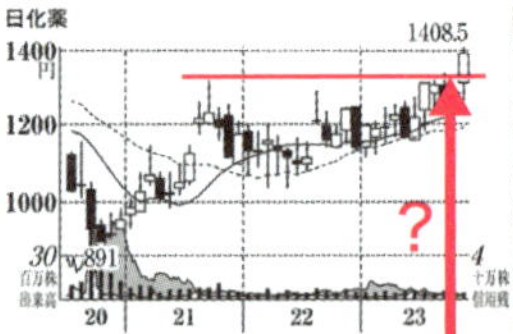

株価指標
予想PER （倍）
〈24.3〉 39.8
〈25.3〉 21.0
実績PER
高値平均 14.4
安値平均 11.1
PBR 0.87
株価(11/27) 1393.5円
最低購入額 13万9350円

【化学】 ⬇⬇大幅減額

4272 日《にっ》本《ぽん》化《か》薬《やく》

【決算】3月 【設立】1916.6 【上場】1949.5

【特色】火薬が起源。半導体向けエポキシなど機能化学品展開。医薬は抗がん剤に強み。自動車部品育成

【連結事業】機能化学品41(13)、医薬26(17)、セイフティシステムズ27(14)、他5(18)【海外】34 〈23・3〉

【全面苦戦】エポキシ樹脂等の半導体関連は需要低迷し後退。車部品は数量復調も原価高補えず。研究開発費重い医薬は新薬候補の販売権利獲得の巨額一時費用も発生。前号より営業減益幅急拡大。為替益。25年3月期は一時費用消滅、半導体関連上向く。

【新薬権利】米アンハート社が開発中のがん治療薬の日本独占販売権獲得。抗がん剤は生産設備や品質保証の体制強化を検討。

年月	【資本異動】	万株
81. 6	無1:0.05	11,518
82. 6	無1:0.1	12,760
83. 1	無1:0.1	14,065
86. 7	無1:0.1	16,176
22. 2	消却	17,050

東証P	高値	安値
49~21	1899(17)	33(50)
22	1289(8)	1037(5)
23.1~11	1423.5(11)	1117(1)

	高値	安値	出来万株
23. 9	1340.5	1242	554
10	1297.5	1213	485
#11	1423.5	1267	539

【DOE】2.9%(3期平均2.6%)
【増減配回数】増4 減0 据6 無0
【四半期進捗率】3期平均53.6%
今期79.5%(+25.9pt)
【業種】化学
時価総額順位 25/151社
【比較会社】4021 日産化学, 4202 ダイセル, 4887 サワイGH

【株式】10/31 170,503千株
単位 100株 貸借
時価総額 2,375億円
【財務】〈連23.9〉 百万円
総資産 349,247
自己資本 266,545
自己資本比率 76.3%
資本金 14,932
利益剰余金 204,925
有利子負債 26,224
【指標等】〈連23.3〉
ROE 6.0% 予2.2%
ROA 4.6% 予1.7%
調整1株益 89.3円
最高純益(16.3) 17,291
設備投資 235億 予366億
減価償却 136億 予148億
研究開発 133億 予160億
【キャッシュフロー】 億円
営業CF 200(231)
投資CF ▲151(▲106)
財務CF ▲79(▲110)
現金同等物 530(529)

【株主】単16,373名〈23.9〉 万株
日本マスター信託口 2,358(13.8)
ノーザン・トラスト(AVFC)シルチェスターVET 1,398(8.2)
日本カストディ信託口 1,189(6.9)
自社取引先持株会 621(3.6)
ノーザントラスト・USタックスExベンションF 599(3.5)
三菱UFJ銀行 509(2.9)
常陽銀行 508(2.9)
全国共済農業協同連 502(2.9)
明治安田生命保険 484(2.8)
ノーザントラスト(AVFC)リ・ノントリーティー 481(2.8)
〈外国〉30.9% 〈浮動株〉 6.8%
〈投信〉 8.5% 〈特定株〉53.6%
【役員】(社)涌元厚宏 (取)渋谷朋夫 井上佳美 石田由次 明妻政福 川村茂之 太田洋* 藤島安之* ⇨巻末
【連結】カヤク セイフティシステムズ ヨーロッパ

【業績】(百万円)	売上高	営業利益	経常利益	純利益	1株益(円)	1株配(円)
連19. 3	172,639	19,939	21,608	14,851	85.8	30
連20. 3	175,123	17,485	18,026	12,815	74.3	30
連21. 3	173,381	15,194	16,538	12,574	73.6	30
連22. 3	184,805	21,050	23,154	17,181	101.7	40
連23. 3	198,380	21,505	23,025	14,984	89.4	45
連24. 3予	202,300	6,000	9,700	5,800	35.0	45
連25. 3予	214,000	15,000	16,800	11,000	66.3	45
連23.4~9	97,908	4,767	8,313	6,092	36.7	22.5
連24.4~9予	102,000	7,400	8,300	5,400	32.6	22.5
会24. 3予	202,300	6,000	9,700	5,800	(23.10.30発表)	

【配当】	配当金(円)
22. 3	25
22. 9	20
23. 3	25
23. 9	22.5
24. 3予	22.5
24. 9予	22.5
25. 3予	22.5
予想配当利回り	3.23%
1株純資産(円)〈連23. 9〉	1,607 (1,532)

【本社】100-0005東京都千代田区丸の内2-1-1 明治安田生命ビル ☎03-6731-5200
【工場】福山, 厚狭, 東京, 高崎, 姫路, 鹿島, 上越
【従業員】〈23.3〉連5,782名 単2,391名(40.8歳)年765万円
【証券】上東京P 幹三菱Uモル, みずほ 名三井住友信 監EY新日本
【銀行】三菱U, 常陽, 政策, 農中, みずほ
【仕入先】セルトリオン・ヘルスケア, 丸富興業
【販売先】スズケン, メディセオ, アルフレッサ

●日本化薬（4272）2024年1集新春号

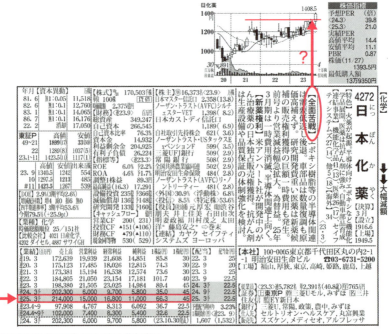

減益でも【最高益】の見出し

5803 (株) フジクラ
【決算】3月 【設立】1910.3 【上場】1949.5

【特色】電線御三家の一角。独立系。フレキシブルプリント基板(FPC)で世界有数。不動産収益厚い
【連結事業】エネルギー・情報通信54(10)、エレクトロニクス24(14)、自動車電装19(▲4)、不動産1(46)、他1(12)【海外】71 〈23・3〉

【最高益】車載ハーネスは費用転嫁もあり黒字化。電子部品や通信ケーブルは需要落ち込み想定以下。営業減益幅縮小。減損減。増配。25年3月期は電気資材は堅調持続。電子と通信ケーブルも下期に復調本格化。車載ハーネスも人件費増こなし最高純益。

【多様化】市場が停滞する光ファイバーは通信キャリア以外や他地域の顧客増で対応。車載事業は新案件の生産性改善が進む。

年月【資本異動】		万株
83. 5	無1:0.05	21,160
84. 5	無1:0.1	24,834
13.10	交換	36,086
16. 5	消却	29,586

東証P	高値	安値
49~21	1540(88)	46(62)
22	1166(12)	500(3)
23	1304.5(8)	863(4)

	高値	安値	出来万株
23.12	1135	1025.5	4,148
24. 1	1226	1075.5	3,216
#2	1816	1195.5	5,173

【生産性比較】従業員数▲3,660人 1人当り営業利益128万円(2.18倍)
【採用】初22.8万円 予前年並 内定40(女··) 中途··
【業種】設備機器・部品 時価総額順位 7/115社
【比較会社】5801 古河電工, 5805 SWCC, 5802 住友電工

【株式】1/31 295,863千株
単位 100株 貸借
時価総額 5,204億円 225
【財務】〈連23.12〉 百万円
総資産 690,258
自己資本 310,888
自己資本比率 45.0%
資本金 53,076
利益剰余金 186,601
有利子負債 187,108
【指標等】〈連23.3〉
ROE 16.7% 予14.5%
ROA 6.2% 予 6.5%
調整1株益 一円
最高純益(23.3) 40,891
設備投資 157億 予431億
減価償却 291億 予255億
研究開発 150億 予 ··億
【キャッシュフロー】億円
営業CF 581(403)
投資CF ▲97(78)
財務CF ▲339(▲369)
現金同等物 1,065(904)

【株主】単24,447名〈23.9〉 万株
日本マスター信託口 5,320(17.9)
日本カストディ信託口 2,378(8.0)
自社(自己株口) 1,945(6.5)
大樹生命保険 1,019(3.4)
三井住友銀行 845(2.8)
日本カストディ信託口(三井住友信) 677(2.2)
DOWAメタルマイン(株) 656(2.2)
静岡銀行 578(1.9)
ステート・ストリート・バンク&トラスト505223 366(1.2)
JPモルガン・チェース・バンク385781 358(1.2)
〈外国〉25.6% 〈浮動株〉5.9%
〈投信〉16.6% 〈特定株〉47.8%
【役員】(会)伊藤雅彦 (社)岡田直樹 (取)坂野達也 飯島和人 (取監)成毛幸二 ⇨巻末
【連結】フジクラ電装, 西日本電線, 第一電子工業, 東北フジクラ

【業績】(百万円)	売上高	営業利益	経常利益	純利益	1株益(円)	1株配(円)
連21. 3	643,736	24,422	18,380	▲5,369	▲19.5	0
連22. 3	670,350	38,288	34,089	39,101	141.9	10
連23. 3	806,453	70,163	67,897	40,891	148.3	30
連24. 3予	790,000	63,000	62,000	45,000	163.2	49
連25. 3予	810,000	70,000	67,000	46,000	166.8	50
連23.4~9	391,934	30,778	34,204	25,184	91.3	22.5
連24.4~9予	395,000	32,000	31,000	22,000	79.8	25
連22.4~12	612,788	56,509	55,872	46,496	168.6	
連23.4~12	598,991	51,443	51,530	35,797	129.8	
会24. 3予	790,000	63,000	62,000	45,000	(24.2.8発表)	

【配当】	配当金(円)
22. 3	10
22. 9	13
23. 3	17
23. 9	22.5
24. 3予	26.5
24. 9予	25
25. 3予	25

予想配当利回り 2.79%
1株純資産(円)〈連23.12〉 1,127 (980.9)

【本社】135-8512東京都江東区木場1-5-1 ☎03-5606-1030
【事業所】佐倉, 鈴鹿, 沼津
【従業員】〈23.9〉連53,734名 単2,108名(43.0歳)年769万円
【証券】上東京P 幹野村, 日興 名三井住友信 監PwCJapan
【銀行】三井住友, 三菱U, 静岡, 三井住友信, みずほ
【仕入先】—
【販売先】NTTグループ

●フジクラ(5803)2024年2集春号

減益でも【急回復】の見出し

6140 旭《あさひ》ダイヤモンド工《こう》業《ぎょう》
【決算】3月 【設立】1937.10 【上場】1972.10

【特色】ダイヤモンド工具大手。自動車、機械、電子部品用が柱。SiC半導体向け成長。配当性向5割超
【連結事業】ダイヤモンド工具他100【海外】51 〈23・3〉

【急回復】柱の電子半導体用が欧州SiC向けの伸びで国内・アジアのシリコン向け低調補えず。工場改修移転費重荷。連続増配。25年3月期は内外でパワー半導体関連が牽引。工場移転費消え新設備が採算向上に貢献。営業益急回復。株売却益見込まず。

【拡販】ベトナム・ハノイ郊外の販社始動、手薄な半導体関連の納入先開拓。EV化進展で軸受向け等工具の高度化に照準。

年月【資本異動】		万株
94. 5	分1→1.03	7,508
95. 5	分1→1.03	7,733
96. 5	分1→1.03	7,965
97. 5	分1→1.03	8,204
23.11	消却	5,188

東証P	高値	安値
72~21	3130(89)	380(02)
22	834(8)	525(3)
23	979(3)	661(1)

	高値	安値	出来万株
23.12	924	802	431
24. 1	897	834	307
#2	903	833	273

【生産性比較】従業員数▲120人 1人当り営業利益123万円(0.57倍)
【採用】初21.7万円 予15 内定20(女6) 中途26
【業種】産業機械 時価総額順位 46/137社
【比較会社】5331 ノリタケ

【株式】1/31 51,888千株
単位 100株 貸借
時価総額 466億円
【財務】〈連23.12〉 百万円
総資産 73,080
自己資本 61,258
自己資本比率 83.8%
資本金 4,102
利益剰余金 43,428
有利子負債 135
【指標等】〈連23.3〉
ROE 4.6% 予3.3%
ROA 3.7% 予2.7%
調整1株益 一円
最高純益(11.3) 6,842
設備投資 2,276 予6,800
減価償却 2,882 予2,900
研究開発 1,985 予1,780
【キャッシュフロー】百万円
営業CF 4,979(5,948)
投資CF ▲1,260(▲356)
財務CF ▲3,145(▲1,077)
現金同等物 16,389(15,548)

【株主】単12,987名〈23.9〉 万株
日本マスター信託口 881(16.3)
日本カストディ信託口 279(5.1)
自社(自己株口) 201(3.7)
自社社員持株会 199(3.7)
CEPLUXインディペンデントUCITS・P2 145(2.7)
自社共栄持株会 137(2.5)
ユニオンツール 131(2.4)
日本生命保険 103(1.9)
DFAInt'lスモールキャップバリュP 96(1.7)
野村信託銀行投信口 75(1.4)
〈外国〉18.5% 〈浮動株〉16.1%
〈投信〉14.0% 〈特定株〉42.5%
【役員】(社)片岡和喜 (常)原智彦 藍敏雄 (取)萩原利昌 阿部英夫 松田順一 小山修* 市川祐子* 川尻恵理子* (常監)松崎剛実 (監)香山盛夫 大高由紀夫* 川嶋誠人*
【連結】山梨旭ダイヤモンド工業, 是村旭ダイヤモンド工業

【業績】(百万円)	売上高	営業利益	経常利益	純利益	1株益(円)	1株配(円)
連21. 3	30,143	▲732	▲337	▲331	▲6.0	6
連22. 3	37,161	2,811	3,650	3,288	59.2	24
連23. 3	39,320	2,506	3,275	2,765	50.9	26
連24. 3予	39,200	1,600	2,400	2,000	38.8	30
連25. 3予	42,500	3,000	3,500	2,500	48.5	30
連23.4~9	18,827	638	1,215	1,269	24.2	15
連24.4~9予	20,800	1,300	1,600	1,100	21.3	15
連22.4~12	29,717	2,313	3,030	2,197	40.2	
連23.4~12	28,985	1,063	1,800	1,692	32.5	
会24. 3予	39,200	1,600	2,400	2,000	(23.10.19発表)	

【配当】	配当金(円)
22. 3	16
22. 9	11
23. 3	15
23. 9	15
24. 3予	15
24. 9予	15
25. 3予	15

予想配当利回り 3.33%
1株純資産(円)〈連23.12〉 1,188 (1,142)

【本社】102-0094東京都千代田区紀尾井町4-1 ニューオータニガーデンコート ☎03-3222-6311
【支店】大阪, 名古屋, 九州, 東北, 北関東
【営業所】浜松, 厚木, 甲信, 広島, 他
【工場】玉川, 三重, 千葉, 千葉第二, 千葉鶴舞
【従業員】〈23.12〉連2,067名 単1,002名(44.4歳)年681万円
【証券】上東京P 幹(主)三菱Uモル(副)日興 名三井住友信 監あると築地
【銀行】三菱U, 三井住友信, 三井住友, みずほ
【仕入先】—
【販売先】—

●旭ダイヤモンド工業(6140)2024年2集春号

（4272）の誌面だ。見出しが【全面苦戦】とあるのに、株価は1300円どころの強固な上値抵抗線を突き抜けて上昇を始めているのがわかるだろう。今期（2024年3月期）の予想営業利益は60億円と前期比72％減もの大幅減益であるにもかかわらずだ。そう、これはマーケットが年末のこの段階で早くも来期の「営業利益150億円」を見始めている証拠だ。年が明けた1月、2月にはこの傾向はさらに加速する。

こうした見出しと株価のちぐはぐ感を解消するためもあり、3月発売の春号では業績記事の見出しも来期業績についてつけられている。慣れていないと、今期の予想業績が減益で着地しそうなのに、見出しに【急回復】や【最高益】などと書かれていて「おかしいな」と戸惑うかもしれないが、来期の業績についてなのでくれぐれもお間違いなきよう。言い換えれば、そんな会社を見つけたらラッキーだ。**今期が赤字でも来期にV字回復しそうな銘柄を先回りして探すのにも、春号はうってつけである**。

なお、春号の1つ前の新春号の業績記事も、2月、3月決算会社については必ず来期について1行以上の解説を加えることになっている。これも先回りするのに役立つはずだ。

楽して得する裏技

百戦錬磨の投資家たちは、こうした会社四季報各号の特徴を踏まえつつ、業績が上振れしそうな銘柄をいち早く見つけようと必死だ。**発売されたらすぐに1ページから最終ページまで完読する会社四季報マニアもたくさんいる**。

中には、会社四季報の電子版である会社四季報オンラインで「四季報読破邁進中」を連載中の渡部清二・複眼経済塾塾長のように、わずか2日で完読する〝苦行〟を100冊以上にわたって実践しているつわものもいる。

これは人づてに聞いた話だが、某外資系資産運用会社のファンドマネジャーは、会社四季報が発売されると3回読み直すらしい。1回目は予想業績数字だけを見て伸びている会社に付箋を貼る。2回目は業績記事を読んでおもしろかった銘柄に付箋を貼る。3回目は欄外にある月足チャートをチェックして、まだ買われていない割安な銘柄に付箋を貼っていく。そして、3回とも付箋が貼られた銘柄は理屈抜きで買うのだそうだ。

忙しくて完読する時間がないという投資家には、こんな方法はどうだろう。

プラスイメージの見出し一覧

マイナスイメージ		中立的	プラスイメージ			
【大幅減益】【均衡圏】【急悪化】【急　落】【不透明】【大赤字】【赤字続く】【続　落】【急反落】【ゼロ圏】【大幅減益】	【微減益】【減　益】【下　降】【小幅増益】【軟　調】【反　落】	【底入れ】【鈍　化】【横ばい】【底打ち】【伸び悩み】【下げ止まり】	【高水準】【好　転】【増　益】【微増益】【好　調】【復　調】【堅　調】【小幅増益】	【絶好調】【飛　躍】【続　伸】【連続増益】【急拡大】【急回復】*【連続最高益】*【最高益】【急　伸】【大幅増益】【V字回復】【急反発】	利益が対象	過去実績との比較
【無配続く】【無　配】【無配か】【減　配】【減配か】	【無配も】【減配も】		【記念配】【復配も】【増配も】	【連続増配】【増配か】【増　配】【復配か】	配当が対象	
【大幅減額】【下方修正】【減　額】【下振れ】【減益幅拡大】	【増益幅縮小】【一転赤字】		【一転黒字】【減益幅縮小】	**【独自増額】【増益幅拡大】【上振れ】【上方修正】【増　額】【大幅増額】	利益が対象	前号との比較

＊【連続最高益】【最高益】は純利益が対象。それ以外は原則として営業利益が対象

＊＊【独自増額】は会社四季報の前号ではなく会社計画が比較対象

①プラスイメージの【見出し】のついた銘柄だけを拾い読みする

②予想業績数字の会社側予想（Gブロック業績表の最下段の数字）と会社四季報予想を見比べて、会社四季報予想が強気になっている銘柄をじっくり読む

③月足チャートをチェックし、順張り、逆張りでおもしろそうな銘柄だけ拾い読む

もっと楽をしようというなら、さらに裏技がある。**最新号の営業利益予想が3カ月前の前号より増えている増額銘柄だけを拾い読みしていくのだ。**

会社四季報をぱらぱらめくると、左右の欄外に矢印マークのついた銘柄があることに気づくだろう。この矢印は前号比矢印という。上向きの矢印（⬆）が1つついていれば今期の予想営業利益が前号予想より5％以上増額されており、2つ（⬆⬆）ついていれば30％以上増額されている。この銘柄だけを読み進めていけばよい。

下向きの矢印マークはその逆で、営業利益が前号より減額されている銘柄だ。仮に前期との比較では増益であっても、足元の業績が減速しつつあることを示しており注意を要する。

前号比矢印がつく基準

前号からの営業利益修正率

修正率	区分	矢印	基準
	大幅増額	⬆⬆	30%以上の増額
+30%	増額	⬆	5%以上30%未満の増額 またはゼロから黒字
+5%	前号並み	➡	5%未満の増額・減額
▲5%	減額	⬇	5%以上30%未満の減額 またはゼロから赤字
▲30%	大幅減額	⬇⬇	30%以上の減額

独自増額銘柄を探す奥の手

⬆マークや⬆⬆マークのついた銘柄は、足元で業績に勢いが出ているのは確かなのだが、落とし穴もある。**必ずチェックしてほしいのは、会社四季報が独自に増額したものかどうかだ**。

ある会社が、前号発売後に業績見通しを上方修正したとしよう。東証の開示ルールでは、従来予想より売上高で10％以上、利益で30％以上変動することが判明した場合は業績見通しの修正を発表しなければならない。

下図のケンコーマヨネーズ（2915）もその一例で、Gブロック業績表最下段の一番右に（24・2・13発表）とある。これは、会社側が2024年2月13日に（第3四半期決算の発表と合わせて）通期の営業利益予想を従来の12億2000万円から28億円へと約30％上方修正したことを表している。

前号比矢印が2つついた例

【食料品】 ⬆⬆大幅増額

2915 ケンコーマヨネーズ
【決算】3月
【設立】1958.3
【上場】1994.11

【特色】マヨネーズ大手、長期保存できるサラダ、卵加工品、スーパー向け総菜の4つが柱。業務用中心
【連結事業】サラダ・総菜類22、タマゴ加工品25、マヨネーズ・ドレッシング類29、フレッシュサラダ・和惣菜等21、他3〈23・3〉

【続伸】マヨ・ドレ、サラダは価格改定進捗。卵価下落が想定超で営業益大幅増額。配当上乗せ。25年3月期はマヨ・ドレ、サラダ堅調増。前上期の卵不足なく卵加工品回復。輸送費等コスト増こなし営業益続伸。
【SDGs】元茎わかめやキャベツの芯など、廃棄されていた食材を活用した新商品を発売。販売数量の回復受け、商品統廃合やリニューアルによる利益追求を再強化。

【株主】㊥13,045名〈23.9〉 万株
日本マスター信託口 180(10.9)
㈱ティーアンドエー 145(8.8)
第一生命保険 75(4.5)
鈴与コンストラクションホールディングス 62(3.7)
日本生命保険 57(3.5)
三井住友銀行 55(3.3)
キッコーマン 49(2.9)
一般財団法人旗影会 45(2.7)
伊藤忠商事 44(2.7)
日本カストディ信託口 42(2.5)
〈外国〉8.2% 〈浮動株〉17.3%
〈投信〉6.7% 〈特定株〉49.5%
【役員】(会)炭井孝志 (社)島本国一 (副社)寺島洋一 (取)川上学 立花健二 奈良岡弘之 三田智子* 小町千治* 吉江由美子* (常監)渡辺亮彦 村田隆 (監)田島正人* 佐藤清春*
【連結】九州ダイエットクック，関東ダイエットクック

【株式】1/31 16,476千株
単位 100株 貸借 優待
時価総額 345億円
【財務】〈連23.12〉 百万円
総資産 68,259
自己資本 38,564
自己資本比率 56.5%
資本金 5,424
利益剰余金 25,980
有利子負債 4,471
【指標等】〈連23.3〉
ROE 1.3% 予6.2%
ROA 0.8% 予3.5%
調整1株益 —円
最高純益(18.3) 2,877
設備投資 1,381 予 ‥
減価償却 2,776 予 ‥
研究開発 429 予 ‥
【キャッシュフロー】百万円
営業CF 3,526(3,757)
投資CF ▲856(▲419)
財務CF ▲2,822(▲3,281)
現金同等物 12,289(12,441)

年月	【資本異動】	万株
17. 1	公200万株(2987円)	1,621
17. 2	三者26万株(OA)	1,647

東証P	高値	安値
94~21	**4485**(18)	**299**(08)
22	1731(10)	1280(1)
23	1716(12)	1190(3)

	高値	安値	出来万株
23.12	1716	**1575**	60
24. 1	1764	1655	51
#2	**2250**	1746	132

【生産性比較】従業員数+74人 1人当り営業利益9万円(0.02倍)
【採用】初21.5万円 予未定 内定50(女25) 中途3
【業種】食品 時価総額順位 67／171社
【比較会社】2809 キユーピー，2818 ピエトロ，2910 ロックフィ

【業績】(百万円)	売上高	営業利益	経常利益	純利益	1株益(円)	1株配(円)
連21. 3	68,502	1,976	2,050	1,458	88.5	20
連22. 3	75,647	1,616	1,622	1,211	74.3	17
連23. 3	82,363	105	169	485	29.9	17
連24. 3予	87,500	2,800	2,900	2,400	150.2	30
連25. 3予	92,000	3,500	3,600	2,700	169.0	30~34
連23.4~9	43,763	782	847	542	33.7	10
連24.4~9予	46,000	1,800	1,850	1,400	87.6	10~11
連22.4~12	62,597	436	465	284	17.5	
連23.4~12	67,103	2,326	2,426	1,651	102.4	
会24. 3予	87,490	2,800	2,900	2,390	(24.2.13発表)	

【配当】	配当金(円)
22. 3	10
22. 9	8
23. 3	9
23. 9	10
24. 3予	20
24. 9予	10~11
25. 3予	20~23

予想配当利回り 1.43%
1株純資産(円)〈連23.12〉 2,392 (2,282)

【東京本社】168-0072東京都杉並区高井戸東3-8-13 ☎03-5962-7777
【販売拠点】15
【生産拠点】7
【従業員】〈23.3〉連1,056名 単650名(39.3歳)[年]558万円
【証券】[上]東京P [幹](主)三菱Uモル，日興(副)大和，野村，岡三，みずほ，東海東京，内藤，丸三 [名]三井住友信 [監]あずさ
【銀行】三井住友，三菱U，みずほ
【仕入先】—
【販売先】—

●ケンコーマヨネーズ（2915）2024年2集春号

次の号で会社四季報記者が取材した結果、修正後会社予想を妥当と判断すれば、会社予想と会社四季報予想は同じ数字で掲載される。ケンコーマヨネーズの担当記者もそのように判断したのだろう、28億円としている。それでも、欄外には⬆⬆マークがつくことになる。ただ、こういったケースでは、会社側が業績修正を発表したと同時に株価に織り込まれ、すでに値上がりしていることがほとんどだ。にもかかわらず⬆⬆マークだけを頼りに株を買うと、高値《たかね》づかみになってしまう可能性がある。

このように、会社が発表した修正予想数字が会社四季報予想と同じ場合は、発表日前後の値動きをチェックしてほしい。**株価が大きく動いていれば「もう織り込み済み」の証拠だ**。また、会社が修正発表する前に、メディアが「B社の4～6月期の経常利益は△○億円になったもよう」といった観測記事を流した場合はその段階で織り込み済みとなることもある。

ホンダ（7267）の例でお話ししよう。2024年2月8日の取引終了後に発表した2024年4～12月期決算は好調な内容だった。ところが、翌日の株価は日経平均が34年ぶりに3万7000円台に乗せる強調相場だったにもかかわらず逆行安し、その後も3日小幅続落した。これは『日本経済新聞』が3日前の2月6日付で「ホンダ営業最高益、1兆円規模」の見出しとともに詳細な決算観測記事を

ニッコリマークがつく基準

会社四季報予想と会社予想の乖離率
（営業利益ベース）

乖離率	区分	基準
+30%	大幅強気	乖離率が30%以上
+3%	会社比強気	乖離率が3%以上30%未満 または会社予想がゼロで 会社四季報予想が黒字
▲3%	会社比弱気	乖離率が▲3%以上 ▲30%未満または 会社予想がゼロで 会社四季報予想が赤字
▲30%	大幅弱気	乖離率が▲30%以下

打っていたためだ。

こうした観測記事は「〜したもよう」「〜と見られる」といった曖昧な体裁をとっているものの、実際には記者がなんらかの方法で事前に決算情報を入手して書いたものだけに信憑性は高く、正式に決算発表されたときにはすでに織り込み済みとなってしまうのだ。**「噂で買って、事実で売る」という相場格言があるが、ホンダのケースはそれに近い**。

では、会社四季報の独自予想銘柄はどう探せばよいのか。実は、これにも手っ取り早い方法がある。やはり左右の欄外にある**「ニッコリマーク」や「ダブルニッコリマーク」のついている銘柄を探すのだ**。

ニッコリマークのついた銘柄は、会社予想より会社四季報予想のほうが強気であることを意味している（営業利益ベース）。ニッコリマークが1つの場合は会社四季報予想が会社予想より3％以上強気、ニッコリマークが2つなら30％以上強気の銘柄となる。

次ページの図の自動車部品メーカー、ニッパツ（5991）はまさにそうした例だ。会社側は2024年8月7日、第1四半期決算の発表時に通期の営業利益見通しを従来の400億円から480億円に上方修正した。会社四季報予想も夏号は会社側と同じ400億円だったが、秋号では増額し、しかも「会社側計画は下期の見通しがなお慎重すぎる」として、上方修正後の営業利益にさらに20億円上乗せして500億円とした。

このケースでは、前号比では25％の増額（500億円÷400億円）、会社予想比では4・2％強気（500億円÷480億円）となり、「⬆」と「☺」がダブルで点灯することになる。

先ほどの矢印マークと、このニッコリマークを組み合わせれば、すでに会社が上方修正を発表している場合であっても会社四季報予想はさらに強気か、あるいは、会社側に先んじて会社四季報が独自に増額しているお宝銘柄を探すことができる。

前号比矢印とニッコリマークがダブルでついた例

【金属製品】 ⬆前号比増額 ☺会社比強気

5991 ニッパツ（登記社名 日本発條）
【決算】3月 【設立】1939.9 【上場】1954.3

【特色】独立系自動車部品メーカー。懸架ばね首位。シートも。HDD基幹部品の精密ばねも手がける
【連結事業】懸架ばね22(1)、シート42(6)、精密部品21(4)、産業機器他14(6)【海外】49〈24・3〉

【増　額】HDD用サスペンションがデータセンター向けに需要急増。半導体プロセス部品や精密部品も好調。シートは前年割れだが、懸架ばねが価格改定進み改善。会社計画は下期見通しなお慎重。株売却特益。
【HDD用】データセンター向けもシェア首位、位置決め精度など技術優位性発揮しやすく、さらに拡大余地。配当性向3割超、自己株取得は3年で200億円程度想定。

年月【資本異動】		万株
81.10	無1：0.1	15,213
86. 5	無1：0.15	20,585
03.10	交換	24,406
10. 9	交換	24,406
12. 4	交換	24,406

東証P	高値	安値
54~22	1507(06)	**45**(54)
23	1207(12)	819(1)
24.1~8	**1903**(5)	1174(1)

	高値	安値	出来万株
24. 6	1747	1496	1,181
7	**1754.5**	1588.5	1,125
#8	1741	**1201**	1,055

【四半期増益率】146.2%(▲17.1%)
過去平均41.9%　増収率8.1%
【四半期進捗率】3期平均21.3%
今期25.3%(+4.0pt)

【業種】自動車部品
時価総額順位 8／122社
【比較会社】5985 サンコール，5992 中央発条，5632 三菱製鋼

【株式】7/31　244,066千株
単位 100株　貸借
時価総額 4,024億円

【財務】〈連24.6〉　百万円

総資産	691,770
自己資本	404,984
自己資本比率	58.5%
資本金	17,009
利益剰余金	316,422
有利子負債	43,922

【指標等】〈連24.3〉

ROE	10.4%	予11.5%
ROA	5.7%	予 6.7%
調整1株益		一円
最高純益(24.3)		39,188
設備投資	370億	予512億
減価償却	286億	予307億
研究開発	193億	予220億

【キャッシュフロー】　億円

営業CF	667	(136)
投資CF	▲103	(▲417)
財務CF	▲209	(▲115)
現金同等物	930	(578)

【株主】㊥9,932名〈24.3〉　万株

日本マスター信託口	2,277	(9.3)
自社(自己株口)	2,240	(9.1)
日本マスター信託口(大同特鋼)	2,239	(9.1)
双日	1,319	(5.4)
ノーザン・トラスト(AVFC)シルチェスターVET	980	(4.0)
日本カストディ信託口(神戸鋼)	950	(3.8)
日本カストディ信託口	924	(3.7)
大同特殊鋼	850	(3.4)
日本カストディ信託口(みずほ信)	575	(2.3)
横浜銀行	571	(2.3)

〈外国〉30.2%　〈浮動株〉3.1%
〈投信〉6.4%　〈特定株〉53.0%
【役員】㊎茅本隆司 ㊓上村和久 ㊒貫名清彦 吉村秀文 ㊕佐々木俊輔 末啓一郎* 田中克子* 玉越浩美* 古川玲子* ⇨欄外
【連結】ニッパン，タイニッパツ

【業績】(百万円)	売上高	営業利益	経常利益	純利益	1株益(円)	1株配(円)
連22. 3	586,903	21,359	30,674	31,998	140.3	27
連23. 3	693,246	28,838	37,317	21,537	94.5	32
連24. 3	766,934	34,652	47,814	39,188	173.3	42
連25. 3予	805,000	50,000	57,000	46,500	215.4	63~65
連26. 3予	830,000	53,000	60,000	43,000	199.2	63~68
連23.4~9	362,195	7,951	18,751	14,351	63.4	17
連24.4~9予	395,000	22,000	27,500	20,000	93.1	30
連23.4~6	179,293	4,940	10,285	7,151	31.6	
連24.4~6	193,783	12,164	19,206	15,058	69.4	
会25. 3予	800,000	48,000	55,000	45,000	(24.8.7発表)	

【配当】	配当金(円)
22. 3	15
22. 9	15
23. 3	17
23. 9	17
24. 3	25
24. 9予	30
25. 3予	33~35
予想配当利回り	3.82%
1株純資産(円)〈連24. 6〉	
1,885	(1,829)

【本社】236-0004横浜市金沢区福浦3-10　☎045-786-7511
【分館】横浜みなとみらい☎045-670-0001
【支店】北関東，浜松，名古屋，大阪，広島，福岡
【工場】横浜，滋賀，群馬，豊田，厚木，伊那，駒ヶ根，伊勢原第一・第二，宮田，野洲
【従業員】〈24.6〉連18,030名 単5,296名(41.7歳)年765万円
【証券】上東京P 幹(主)野村(副)みずほ 名三菱U信 監EY新日本【銀行】みずほ，三菱U
【仕入先】一
【販売先】一

●ニッパツ（5991）2024年4集秋号

第3章

会社四季報、1冊だけ買うなら何を買う？

人気の夏号は意外と凡庸？

ここまで、年4回発行される会社四季報のそれぞれの違いと、各号の特徴を利用した銘柄発掘方法を説明してきた。ではそろそろ、「どうしても1冊だけならどの号を買うか」という問題に答えを出そう。**どうしてもというならズバリ秋号だ。理由は単純で、株価に織り込まれていない上方修正予備軍をいちばん見つけやすい号だからだ。**

年に1冊しか買わない投資家は多くが夏号を買っているといったが、実は夏号には3月決算会社で独自増額している銘柄は数えるほどしかない。

夏号は4月下旬から5月中旬にかけて発表される3月決算を踏まえて制作するとお話しした。この段階では会社の公表した業績見通しに対して弱すぎるだの強すぎるだのと記者が取材でやりかえすには、判断材料が少なすぎるのだ。

一般に、会社側が決算発表と併せて公表する新年度の業績見通しは、1～2月から社内各部署の予算を積み上げてこしらえた事業計画に、〝外向き〟用に多少手を加えて作られる。これがゴールデンウィークごろに発表されるわけで、作成開始からはすでに約3カ月が経過していることになる。**その間に原油価格や為替、商品市況といった、業績に影響する要素が著しく変動してしまうこともある。**こうした場合は夏号の段階であっても、各社の感応度（トヨタ自動車〈7203〉の場合、2024年3月期の為替感応度は1円円安で年間450億円の営業増益要因となる）をもとに業績影響を計算し、会社四季報独自に予想数字を引き直すことはめずらしくない。

また、業績予想には会社によってクセのようなものがある。甘い業績予想というか、希望的観測に近い数字を出してくる会社もあれば、邦画の配給・興行で断トツの東宝（9602）のように、毎年決まって保守的な数字を出してくる会社もある。こうした各社の習性は会社四季報記者も承知しているので、初めから予想数字を独自に上げ下げする。ただ、出走前のこの段階で数字をいじくれるのはそこまでだ。**さらに一歩踏み出して弱めの数字にしたり強めの数字にしたりするだけの合理的根拠は、この初期段階ではまだ希薄なのである**。

業績修正回数ランキングの活用法

余談だが、**期初段階では業績修正が少ないことを逆手に取るのも投資手法の1つといえる**。その際は、会社四季報が不定期に特集する「業績修正回数ランキング」が参考になる。過去3期分の決算について、会社が期初予想（経常利益ベース）を何回上方修正または下方修正したかを集計したものだ。次ページの表は、2024年3月期までの過去3期における上方修正回数のランキングである。

上方修正回数が最も頻繁だったのは、CNG車（圧縮天然ガスを燃料とする車）向け燃料制御装置を手がけるニッキ（6042）で11回となっている。2位は航空券の予約サイトを運営するエアトリ（6191）と産業用ポンプのヤマダコーポレーション（6392）で、ともに10回だった。

ただ、これらの会社は利益水準が低く、業績がぶれやすい。やはり注目はこれらに続く、日本郵船

会社業績修正回数ランキング

順位	証券コード	社名	過去3期合計 上方修正回数
1	6042	ニッキ	11
2	6191	エアトリ	10
〃	6392	ヤマダコーポ	10
4	8066	三谷商事	9
〃	1605	INPEX	9
〃	1662	石油資源開発	9
〃	9101	日本郵船	9
〃	9119	飯野海運	9
9	9104	商船三井	8
〃	9531	東京ガス	8
〃	9110	NSU海運	8
〃	3099	三越伊勢丹HD	8
〃	4527	ロート製薬	8
〃	5423	東京製鐵	8
〃	5444	大和工業	8
〃	5541	大平洋金属	8
〃	8136	サンリオ	8
〃	8142	トーホー	8
〃	7740	タムロン	8
〃	7936	アシックス	8
〃	7148	FPG	8
〃	7211	三菱自動車	8
〃	7261	マツダ	8

（出所）『会社四季報』2024年３集夏号特集データより作成。変則決算を含む

(9101)などの海運各社や、石油ガス開発の2社、それとインバウンド(訪日外国人旅行)や高額消費の波に乗る百貨店各社だろうか。**同一業種であれば経営環境がほぼ同じであるため、1社が先行して上方修正を発表すると、連想買いで同業他社株がツレ高しやすい**。

ちなみにランキング圏外となった10位(修正7回)には自転車部品世界首位のシマノ(7309)など26社がずらり横並びする。四半期決算は3年間で12回だから、それでも2回に1回以上は修正していることになり、かなりの頻度といってよい。

秋号では独自増額がどんどん出てくる

話を秋号に戻そう。お話ししたように、夏号では独自増額銘柄はわずかしかないが、次の秋号になると状況はかなり変わってくる。**夏号からの3カ月の間に、会社はさまざまなデータを発表するからだ**。代表的なのは月ごとの売上高速報で、百貨店や専門店などの小売りをはじめ、外食や人材派遣、鉄道などのサービス関連、不動産や自動車、損保、あるいは映画などの興行や、はては葬儀に至るまで結構多くの会社が公表している。工作機械のように業界として月次受注を発表するところもある(これらをチェックするには会社四季報オンラインの「月次報告書速報」が便利だ)。

こうしたデータが積み上がれば、記者も足元の趨勢がつかめるようになるし、何よりその間には第1四半期(4~6月)決算が発表されている。第1コーナーを通過したラップタイムを分析することで、記者も突っ込んだ予想ができるようになる。

例えば第1四半期が好調で、通期の営業利益見通しに対する進捗率が30％に達したC社があったとしよう。例年は、C社の第1四半期利益進捗率は約25％である。今期は5％ポイントも改善していることになる。今期の進捗率が高いのは、前期末に発売した新製品の予想を超えるヒットが主な要因だという。そうとわかれば、業績は今後尻上がりによくなっていく可能性が大きい。この場合、C社が業績見通しを据え置いても、会社四季報は秋号の業績予想を独自に大幅増額する。**嬉しいことに、秋号にはこうした独自増額銘柄がどんどん出てくるのだ**。

一方、第1四半期の進捗率がやはり高かったD社は、わけあってこの3カ月間の広告宣伝費が予算未消化となりそのぶん利益が上振れたが、未消化の宣伝費は第2四半期以降にまとめて投下するという。この場合は第1コーナーの好ラップは参考にならない。D社の通期業績予想は据え置きとなる。

隠れた上方修正予備軍を探す

東証スタンダード市場に上場し、ガラスコーティング剤や防臭剤など自社企画の自動車用品を販売する中央自動車工業（8117）を例に挙げよう。同社が2023年8月に発表した第1四半期決算は、営業利益が前年同期比71・9％増の23億3800万円となり、会社側の通期営業利益予想88億円に対する進捗率は26・6％に達した。

過去3期平均の進捗率（通期実績比）は17・9％だから8・7％ポイント超過達成しているが、会社側は第2四半期の業績見通しを上方修正しただけで、通期予想は88億円のまま据え置いた。

会社四季報が上方修正を先回り

【卸売業】 ⬆前号比増額 会社比強気

8117 中《ちゅう》央《おう》自《じ》動《どう》車《しゃ》工《こう》業《ぎょう》

【決算】3月 【設立】1946.5 【上場】1977.12

【特色】コーティング剤など自社企画の自動車用品を販売。自動車補修部品の輸出事業も。好財務

【連結事業】自動車部品・用品等販売81(27)、自動車処分19(8)【海外】26 〈23・3〉

【連続増配】アルコール検知器は反落。ただ新車販売の回復本格化追い風にコーティング上向く。海外補修部品も堅調。営業活動費や研究開発費増こなし最高純益更新。後半失速前提の会社計画保守的。連続増配。

【中計】自動車業界外へのコーティング販売拡大を柱とする中計策定。ただ26年3月期営業益100億円計画は過小。監査等委員会設置会社に移行しガバナンス強化。

年月【資本異動】 万株
78.5 無1:0.2 1,620
79.2 公200万株(995円) 1,820
79.5 無1:0.1 2,002
19.12 交換 2,002

東証S	高値	安値
77~21	3650(21)	110(98)
22	3025(1)	2005(5)
23.1~5	3230(5)	2363(2)

	高値	安値	出来万株
23.3	2883	2590	17
4	2895	2603	8
#5	3230	2864	20

【外国人持株】▲0.2pt(+3.8pt)
前年 20.5%(3年前 16.5%)
【会社業績修正】上方1 下方0
経常益÷期初会社予想 1.1倍
【業種】他個人サービス・製品
時価総額順位 12/112社
【比較会社】7466 SPK, 4464 ソフト99, 7297 カーメイト

【株式】5/30 20,020千株
単位 100株 貸借 優待
時価総額 635億円
【財務】〈連23.3〉 百万円
総資産 49,350
自己資本 41,932
自己資本比率 85.0%
資本金 1,001
利益剰余金 35,805
有利子負債 0
【指標等】〈連23.3〉
ROE 16.0% 予16.7%
ROA 12.7% 予14.2%
調整1株益 ー円
最高純益(23.3) 6,292
設備投資 ‥予‥
減価償却 197 予‥
研究開発 ‥予‥
【キャッシュフロー】百万円
営業CF 5,688(5,433)
投資CF ▲2,284(▲1,018)
財務CF ▲1,743(▲1,135)
現金同等物 15,450(13,764)

【株主】単3,171名〈23.3〉 万株
自社(自己株口) 154(7.6)
ノーザン・トラスト(AVFC)リフィデリティF. 111(5.5)
日産東京販売HLD 106(5.2)
三菱UFJ銀行 88(4.4)
SSBTC・クライアント・オムニバス・アカウント 79(3.9)
上野万里子 68(3.4)
T P R 66(3.3)
東京海上日動火災 65(3.2)
光通信㈱ 59(2.9)
あいおいニセイ同損 58(2.9)
〈外国〉20.3% 〈浮動株〉9.7%
〈投信〉3.0% 〈特定株〉43.9%
【役員】(社)坂田信一郎 (専)鳥野善文 (常)近藤雅之 住吉哲也 (取)柿野雅文 廣内学 久保井聡明* 増田文弘 酒井規光 A.サジャド* (取監)具足彰治* 中山正隆* ⇨欄外
【連結】セントラル自工, CAPCO(SGP・USA), ABT

【業績】(百万円)	売上高	営業利益	経常利益	純利益	1株益(円)	1株配(円)
連19.3	21,770	4,339	4,758	3,392	188.1	50
連20.3	25,943	5,022	5,358	3,875	213.8	56
連21.3	27,571	5,408	6,004	3,864	211.0	60
連22.3	30,693	6,483	6,966	4,689	255.8	70
連23.3	35,878	8,356	8,968	6,292	342.6	92
連24.3予	39,300	9,400	10,200	7,000	380.8	96~100
連25.3予	41,300	9,900	10,700	7,300	397.1	99~120
連22.4~9	16,156	3,394	3,718	2,564	139.7	39
連23.4~9予	18,000	4,300	4,800	3,300	179.5	48
会24.3予	36,600	8,800	9,500	6,500	(23.5.12発表)	

【配当】	配当金(円)
21.3	32
21.9	34
22.3	36
22.9	39
23.3	53
23.9予	48
24.3予	48~52

予想配当利回り 3.02%
1株純資産(円)〈連23.3〉 2,281(2,006)

【本社】530-0005大阪市北区中之島4-2-30 ☎06-6443-5182
【支社】東京☎03-5943-9088, 名古屋☎052-882-1211, 大阪☎06-4803-5011, 福岡, 仙台, 札幌, 北関東
【営業所】静岡, 金沢, 広島, 高松, 他
【従業員】〈23.3〉連301名 単259名(41.0歳)年823万円
【証券】上東京S 幹野村, 三菱Uモル 名三菱U信 監あずさ 【銀行】三菱U, みずほ, 三菱U信
【仕入先】ー
【販売先】ー

●中央自動車工業(8117)2023年3集夏号

【卸売業】 ⬆前号比増額 会社比強気

8117 中《ちゅう》央《おう》自《じ》動《どう》車《しゃ》工《こう》業《ぎょう》

【決算】3月 【設立】1946.5 【上場】1977.12

【特色】コーティング剤など自社企画の自動車用品を販売。自動車補修部品の輸出事業も。好財務

【連結事業】自動車部品・用品等販売81(27)、自動車処分19(8)【海外】26 〈23・3〉

【独自増額】新車販売の回復を追い風に、国内コーティング剤が想定以上の出足。海外補修部品も堅調。アルコール検知器の反落補う。営業活動費増、研究開発費増こなす。営業益独自増額。増配幅拡大に期待。

【研修】コーティング剤の海外展開に向け、ベトナム現地スタッフ対象に大阪本社でコーティング技術研修実施。25年4月新設移転する東京支社はデモ用ピット併設。

年月【資本異動】 万株
78.5 無1:0.2 1,620
79.2 公200万株(995円) 1,820
79.5 無1:0.1 2,002
19.12 交換 2,002

東証S	高値	安値
77~21	3650(21)	110(98)
22	3025(1)	2005(5)
23.1~8	3845(8)	2363(2)

	高値	安値	出来万株
23.6	3265	2941	31
7	3620	3200	31
#8	3845	3420	35

【PBR改善度】+0.41pt(+0.14pt)
前年 1.12倍(3年前 1.39倍)
【四半期進捗率】3期平均17.9%
今期26.6%(+8.7pt)
【業種】他個人サービス・製品
時価総額順位 11/115社
【比較会社】7466 SPK, 4464 ソフト99, 7297 カーメイト

【株式】7/31 20,020千株
単位 100株 貸借 優待
時価総額 722億円
【財務】〈連23.6〉 百万円
総資産 49,532
自己資本 43,305
自己資本比率 87.4%
資本金 1,001
利益剰余金 36,635
有利子負債 0
【指標等】〈連23.3〉
ROE 16.0% 予17.2%
ROA 12.7% 予15.1%
調整1株益 ー円
最高純益(23.3) 6,292
設備投資 2,736 予‥
減価償却 197 予‥
研究開発 303 予‥
【キャッシュフロー】百万円
営業CF 5,688(5,433)
投資CF ▲2,284(▲1,018)
財務CF ▲1,743(▲1,135)
現金同等物 15,450(13,764)

【株主】単3,171名〈23.3〉 万株
自社(自己株口) 154(7.6)
ノーザン・トラスト(AVFC)リフィデリティF. 111(5.5)
日産東京販売HLD 106(5.2)
三菱UFJ銀行 88(4.4)
SSBTC・クライアント・オムニバス・アカウント 79(3.9)
上野万里子 68(3.4)
T P R 66(3.3)
東京海上日動火災 65(3.2)
光通信㈱ 59(2.9)
あいおいニセイ同損 58(2.9)
〈外国〉20.3% 〈浮動株〉9.7%
〈投信〉3.0% 〈特定株〉43.9%
【役員】(社)坂田信一郎 (副社)鳥野善文 (常)近藤雅之 住吉哲也 (取)柿野雅文 廣内学 久保井聡明* 増田文弘 酒井規光 A.サジャド* (取監)具足彰治* 中山正隆* ⇨欄外
【連結】セントラル自工, CAPCO(SGP・USA), ABT

【業績】(百万円)	売上高	営業利益	経常利益	純利益	1株益(円)	1株配(円)
連21.3	27,571	5,408	6,004	3,864	211.0	60
連22.3	30,693	6,483	6,966	4,689	255.8	70
連23.3	35,878	8,356	8,968	6,292	342.6	92
連24.3予	41,100	10,200	10,900	7,460	405.5	96~110
連25.3予	43,100	10,800	11,500	7,870	427.7	107~128
連22.4~9	16,156	3,394	3,718	2,564	139.7	39
連23.4~9予	19,300	4,930	5,430	3,730	202.7	48
連22.4~6	7,224	1,360	1,537	1,037	56.6	
連23.4~6	8,927	2,338	2,643	1,809	98.4	
会24.3予	36,600	8,800	9,500	6,500	(23.5.12発表)	

【配当】	配当金(円)
21.3	32
21.9	34
22.3	36
22.9	39
23.3	53
23.9予	48
24.3予	48~62

予想配当利回り 2.66%
1株純資産(円)〈連23.6〉 2,356(2,281)

【本社】530-0005大阪市北区中之島4-2-30 ☎06-6443-5182
【支社】東京☎03-5943-9088, 名古屋☎052-882-1211, 大阪☎06-4803-5011, 福岡, 仙台, 札幌, 北関東
【営業所】静岡, 金沢, 広島, 高松, 他
【従業員】〈23.3〉連301名 単259名(41.0歳)年823万円
【証券】上東京S 幹野村, 三菱Uモル 名三菱U信 監あずさ 【銀行】三菱U, みずほ, 三菱U信
【仕入先】ー
【販売先】ー

●中央自動車工業(8117)2023年4集秋号

実はこれより2カ月前に発売された会社四季報2023年夏号は、期初の段階から「後半失速前提の会社計画保守的」と判断して会社側より強気の94億円と予想し、例のニッコリマークも点灯していた。秋号はそこに上乗せして102億円と予想。会社側が96円としていた年間配当についても「増配幅拡大に期待」と書いて110円もありと断じた。

3カ月後、予想どおり会社は上方修正に動いた。11月10日の第2四半期決算発表時に、通期営業利益見通しを100億円に、配当予想も108円に上方修正したのである。

このダブル増額を好感し、翌営業日の出来高は、足元1カ月平均の約10倍、およそ3年半ぶりとなる水準に膨らんだ。 3500円前後だった株価は翌年3月まで上値を追い続け、当時の2倍近くに値上がりしている。

「会社四季報相場」の実例

もう1社、大阪本社のシノブフーズ（2903）の例も紹介したい。1971年にすし製造業として出発したが、現在は弁当、おにぎり、手巻きずしなどの米飯加工品を主力に、サンドイッチや総菜も手がける業界大手だ。販売先はファミリーマートなどコンビニエンスストア向けが過半を占める。

2023年8月に発表した2024年3月期第1四半期決算は、営業利益が前年同期比47・4％増の6億1400万円で、通期予想に対する進捗率は32・3％と過去3期平均の実績を11・1％ポイント上回っていた。会社四季報は期初の夏号から強気の見方をしていたが、秋号ではさらに踏み込んで会社側の通期予想19億円に対し、22億5000万円と2号連続で独自増額し、配当予想も上乗せした。

株価は9月19日に比較的長めの陽線でふわりと上昇し、上値抵抗線を突破している。**実はこの日は会社四季報の発売日。おそらく、会社四季報の独自予想をきっかけにした「会社四季報相場」だったと見てよいだろう**。会社側は1カ月後、第2四半期決算発表と同時に上方修正に踏み切った。新しい営業利益予想は22億8000万円で会社四季報予想とほぼ同水準となった。この翌日に株価は26年半ぶりの高値圏まで上昇している。

ちなみに2023年度はこの2社と同じように、第1四半期に進捗率が過去3年平均を5%ポイント以上上回っていたにもかかわらず業績予想を据え置き、第2四半期になって上方修正を発表した会社が3月期決算会社だけで69を数えた。

営業利益進捗率に注目せよ

農業機械で国内トップのクボタ（6326）は、2022年12月期の第2四半期決算発表時に、円安やタイでの販売好調を受け

「会社四季報相場」を形成

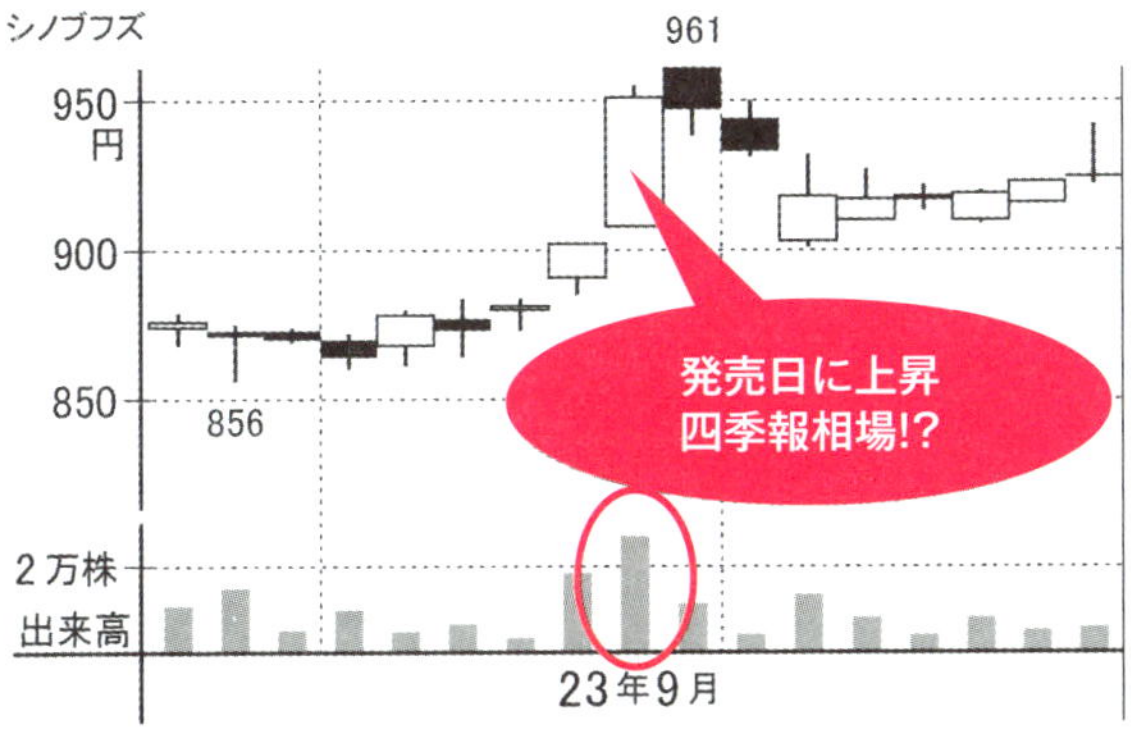

●シノブフーズ（2903）

て通期の営業利益見通しを100億円上方修正した。しかしその後、米国でトラクターの部品不足による出荷遅延が発生、タイでは洪水が畳みかけ、次の第3四半期決算時に200億円下方修正し、一転減益となった苦い経験を持つ。株価も大きく下落している。

いったん上方修正しておいて、そのあとに業績が悪化して予想数字を戻したり下げたりするのは格好が悪い。クボタのような〝先例〟もあり、日本企業は早めの上方修正には慎重がうえにも慎重だ。

これは見方を変えれば、次回以降の決算で上方修正する予備軍がごろごろしていることになる。こんなチャンスをみすみす逃す手はない。

上方修正予備軍を見極めるうえでは、先ほども少し紹介した、通期営業利益見通しに対する進捗率をチェックするのが近道だろう。**第1四半期での進捗率が過去3期平均と比べて5%ポイント以上、第2四半期段階なら10%ポイント以上超過していれば早晩、上方修正してくる可能性が高い。**

しかもその確率は景気回復局面ほど高くなる傾向があることを覚えておきたい。

会社四季報は秋号と新春号で、Eブロックの特集欄に【四半期進捗率】を掲載しているのでご覧いただきたい。会社四季報オンラインで確認したり、もちろん自分で計算したりしてもよい。

四半期進捗率に注目

【PBR改善度】▲0.08pt(+0.08pt)
前年 0.39倍(3年前 0.23倍)
【四半期進捗率】3期平均31.8%
今期44.8%(+13.0pt)

●ティラド(7236)2023年4集秋号

「上方修正は続く」の法則

もちろん、会社側が第1四半期から増額してくることもある。得する株を探すうえでは、こうしたケースにもぜひ注目しておきたい。というのも、**第1四半期に上方修正を発表した会社は、第2四半期でも上方修正してくることが多いという、ある種のアノマリーが存在するからだ**。

暦年で見ると、最初に第1コーナーを回ってくるのは12月期決算会社である。この集団は、4月下旬から5月中旬に第1四半期（1〜3月）決算を発表する。上場企業の約6割を占める3月期決算会社が続々と本決算を発表する時期と重なるだけに、ついそちらに目を奪われがちだが、実は12月期決算会社の数は3月期決算会社（2341社）に次いで多い（544社、社数はいずれも2023年度実績）。

2023年の場合、この第1集団の中に、第1四半期、第2四半期と連続で上方修正したのは6社あった。主力どころでは、業績修正回数ランキングでも登場したINPEX（1605）、「ダンロップ」ブランドで国内タイヤ2位の住友ゴム工業（5110）、精密機械世界大手のキヤノン（7751）などだ。INPEXと住友ゴムの株価は3月本決算と重なったためか、1回目の修正時には反応が限定的だったが、2度目の上方修正時には大幅上昇している。

12月期決算会社の次に第1コーナーを回ってくる大集団は、流通業に多い2月期決算会社だ。社数は12月期に次ぐ216社に及ぶ。この集団の中では、魚群探知機世界大手の古野電気（6814）、6期連続営業赤字から立ち直りつつあったアパレルの三陽商会（8011）、高額消費とインバウンド消費に沸く髙島屋（８２３３）、保守的な予想で知られる東宝（９６０２）など9社が2四半期連続で上方修正を発表している。

続く大本命の3月期決算会社では、百貨店の三越伊勢丹ホールディングス（３０９９）とエイチ・ツー・オー リテイリング（８２４２）、そしてこれもインバウンド消費が追い風のサンリオ（８１３６）、羽田空港の大家さんである日本空港ビルデング（９７０６）、円安が追い風の自動車業界からはデンソー（６９０２）や日産自動車（７２０１）、三菱自動車（７２１１）、スズキ（７２６９）、原料スクラップ安が利幅拡大につながった電炉業界からも東京製鐵（５４２３）、大和工業（５４４４）など、**合計59社が2四半期連続で上方修正を発表した**。

これらの中でも株価が最も敏感に反応した銘柄の1つが、熱交換器メーカーのティラド（７２３６）だった。旧社名を東洋ラジエーターといい、トヨタやホンダなど自動車メーカー向けが売り上げの5割を占めるほか、世界2位の建設機械メーカーのコマツ（６３０１）なども取引先だ。ティラドが第１四半期決算発表時に通期の営業利益見通しを従来の18億円（前期比71・4％増）から24億円（同2・3倍）に上方修正すると、翌日の株価は前日比14％上昇した。

11月6日の2度目の上方修正時の株価反応はさらにすさまじく、株価は値幅制限上限の前日比５００円（22・5％）高となり、東証プライム市場の値上がり率ランキングでトップに躍り出た。それでも買い注文を消化しきれず大幅続伸は翌日も続いた。ちなみに会社四季報は２０２３年9月発売の秋号の段階で【独自増額】の見出しをつけて営業利益を31億円と予想し、11月の再増額を先取りしていた。

連続上方修正がハヤされた

【輸送用機器】 ⬆⬆大幅増額 😊会社比強気

7236 (株)ティラド

【決算】3月 【設立】1936.11 【上場】1961.10

【特色】自動車・建設機械メーカー向けにラジエータ・など熱交換器を製造。大排気量に強み。空調機も

【連結事業】自動車用77、建設機械用20、空調機器用1、他2【海外】56 〈23・3〉

【独自増額】熱交換器など車用の国内は、人件費や原燃料のコスト増が想定未満。販売量回復で吸収し横ばいに。アジアは2輪向け堅調で上振れ。米国も物流費抑制し大幅改善。前号比営業益増額。為替益。減配。

【合理化】人員確保難しく人件費も高い米国は製品の一部生産を国内やアジアに移す合理化推進。温泉を冷水で適温に冷やす際の廃熱で発電するシステムの事業化図る。

年月	【資本異動】	万株
86. 5	無1:0.1	5,172
87.11	無1:0.04	5,981
17.10	併10→1	834
20. 8	現物出資	838
22. 3	消却	671

東証P	高値	安値
61~21	**4715**(17)	**49**(64)
22	2982(1)	2100(4)
23.1~8	2766(1)	1720(6)

	高値	安値	出来万株
23. 6	1855	**1720**	56
7	1902	1796	33
#8	**2189**	1785	69

【PBR改善度】▲0.08pt(+0.08pt)
前年 0.39倍(3年前 0.23倍)
【四半期進捗率】3期平均31.8%
今期44.8%(+13.0pt)

【業種】自動車部品
時価総額順位 75/123社
【比較会社】7235 東ラヂエタ, 6444 サンデン, 6902 デンソー

【株式】7/31 6,712千株
単位 100株 貸借
時価総額 137億円

【財務】〈連23.6〉 百万円
総資産 97,232
自己資本 43,516
自己資本比率 44.8%
資本金 8,570
利益剰余金 22,562
有利子負債 19,940

【指標等】〈連23.3〉
ROE ▲8.3% 予3.0%
ROA ▲3.8% 予1.3%
調整1株益 一円
最高純益(11.3) 4,248
設備投資 5,607 予8,700
減価償却 6,349 予6,100
研究開発 2,765 予2,800

【キャッシュフロー】 百万円
営業CF 4,376(7,262)
投資CF ▲6,702(▲5,839)
財務CF ▲1,058(▲3,391)
現金同等物 10,361(13,404)

【株主】単4,626名〈23.3〉 万株
(株)陣屋コネクト 136(20.3)
日本マスター信託口 60(8.9)
自社取引先持株会 39(5.9)
日本カストディ信託口(みずほ銀) 32(4.8)
山崎金属産業 18(2.6)
自社(自己株口) 16(2.4)
吉田知広 15(2.3)
日本カストディ信託口 12(1.9)
岡三証券 11(1.6)
自社株投資会 10(1.6)
〈外国〉10.2% 〈浮動株〉23.5%
〈投信〉 5.2% 〈特定株〉54.3%

【役員】(代取)宮﨑富夫 (取)百瀬芳孝 (取相)嘉納裕躬 (取)高橋良定* 村田隆一* 屠錦寧* (常監)金井典夫 田村恒生 (監)大庭康孝* 遠藤三紀夫*

【連結】ティラドロジスティクス, TRA, TRT, TRZ

【業績】(百万円)	売上高	営業利益	経常利益	純利益	1株益(円)	1株配(円)
連21. 3	113,046	1,264	1,540	▲1,239	▲171.6	0
連22. 3	133,581	5,041	5,997	3,600	516.0	160
連23. 3	149,413	1,050	2,083	▲3,595	▲550.9	80
連24. 3予	157,000	3,100	3,400	1,300	198.7	20~60
連25. 3予	160,000	3,300	3,300	1,600	244.5	20~70
連22.4~9	74,015	822	1,929	306	46.9	80
連23.4~9予	80,000	1,500	1,800	700	107.0	10
連22.4~6	35,553	1,008	1,752	936	143.4	
連23.4~6	38,557	1,074	1,367	462	70.9	
会24. 3予	153,000	2,400	2,700	500	(23.8.7発表)	

【配当】	配当金(円)
21. 3	0
21. 9	40
22. 3	120
22. 9	80
23. 3	0
23. 9予	10
24. 3予	10~50

予想配当利回り 0.98%
1株純資産(円)〈連23. 6〉 6,672 (6,479)

【本社】151-0053東京都渋谷区代々木3-25-3 ☎03-3373-1101
【営業所】東京, 栃木, 神奈川, 愛知, 大阪
【工場】神奈川, 愛知, 滋賀
【従業員】〈23.6〉連4,447名 単1,562名(40.7歳)年615万円
【証券】上東京P 幹(主)大和(副)みずほ 名三井住友信 監アーク
【銀行】みずほ, 三菱U, 三井住友, 三井住友信, 政策
【仕入先】山崎金属産業
【販売先】トヨタ自動車

●ティラド (7236) 2023年4集秋号

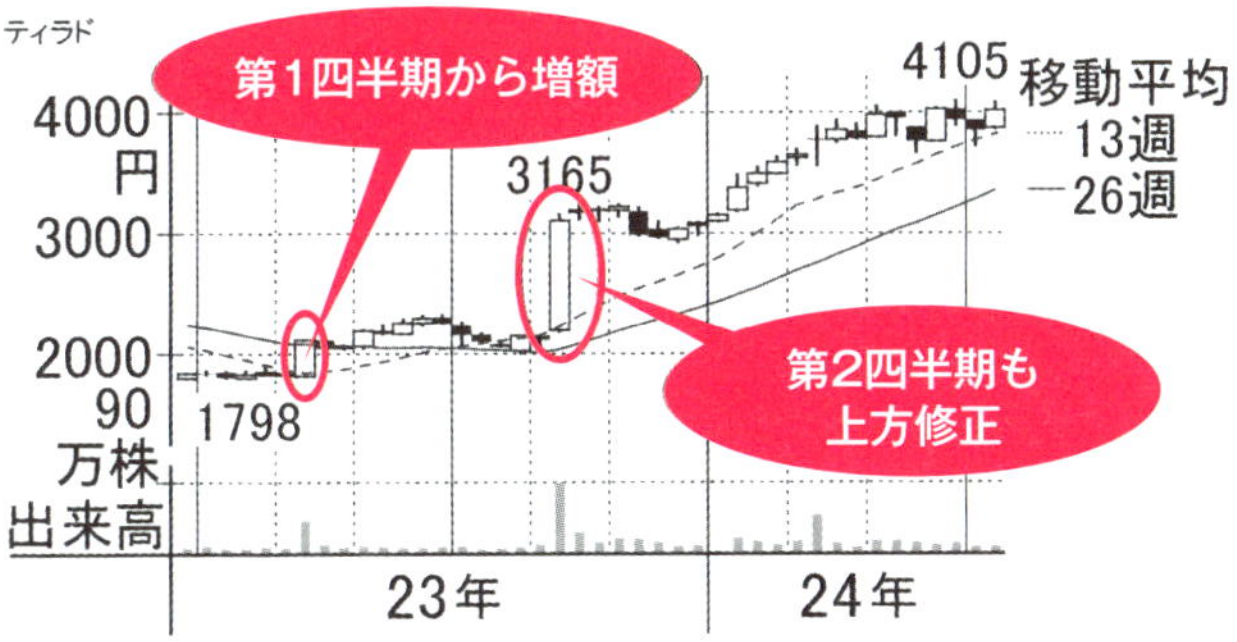

●ティラド (7236) 週足

株価一服時こそ買いチャンス

第1四半期に上方修正を発表した会社は第2四半期も連続で上方修正する可能性が高いということは、東洋経済が保有する2006年以降の決算データからも証明されている。

次ページの図は、2006年4月1日から2024年3月19日発表分までの約18年の間に発表された決算を調べたものだ。期初、第1四半期、第2四半期の3つの時点において会社側が発表した営業利益の予想数字がすべてそろっている5万3709件のうち、第1四半期決算段階で上方修正を発表したのは全体の5・0%に当たる2704件に上る。このうち第2四半期に再び上方修正を発表したのは1327件あった。

つまり、第1四半期決算段階で上方修正した会社のほぼ半数に当たる49・1%が第2四半期でも上方修正しているのだ。

このデータを見て、「長期で見れば確かに半分が連続上方修正しているが、年によってはそうでないこともあるのではないか」と思われるかもしれない。**もちろん事業環境によって多少は上下するものの、大体は毎年同じような傾向にある。**

2024年3月期を例にとると、第1四半期に上方修正を発表したのは2071社中109社だった。その前の2023年3月期は2037社中107社で、ともに5・3%となっている（裏を返せば、95%の会社は第1コーナーでの上方修正をしてこないことがデータからもわかる。やはり日本企業は慎重なのだ)。さらにこれらのうち第2四半期にも上方修正したのは2024年3月期が59社、前年3月期が54社だったから、やはり第1四半期上方修正組の約半数（それぞれ54・1%、50・5%）が再増額していたことになる。

第1四半期に上方修正を発表した会社は、当然、ほかの投資家からも注目されるため、株価は急上昇する。ただし、どこかで割安修正がなされ、買いが一巡すると、利益確定売りに押されて下がるか上昇一服となることが多い。**そこが絶好の拾い場だ。慌てず騒がず、次に上方修正してくるタイミングを待てばよい。5割の確率で、第2四半期での上方修正による株価上昇を享受できるわけで、こんなに勝率のよい戦法はないだろう。**

なお、連続上方修正をする会社の顔ぶれは年によってかなり異なる。そこがまたおもしろい。新型コロナウイルスが感染拡大したころは、マスクや消毒薬を販売する会社や、巣ごもり需要で潤ったゲーム会社などが連続上方修正組となった。自然災害が多い年は、カセットコンロやポータブル電源といった防災用品を手掛ける会社が上方修正するのが常だ。

第1四半期で上方修正した会社の約5割が連続上方修正

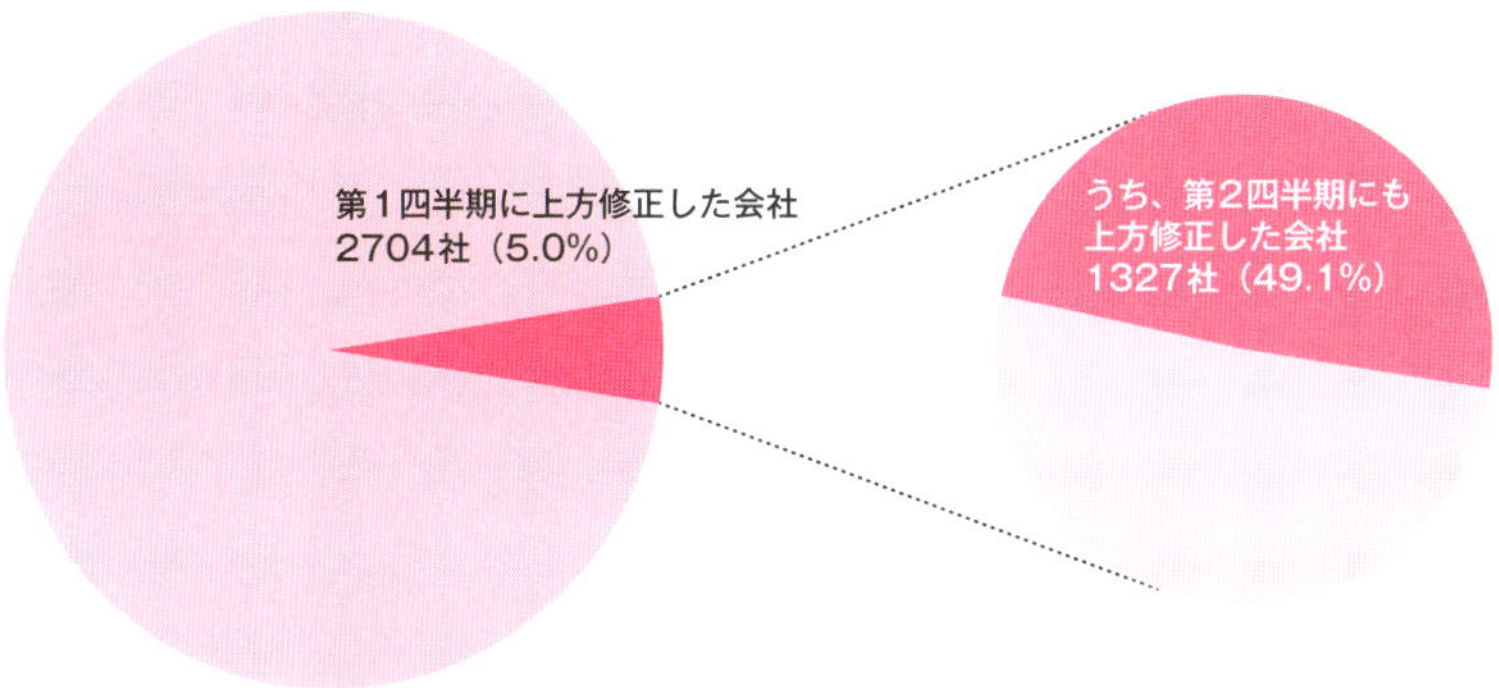

（注）2006年4月1日から2024年3月19日の約18年の間に発表された決算で、期初、第1四半期、第2四半期の3つの時点において会社側発表の営業利益がすべてそろっている5万3709件が対象

今年の勝ち組の顔ぶれを決定づける「追い風要因」はなんなのかを早めに押さえておくことが、銘柄攻略のカギとなる。第1四半期に上方修正を発表した会社をリスト化し、決算発表が一段落したら、増額の背景や理由を改めて検証しておくとよいだろう。

第4章

稼ぎ頭を見抜くとっておきテクニック

この会社はなんの会社か、ちゃんと答えられますか

銘柄選びでは、その会社の主力事業は何かを正確に把握しておくことが欠かせない。最近は、いくつもの事業を多角的に展開している会社も増えてきた。本当の柱は何か、成長エンジンはなんなのかをきちんと押さえておかないと、株価が自分の思惑とは違った方向へ動き出すことがある。**ことに昔からなじみのある銘柄や、かつて一儲けしたことのある銘柄ほど思い込みに支配されやすく、投資判断を誤らせる原因となる**。

会社四季報セミナーの会場で、「トーヨーカネツ（６３６９）ってなんの会社かわかりますか？」と尋ねることがある。すると、年輩の投資家は大抵「ＬＮＧタンクの会社ですよね」と答えるが、これは残念ながら間違いだ。

正解は「物流センターにおける仕分けやピッキング、搬送システムの設計からメンテナンスまでを手がける物流ソリューションの会社」といったところだろうか。とりわけ空港向けの自動手荷物預け機や到着後に荷物を受け取るときのぐるぐる回る手荷物搬送設備（ＢＨＳ）に強く、国内トップシェアを握る。２０２４年3月期は物流ソリューション事業が売上高の約6割を占め、大型ＬＮＧタンクなどのプラント事業は2割を切っている。

同じように、ゲオホールディングス（２６８１）はなんの会社かと聞くと、結構な割合で「映像レンタル大手」という答えが返ってくる。確かにＤＶＤ・ＣＤレンタルでシェア5割を超え、ＴＳＵＴＡＹ

Aを抑え業界トップではある。ただ、現在の主力事業は衣料や雑貨、スマートフォンなどのリユース事業であり、レンタル事業は売り上げの1割まで縮小しているのだが、これが意外と知られていない。

広済堂ホールディングス（7868）も印刷業という祖業のイメージを引きずっている一社だろう。実際は、東京23区内の火葬場・斎場シェア7割を握る葬祭業だ。

【連結事業】欄で利益の源泉を知る

主力事業を正確に知るには、会社四季報Aブロックにある【連結事業】欄（単独決算会社は【単独事業】欄）が手がかりとなる。売上高に占める各事業の割合と、カッコ内には各事業の営業利益率が記載されている（直近決算期の実績ベース）。

一般に、売上高に占める割合がいちばん大きい事業が中核事業であり、この動向が業績を左右する。売り上げ構成が同じくらいの事業が2つある会社は両輪経営などと呼ばれ、一本足打法に比べ経営に安定感がある。**一方、営業利益率は事業の採算の良しあしを表し、数字は大きいほど収益性が高い**。

なお【連結事業】欄の最後にある【海外】は海外売上比率、つまり全売上高に占める海外販売の割合を示しており、この会社の主戦場が国内なのか海外なのかがわかる。

浮体式原油生産貯蔵設備の設計・建造を手がける三井海洋開発（6269）は【海外】100、つまりすべてが海外での売上高となっている。ミニショベルを世界で初めて開発し〝建機のベンツ〟の異名を持つ中堅機械メーカーの竹内製作所（6432）のように、長野県に本社を置きながら海外比率が

97％という会社もある。生成ＡＩ（人工知能）用途のＧＰＵ（画像処理半導体）で話題のエヌビディアと創業時から取引し、同社向けをほぼ独占している半導体検査装置世界大手のアドバンテスト（６８５７）は96％だ。

海外比率が30～40％を超える銘柄の業績は為替の影響を大きく受けるので、円高進行時には要注意となる。

業容の変化を知らなければ勝機を逃す

あらためてゲオを見てみよう。

会社四季報の【連結事業】欄には、リユース品56、新品31、レンタル8、他6（2024年夏号）とあり、今の主力事業は売上高の半分以上を占めるリユース品となっている。

リユース事業を担っているのが子会社のセカンドストリートである。衣料品やバッグ・靴・アクセサリーなどの服飾雑貨、生活雑貨、家具・家電、スポーツ用品、キッズ用品など生活に関わる商品を買い取り・販売するショップで、国内842店、海外は米国、台湾を中心に87店を展開している

Ａブロックで「どんな会社」かがわかる

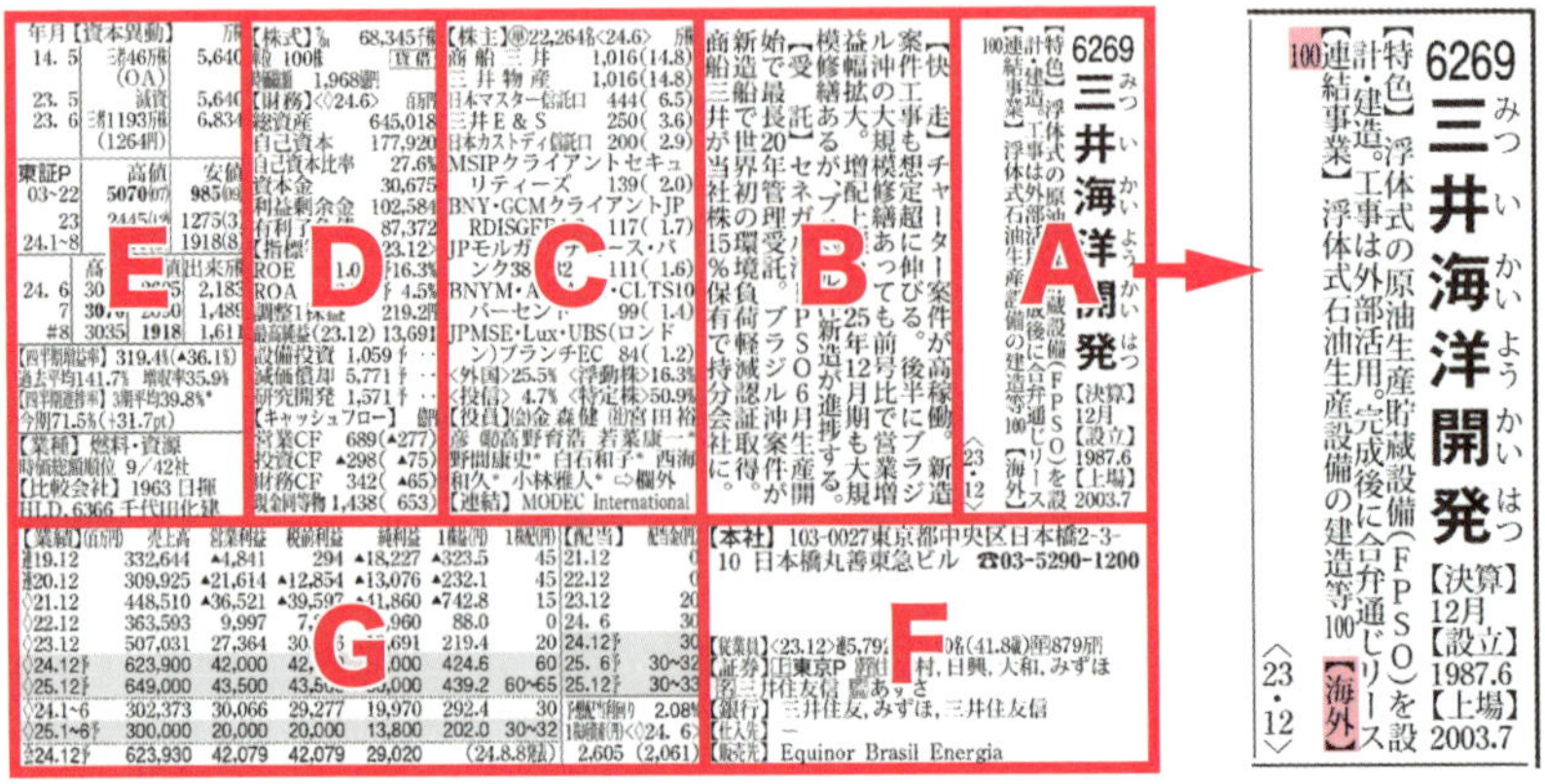

●三井海洋開発（6269）2024年4集秋号

（2024年6月末時点）。こう聞いて初めて、へーっ！　あれはゲオだったのかと知った方も多いだろう。

国内842という店舗数は、ユニクロの国内店舗数を上回る。ゲオはセカンドストリートを2029年3月期までに国内1000店に拡大するほか、米国で100店、台湾でも100店を目指す構えだ。国内1000というのは作業服大手のワークマン（7564）とほぼ同じである。

ゲオはこれと並行して、中古のスマホやタブレット端末の買い取り・販売、格安SIMなどを取り扱う「ゲオモバイル」を2015年から始め、2024年6月末時点で全国に653店舗を展開している（併設店含む）。こちらも円安による大幅値上げやスマホの過度な安売り規制を追い風に市場が拡大する中、2026年3月までに800店へ増やす構えだ。

こうしたことを知らなければ、2022年央から始まった株価上昇の第1波にも、2023年央からの上昇第2波にも乗れるはずはなかっただろう。上昇第1波はリユース事業への転換が評価されたものであり、第2波は折からの値上げラッシュで人々の節約志向が強まり、リユース消費が拡大することをハヤしたものだ。

この時期はゲオと同じ生活防衛関連銘柄であるハードオフコーポレーション（2674）やトレジャー・ファクトリー（3093）、東海地区地盤の買取大国（3181）も業績を大きく伸ばし、**第3章で触れた「第1四半期・第2四半期の連続上方修正組」を形成した**。

次ページの図ではゲオの会社四季報の特色欄を比較した。2021年秋号（2021年9月発売）までは「レンタル・新品販売と総合リユースが2本柱」と書かれていたのが、2022年新春号（2021年12月発売）からは「店舗型リユース首位」と紹介されるようになっていたのに皆さんは気づいていただろうか。これも例の「あれっ?」の気づきの1つだ。

「何で儲けているか」は最重要事項

ただ、「なんの会社か」を知るだけでは決して十分とはいえない。その会社の「利益の源泉は何か」を正確に把握しておくことが重要となる。**それを教えてくれるのが、先ほどの【連結事業】に書かれた各事業のカッコ内の数字である。**

住友林業（1911）の例で見てみよう。住友グループの源流、別子銅山（愛媛県新居浜市）の植林事業が出発点で、銅製錬に欠かせない薪炭用の木材や坑道の坑木、そこで働く人々の住居用木材を調達する銅山備林を役割としていた。油圧ショベルが中心の住友重機械工業（6302）もこの別子銅山で使う機械や器具の製作・修理をするために設置した

特色欄の変化をチェック

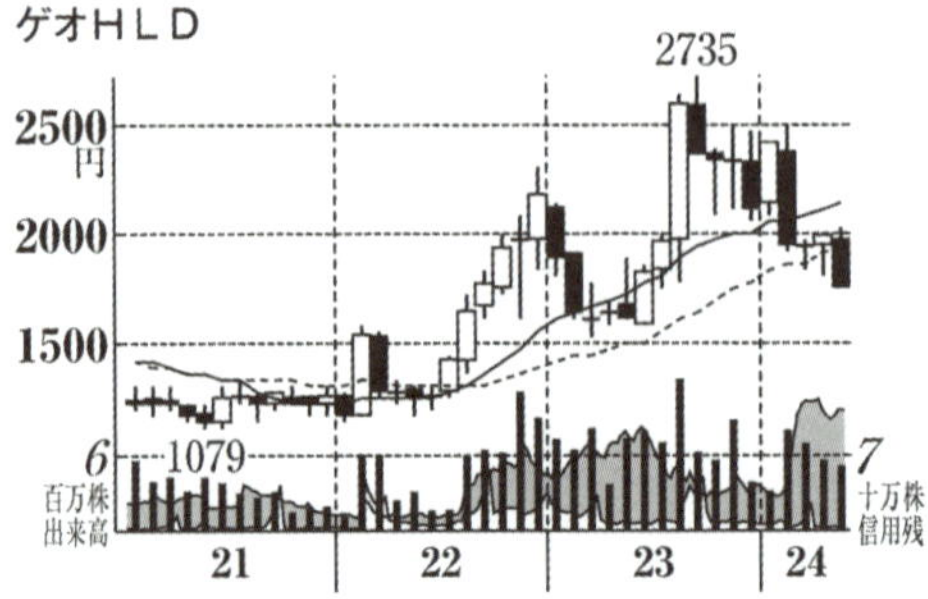

●ゲオホールディングス（2681）
2024年3集夏号

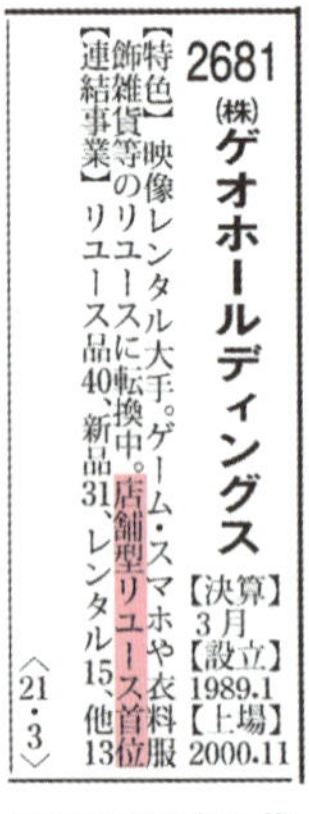

2681
(株)ゲオホールディングス
【決算】3月【設立】1989.1【上場】2000.11
【特色】映像レンタル大手。ゲーム・スマホや衣料服飾雑貨等のリユースに転換中。店舗型リユース首位
【連結事業】リユース品40、新品31、レンタル15、他13〈21・3〉

●同2022年1集
新春号

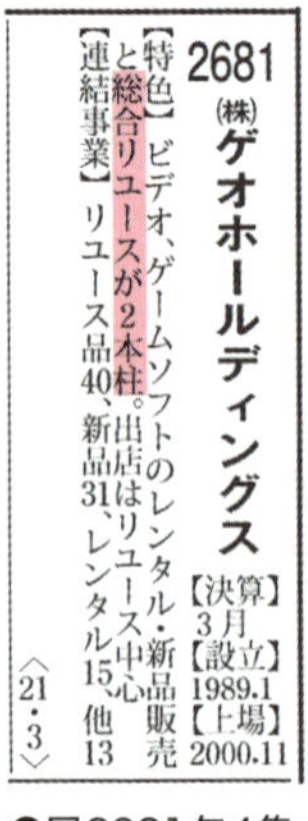

2681
(株)ゲオホールディングス
【決算】3月【設立】1989.1【上場】2000.11
【特色】ビデオ、ゲームソフトのレンタル・新品販売と総合リユースが2本柱。出店はリユース中心
【連結事業】リユース品40、新品31、レンタル15、他13〈21・3〉

●同2021年4集
秋号

「工作方」が発祥だ。

さて、住友林業の【連結事業】欄で最初に注目したいのは、海外住宅・不動産55の部分だ。林業という社名から来るイメージはもちろん、日本有数の山林オーナーであることや、注文住宅のキャッチフレーズに「木の家」をうたっていることから、日本国内を地盤とした内需企業と思い込みがちだが、主戦場は意外にも海外だとわかる。ちなみに55％のうち40％は米国での戸建て住宅であり、2023年は日本の3倍に当たる1万戸以上を販売している。以下、国内の住宅・建築（注文住宅の建築請負）31％、木材建材（卸の商社事業）12％と続く。

カッコ内の利益率を見ると、海外がドル箱であることが一段と鮮明になる。国内の住宅・建設6％に対し、海外は12％もある。同じ100万円を売り上げても国内では6万円の儲けにしかならないのに、海外では2倍の12万円の儲けになる。同社は2023年に米国企業を買収したが、いちばん稼げる米国市場を深掘りするのは当然の戦略といえよう。

今や、住友林業の株価に影響を与えるのは国内の経済指標ではなく、米国の新築住宅販売件数や平均単価、住宅ローン金利といった指標だ。それが証拠に、2024年1月24日の株式市場では同社に関する悪材料がなんらないにもかかわらず、取引開始と同時に株価が大きく売られ、東京プライム市場の値下がり率で2位となる事態

ドル箱は海外

1911 住《すみ》友《とも》林《りん》業《ぎょう》
【決算】12月 【設立】1948.2 【上場】1970.5
【特色】注文住宅の国内大手。利益柱の米国事業は戸建て分譲と集合住宅開発を展開。持分適用に熊谷組
【連結事業】木材建材12(5)、住宅・建築31(6)、海外住宅・不動産55(12)、資源環境1(2)、他1(8)【海外】57〈23・12〉

●住友林業（1911）2024年3集夏号

が起きた。

原因は、その前日に発表された米国同業大手・DRホートン社の決算にあった。住宅ローン金利上昇の影響で販売が伸びず、決算の内容が振るわなかったことを受け株価が下落。その連想売りが海を越えて住友林業にも波及したのだ。当時の株式市場は、米国での長期金利の動向に一喜一憂していた。今でも住友林業を内需企業などと考えていたら、大損を食らうことになりかねない。

セブン&アイの意外すぎる儲け頭

セブン&アイ・ホールディングス（3382）も、利益の源泉を大きく変化させている1社だろう。2023年2月期に日本の小売業で初めて売上高10兆円を超えた巨大流通グループで、傘下にはコンビニエンスストア最大手のセブン-イレブン・ジャパン、総合スーパーのイトーヨーカ堂、レストラン「デニーズ」を展開するセブン&アイ・フードシステムズのほか、セブン銀行やロフト、赤ちゃん本舗などを擁している。

2022年1集新春号の【連結事業】を見てみよう。当時の事業別売上高は国内コンビニが16%、海外コンビニが38%となっている。多くの人はまずこのことに驚く。セブン&アイの海外における売り上げは国内の2倍以上の規模を誇り、イトーヨーカ堂などスーパー事業の31%をも凌駕するのだ。これは2005年にコンビニのフランチャイズ（FC）元である米7-Eleven, incを買収した結果だ。

月足チャートでセブン&アイの株価推移を見ると、2013年から2015年末まで約3年にわたって上昇を続けたが、そのあとの3年は横ばいに転じている。2019年からは下落トレンドとなり、2020年8月に3000円を割り込んでようやく下げ止まった。結局、2013年春からのダブルバガー（株価が2倍になる銘柄、別名「2倍株」）達成も、この下落で帳消しとなってしまった。

しかし、株価はそこで急反転し、鋭角に上昇を開始した。これほどの上げっぷりは、持ち株会社として再上場した2005年の相場と、コンビニ店舗の純増数が年間約1000を数え、6期ぶりに最高益を更新した2013年2月期の大相場以来だ。

株価上昇の引き金となったのは、2020年8月に発表された米コンビニ大手スピードウェイの買収である。スピードウェイはガソリンスタンド併設型のコンビニを約3800店運営しており、米セブン-イレブンと合わせると1万4000店規模になり、業界2位に2倍以上の差をつける。

買収額は210億ドル、当時のレートで約2兆2000億円に上る。セブン＆アイにとっては過去最大規模のまさに賭けに打って出たようなM＆A（合併・買収）だった。2018年にもコンビニを併設するガソリンスタンド1030店の店舗網を米スノコLPから取得したことはあるが、このときの買収額は31億ドルと1桁小さい。

スピードウェイ買収は高い買い物との声も一部に

海外コンビニの売上高は国内の倍以上！

3382 (株)セブン＆アイ・ホールディングス
【決算】2月 【設立】2005.9 【上場】2005.9
【特色】国内2位の流通グループ。コンビニを核に総合スーパー、百貨店、外食、セブン銀行など展開
【連結事業】国内コンビニ16(25)、海外コンビニ38(4)、スーパー31(2)、百貨店7(▲1)、金融3(24)、専門店5(▲5)、他0(9)【海外】40〈21・2〉

●セブン＆アイHD（3382）
2022年1集新春号

あった。**しかし、セブン&アイの次の成長のカギが海外にあることに気づいていた投資家はこの決断に素早く反応し、その後8割高となった株価上昇の恩恵を享受した。**

翌2021年7月にセブン&アイが発表した新中期経営計画では、「北米事業をグループの成長ドライバーにする」と明確に位置づけたが、そこで株を買ってもあとの祭り。株価はすでに頭打ちとなっていた。**投資格言でいう「知ったら仕舞い（どんなによい情報も公に発表されると相場はおしまい。いったん手仕舞えという教え）」の典型例である。**

マーケットは海外事業の利益率を注視

セブン&アイは2023年11月、オーストラリアでセブン-イレブンを展開するエリアフランチャイジー、コンビニエンスグループホールディングス（751店舗、同年6月末時点）を買収すると発表し、続く2024年1月には米スノコから204店舗を追加取得すると発表

スピードウェイ買収で大商いに

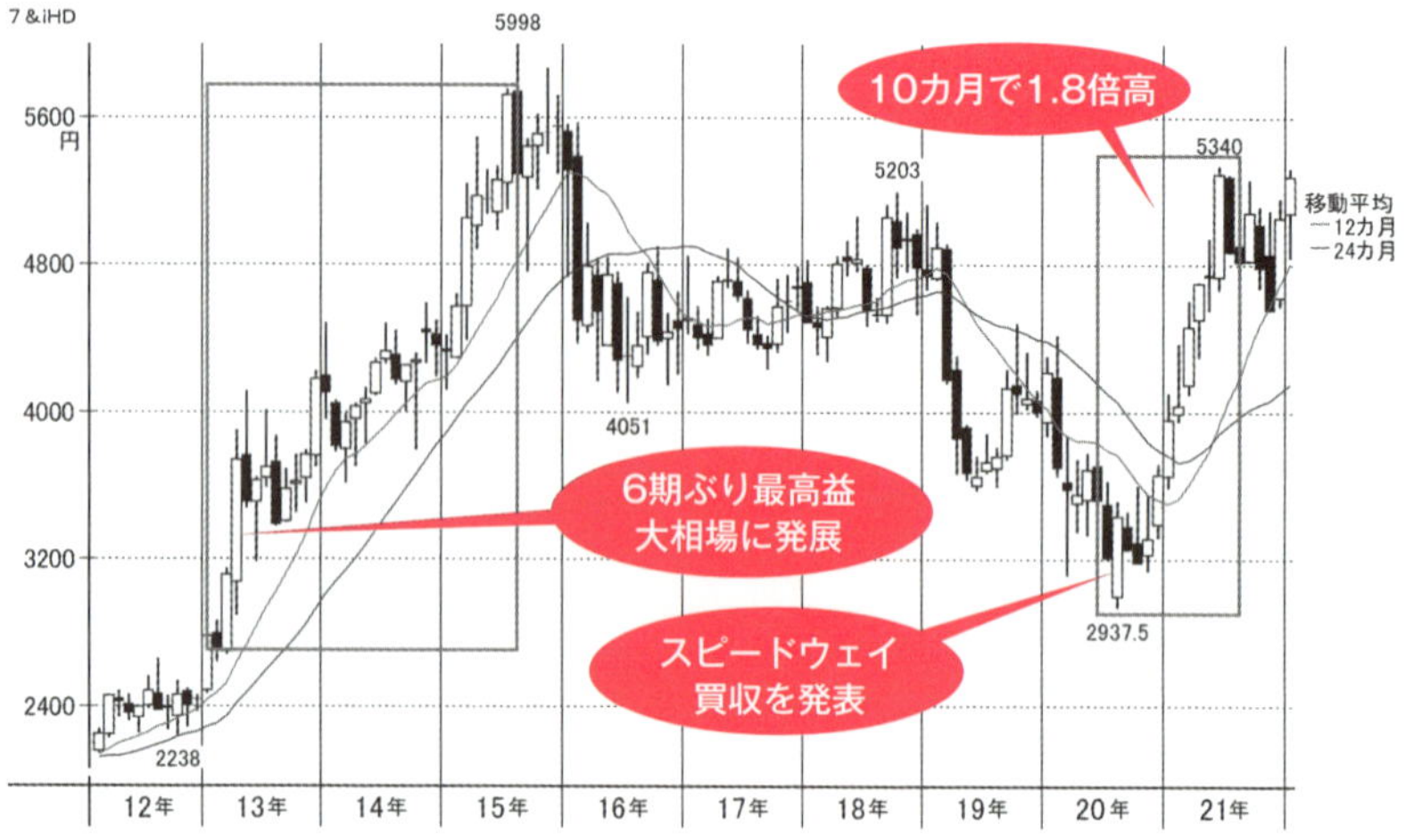

●セブン＆アイHD（3382）月足

した。こうした戦略により海外売上高が大きく伸び、【特色】欄の内容も様変わりしている。

前出の会社四季報2022年新春号では「国内2位の流通グループ」だったが、2024年春号では「国内首位の流通グループ」となっている。事業別売上高では、海外コンビニが74（4）、国内コンビニが8（27）となり、今や海外コンビニは国内コンビニの9倍超の事業規模へ拡大した（同夏号）。しかし、カッコ内に示した肝心の利益率は4％とぱっとしない。国内の利益が27％と、小売業としては驚異的な水準を実現しているのと対照的だ。

この内外の売上高や利益率の差は、米国は直営店中心、国内は利益率の高いFC方式中心というビジネスモデルの違いから来る。国内で2万店を超えるセブン-イレブン店舗のうち、直営店は193店しかない（2024年2月末）。99％は加盟店と呼ばれるフランチャイジーであり、セブン-イレブン・ジャパンは加盟店が稼ぐ粗利益から本部の取り分であるロイヤルティーをいただくことで、高い収益率を謳歌しているのだ。

対する米国では直営店舗が45％を占める。そのため売上高は膨らむが、一方で運営費がずしりとのしかかる。2018年1月の買収完了からすでに6年半が経つスノコの店舗はいまだにすべて直営だ。スピードウェイの約3000店舗も同様にすべて直営であり、FC化のメドは立っていない。スピードウェイ店舗の多くは、コンビニとは名ばかりで、実態はガソリンスタンドの横にある〝ミニ売店〟に近い。メインの商材はガソリンで、粗利は低い。

実は、セブン&アイの連結売上高の半分はガソリン小売りといっても過言ではなく、年間のガソリン販売量は国内最大手ＥＮＥＯＳホールディングス（５０２０）を凌駕している。

スピードウェイはホットドッグなどの独自商品に力を入れており、利益率は改善基調だが、利益率２桁乗せはまだまだ先になりそうだ。**百貨店事業のそごう・西武の売却が完了した今、海外事業の収益性をどこまで上げられるかに株価が敏感なのは当然だろう**。

日本の外食企業は意外に国際派!?

セブン＆アイと同じく、海外比率の高さが意外と知られていないのが外食各社かもしれない。**外食業界は今、次の成長軸として海外市場の開拓を急速に進めている**。

ゼンショーホールディングス（７５５０）は言わずと知れた外食産業の国内最大手である。牛丼チェーンの「すき家」を筆頭にファミリーレストランの「ココス」のほか、「なか卯」「はま寿司」「ジョリーパスタ」など外食の有名チェーンを数多く有する。２０２３年４月にはロッテリアを買収し、ハンバーガーチェーンも加わった。２０２４年３月期の連結売上高は９０００億円を超え、外食世界ランキングでもトップ５入りが目前だ。時価総額は２０２３年７月に国内の外食企業で初めて１兆円を超えた。

圧倒的に海外優勢

【本社】108-0075東京都港区港南2-18-1
JR品川イーストビル ☎03-6833-1600
【グループ店舗】すき家1957, はま寿司602, ココス511, なか卯455, ジョリーパスタ318, 他(国内)1050(海外)10216 計15109【工場】計34
【従業員】〈24.3〉連16,806名 単790名(39.9歳)年・・万円
【証券】上東京P 幹(主)野村(副)日興, みずほ 名三井住友信 監PwCJapan
【銀行】三井住友, みずほ, 横浜, 政策
【仕入先】—
【販売先】—

●ゼンショーHD（7550）2024年3集夏号

会社四季報**Fブロックにある【グループ店舗】欄を見れば「えっ！」と驚くのではないだろうか**。同社が世界に保有する店舗1万5109のうち、海外店舗が1万0216と、3分の2は日本以外の店舗となっているのだ。およそ2年前の会社四季報2022年夏号では、海外店舗は5560であり、かなりのハイペースで増えている。

同社の株価推移を見ると、2023年10月25日に動意づき、上値抵抗線だった7200円や7700円水準をつぎつぎ突破、およそ1カ月で9274円まで値を伸ばした。これが今でも同社の上場来高値である。引き金となったのは、同日付『日本経済新聞』の「2024年3月までに国内外食で初となる海外1万店を目指す」と報じた記事だった。このことから**株価は国内ではなく、海外展開に敏感なことがわかる**。実際、同社はこのあと2023年12月末で1万店を達成している。

10年前と様変わりしたサイゼリヤ

海外を収益柱に育成するのに成功した外食企業としては、サイゼリヤ（7581）が挙げられる。低価格イタリアンレストラン「サイゼリヤ」を直営展開し、衣料SPA（製造小売業）のファストリと同じように商品開発から食材の調達、加工、配送まで自ら手がけることで低コストを実現している。オーストラリアにホワイトソースなどを生産する自社工場も所有するほか、2026年には中国でソースやパスタ、ピザなどの新工場が稼動する。

どこの街でも見かけるレストランなだけに内需型企業と思われがちだが、会社四季報に【海外】34とあるように、今や全体の3分の1を海外で売り上げるまでになっている。中でも中心は上海、広州、北京、香港に台湾、シンガポールを加えた中華圏だ。

2023年8月期決算では、資源価格の高騰や円安に伴う輸入食材費やエネルギーコストの上昇で国内事業が14億円の赤字だったのに対し、中華圏は前期比3・8倍となる84億円の営業利益を稼ぎ出した。国内が赤字、中華圏が黒字という構図は、新型コロナの感染拡大が始まった2020年8月期以来4期連続である。会社四季報では【特色】欄に「中国など海外事業が利益柱」とあるほか、記事で中華圏の動向に触れるときは「ドル箱のアジアは〜」と書き出すのがお決まりになっている。

サイゼリヤの株価推移はひとえに中国の動向次第と言い切ってよいくらいだ。月足チャートは2014年から2015年にかけて最初の上昇波動をつけたが、このときの会社四季報は「競争厳しく国内の既存店売上は前期比微減だが、(中略)中国など収益柱の海外は想定超える売れ行き」(2015年春号)と報じている。その後「海外は中国の人件費上昇でやや苦戦」(2016年秋号)すると株価は調整局面となり、「苦戦の中国は店舗整理進め利益底打ち」(2017年新春号)と報じると株価もアク抜けし再び急上昇を開始。「海外も中国の店舗閉鎖が効き、上向き。(中略)最高純益」(2017年秋号)に至って株価も天井をつけるといった具合で、明らかに中国関連株としての動きを続けている。

会社四季報でサイゼリヤのDブロックにある「最高純益」を見ると、自己ベスト記録は2010年8月期の78億4200万円となっている。2025年8月期は実に15年ぶりに更新する見通しだが、**前回はほぼすべての利益を国内で稼いでいた。今とは真逆の構図だ**。

ホンダはもはや自動車会社ではない？

本業に意外性があるもう1つの事例はホンダ（7267）だろう。

ホンダはなんの会社かと聞かれれば、多くの人は当然のように自動車会社と答えるだろう。創業者の本田宗一郎氏は立志伝中の人物であり、オートバイの世界シェアは3割強で断トツ。自動車は国内最後発ながら世界7位のシェアを持ち、自動車レースの最高峰F1（フォーミュラ1）レースで華々しい戦績を残し……と、「ホンダストーリー」を語ればキリがない。では、ここ数年のホンダは何で儲けているかご存じだろうか。

ホンダのかつての最高純益は2018年3月期につけた1兆0683億円であった。業績はそこから下り坂となり、2020年3月期の営業利益6336億3700万円まで転げ落ちた。

その翌年、2021年3月期の営業利益は「6602億0800万円」。

皆さんが今、この年にいると想定したら、はたしてこの数字をどう評価するだろうか。前期比では4・2％の増益であり、**大底を打ったのだからそろそろ仕込み時と考えるかもしれない。ただこの営業利益の中身を見るとかなり危機的なのだ。**

そのヒントが【連結事業】欄にある。2021年夏号を見ると、二輪14（13）、四輪65（1）、金融サービス19（14）となっている。四輪つまり自動車は確かに全体の65％を売り上げる主力事業だが、利益率はわずか1・05％しかない。四輪事業が稼ぎ出した利益は、6602億円の13・6％にあたる902億円にすぎない。大半の利益を稼いでいるのは自動車ローンを中心とした金融サービス事業であり、それを好採算の二輪（オートバイ）事業がサポートする構図となっている。ちなみに金融事業に従事している社員は連結全従業員およそ20万人のたった1％であり、その1％の人たちがホンダの利益の過半を稼いでいる格好でもある。

四輪車で稼げない会社を自動車会社と呼んでよいものかどうか。**利益率1％ということは、ともすれば赤字転落も視野に入る**。日産自動車（7201）の自動車事業は2020年3月期から2022年3月期まで3期連続で赤字を続け、販売金融頼みはホンダより深刻だったが、本質的にはホンダも五十歩百歩といえる。実際、この2年後の2023年3月期に、ホンダの四輪事業はついに利益率ゼロ――厳密には166億円の赤字となってしまった。

あくまでホンダは自動車会社であり、金融事業は副業にすぎない。また、2023年の米国がそうだったように、利上げ局面ではアキレス腱にもなりうる。政策金利が上昇すれば自動車ローンの金利も上昇する。ローンを払えなくなる人が増えると、貸し倒れに備えて引当金の計上が増えることになる。

「カネに色はない」といわれるが、投資の世界では違う。会社がどんな事業でどれくらい儲けたかによって、おカネの意味合いが変わってくるのだ。

“本業”の利益率は
たった1%

7267 ホンダ（登記社名 本田技研工業）
【決算】3月【設立】1948.9【上場】1957.12
【特色】4輪世界7位で北米が収益源。2輪は世界首位。環境対応を強化。40年までに脱エンジン目標
【連結事業】二輪14(13)、四輪65(1)、金融サービス19(14)、ライフクリエーション他2(▲3)【海外】86〈21・3〉

●ホンダ（7267）
2021年3集夏号

ホンダは2024年3月期になってようやく営業利益、純益とも過去最高益を更新したが、これは円安下の〝追い風参考記録〟といってよい。四輪事業の営業利益率は4・1%まで改善したとはいえ、トヨタは11・2%とそのはるか上を行く。

単発から双発エンジンになった味の素

事業構造の把握がいかに大切かについては、味の素（2802）の例もわかりやすい。

次ページの図は右が会社四季報2024年春号、左がその5年前の2019年春号だ。ぱっと見てわかるのは株価チャートの形の違いだろう。右のチャートは絵に描いたような右肩上がりで、左は逆に右肩下がりになっている。右のチャートでの高値は6279円、左のチャートでは安値1626円となっている。**結果論にはなるが、この1626円はここ10年のほぼ底値であり、もしここで拾っていれば4倍近い値上がりを享受できたことになる**。この5年の間にいったい何が起きたのか。ここでもやはりヒントは【連結事業】の数字にある。

味の素は言わずと知れたうまみ調味料グルタミン酸ナトリウムの先駆企業で、アミノ酸を活用した加工食品、バイオや動物用の飼料製造など多彩な事業領域を持ち、海外も130以上の国と地域で事業展開している。2019年夏号によると、2019年3月期の【連結事業】は日本食品33（8）、海外食品43（9）、ライフサポート10（9）、ヘルスケア12（9）、他2（▲2）だった。つまり、海外向けを中心に食品関連事業が全体の76%を占め、同事業の利益率は8〜9%と内外でほぼ同じ水準だったことがわかる。問題は利益率の低さだ。利益率が2桁の事業が1つもない。1つ前の会社四季報春号記事には「冷食・コーヒー想定未満」「北米（略）減損」「一転大幅減益」「歩留まり改善急ぐ」などと苦境をうかがわせる言葉が並ぶ。

一方、2024年春号の【連結事業】では、2019年当時とはセグメント方法が違うため単純に比較できないものの、調味料・食品57（11）、冷凍食品20（0）、ヘルスケア等22（17）、他1（▲1）となっている。皆さんご存じの人気食品、あの冷凍ギョーザを含む冷食事業が利益率ゼロというのも意外だが、**もっと驚きは、かつて1つもなかった利益率2桁の事業が2つに増えている点だ**。中でも存在感を増しているのが、調味料・

「2つの顔」を持つように

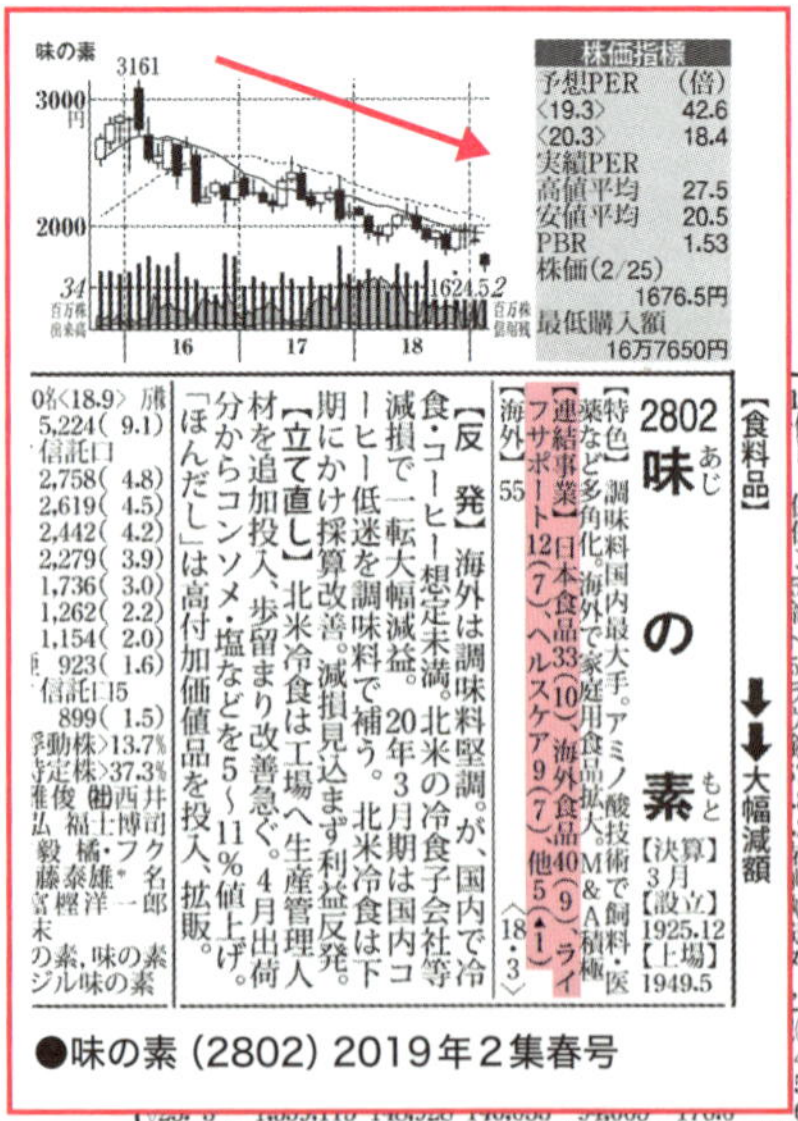

●味の素（2802）2019年2集春号

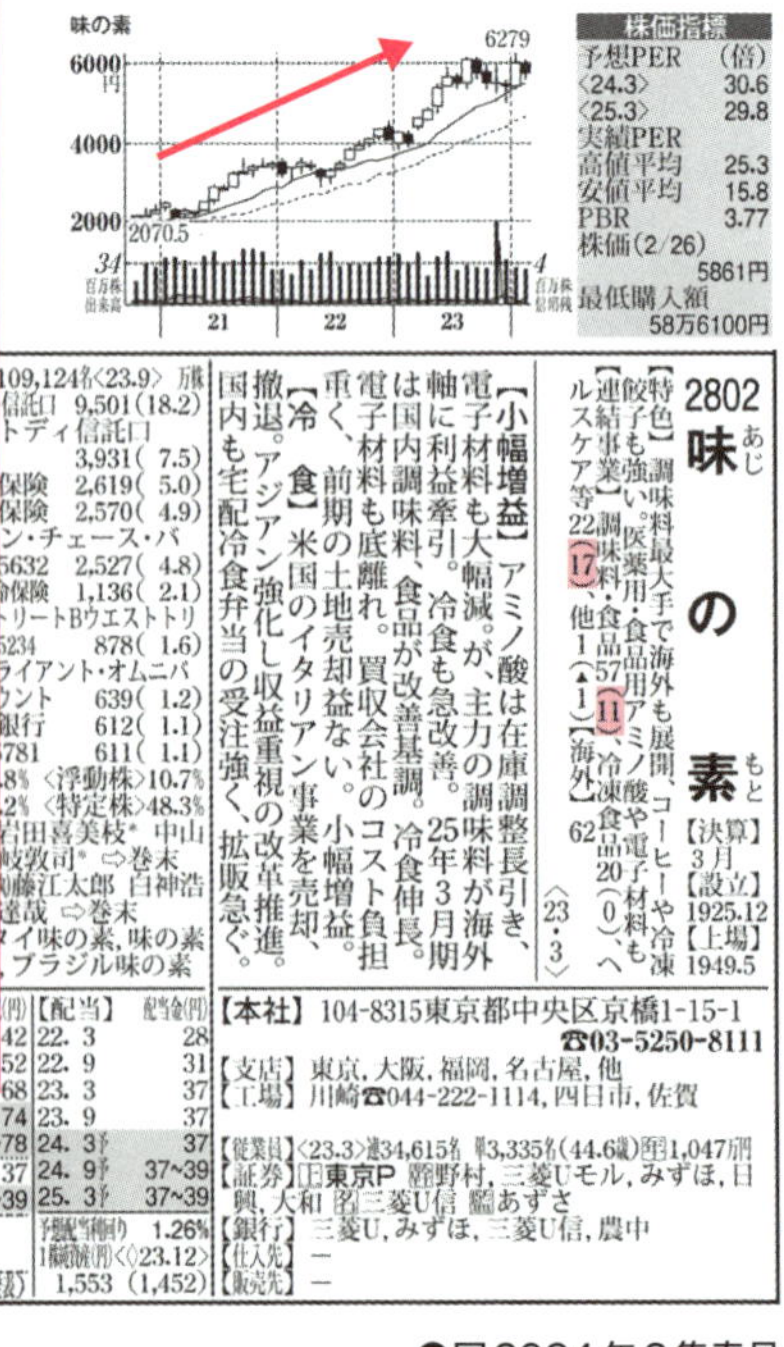

●同2024年2集春号

食品事業の利益率を大きく凌駕する「ヘルスケア等22（17）」である。

ヘルスケア等とはなんなのか。その正体は「ABF（味の素ビルドアップフィルム）」と呼ばれる半導体材料のことで、ノートパソコンやゲーム機の頭脳に当たるマイクロプロセッサーユニット（MPU）とマザーボードをつないで信号を伝えるための半導体パッケージ基板に絶縁材として使われる。絶縁性能と接続信頼性の高さ、配線微細化のしやすさが特徴で、何層にも積み上がった電子回路間に電子を精緻に流すために欠かせない。世界シェアは主要なパソコン向けでほぼ100％というから驚きだ。**かつて「味の素、入ってる?」は料理に使うフレーズだったが、今は「ABF、入ってる?」になったというジョークもあるほどだ**。真偽のほどは不明だが、ソニーのゲーム機「プレイステーション5」が2020年の発売から2年間も品不足に陥った原因の1つは、ABFの供給が間に合わなかったからなどという報道もあった。

味の素の株価上昇は、コロナ禍で世界的にリモートワークが進み、ノートパソコンの需要が爆発したことが起爆剤となったが、注目すべきは2021年9月から続いた横ばいの動きだ。実はこの時期、世界の株式市場は、金利上昇への警戒感や中国恒大集団への不透明感から投資家のリスク回避が続いていた。割高感のある米ハイテク株は総崩れとなり、日本の半導体関連銘柄も軒並み大幅下落した。にもかかわらず味の素株が横ばいで踏ん張れたのは、**ハイテク株という顔と、従来からのディフェンシブ株（景気の変動の影響を受けにくく、業績が安定している株）という2つの顔を持っていたからと考えられる**。

主力事業の利益率は「2桁」が条件?

【連結事業】を使った銘柄選びのツボとしては、主力事業の営業利益率が2桁、できれば20%以上を条件にすることをおすすめしている。すべての事業が2桁なら理想的だ。

繰り返しになるが、利益率が高いということは製品やサービスを高く売ることができる会社の証しだ。営業利益率が50%を超えることも不可能ではない。中小・中堅企業を顧客基盤に持ちERP(統合業務ソフト)で断トツの強さを誇るオービック(4684)は、「システムインテグレーション」と「システムサポート」が2本柱だが、利益率は前者が59%、後者が72%という驚異的なレベルだ。中古車オークション会場の運営で断トツのユー・エス・エス(4732)では、売上高の7割を占める「オートオークション」事業の利益率は実に63%にも達する。

代替の利かないオンリーワン製品やサービスであれば値引きは不要だし値上げもしやすい。逆に汎用品だとつねに価格競争にさらされ、カツカツの利益をとるのがやっとだろう。

利益率が2桁の会社と1桁の会社では何が違うのかイメージしてもらうために、ソニーグループ(6758)とパナソニック ホールディングス(6752)を比較してみた。最近はあまり対比されることのなくなった両社だが、日本のエレクトロニクス産業が世界を席巻していた1990年代には熾烈《しれつ》な戦いを繰り広げたライバル同士である。

次ページの図はともに2022年夏号の会社四季報誌面だ。パナソニックは5つの事業を展開するが、家電など中軸の「くらし事業」を含めてすべての事業が1桁ないしはゼロの利益率しかない。一方のソニーは、テレビやカメラ、スマホなどのEP&S（エレクトロニクス・プロダクツ&ソリューション）が9%とあと一歩届かないのを除けば、音楽19%、映画18%、ゲーム13%などすべての事業で2桁の利益率を確保している。このことが、売上高では大差ない両社の利益水準に、1桁違いの差がつく原因となっている。

もちろん、利益率が単に2桁あるからといってすぐ「買い」にはならない。会社四季報のバックナンバーをめくってみて利益率が悪化していないかどうか必ずチェックし、傾向的に悪化している場合は避けたほうがよい。ソニーの場合も、2024年3月期決算ではエレクトロニクスに加え、ゲームと映画の2つの事業が1桁の利益率に悪化し、株価も大きく下げる結果となっている。

ソニー vs.パナの違い

6752 パナソニック ホールディングス
（旧 パナソニック 22・4）
【決算】3月【設立】1935.12【上場】1949.5
【特色】総合家電大手。AV機器、白物家電のほか、電池などのデバイス事業、車載機器、住宅設備も展開
【連結事業】くらし事業49(3)、オートモーティブ14(0)、コネクト12(6)、インダストリー15(7)、エナジー10(8)【海外】57〈22・3〉

●パナソニックHD（6752）
2022年3集夏号

6758 ソニーグループ
【決算】3月【設立】1946.5【上場】1958.12
【特色】AV機器大手。海外でブランド力絶大。イメージセンサー、ゲーム、音楽・映画分野に重点
【連結事業】G&NS27(13)、音楽11(19)、映画13(18)、EP&S23(9)、I&SS10(14)、金融他16(10)【海外】72〈22・3〉

●ソニーグループ（6758）
2022年3集夏号

ライバルを出し抜く会社を見つける

会社四季報の【連結事業】欄は、同業者間の微妙な違いを把握するうえでも役に立つ。ここでは小売業

界の勝ち組とされるドラッグストアを例に見ていこう。

日本のドラッグストア市場は約8兆7000億円の規模を誇るが、競争が激しく業界再編のまっただ中にある。規模拡大によって仕入れ条件が有利になり、メーカーからリベート（販売奨励金の一種）が獲得しやすくなるからだ。

2021年10月にマツモトキヨシホールディングスとココカラファインが経営統合したのに続き、2024年2月には、業界1位でドラッグストア初の売上高1兆円を達成したウエルシアホールディングス（3141）と業界2位で北海道地盤のツルハホールディングス（3391）が2027年末までに経営統合することが決まった。

売上高で見ると、1位のウエルシア、2位のツルハに続く業界3位はマツキヨココカラ&カンパニー（3088）となっている。一方、〝会社の値段〟である時価総額では1位がマツキヨココカラ&カンパニー、2位コスモス薬品（3349）、3位サンドラッグ（9989）の順になる（2024年4月18日終値）。売上高でワンツーのウエルシアとツルハの2社が時価総額トップ3に入っていないあたりが、経営統合へ踏み出した理由なのかもしれない。

では、売上高、時価総額でそれぞれトップのウエルシア、マツキヨココカラと、時価総額2位のコスモス薬品を加えた3社を比較してみよう。コスモス薬品は九州を地盤に東へと攻勢をかけているドラッグストアで、2024年5月末時点で1490店舗を展開するが、福島や新潟以北はゼロ、東京や神奈川にもまだ数えるほどしかないので、なじみのない人も多いだろう。

会社四季報2024年夏号から各社の【特色】を書き出してみると次のようになる。

・ウエルシア「ドラッグ最大手。イオン子会社。調剤併設、24時間営業に強み。ツルハと経営統合協議中」

・マツキヨココカラ「都市型ドラッグストアの草分け、PBや化粧品、医薬品に強み。21年10月にココカラと経営統合」（注：PBはプライベートブランドの意味）

・コスモス薬品「九州地盤のドラッグストア。ディスカウント徹底。食品売上比率高い。関東圏への出店に意欲的」

さて、ここで問題だ。パンデミックは過ぎたものの、世界はなお新型コロナ禍にあるという想定で考えてほしい。

問1：ようやく新型コロナの感染拡大が収束した。日本でもかつてのようなインバウンド需要が復活しそうな状況だ。このときあなたはどの銘柄に投資するべきか？

問2：なんということか、新たな変異株が世界的に大流行し、緊急事態宣言が再び発出されるのが確実な情勢になってきた。このときあなたはどの銘柄に投資するべきか？

インバウンドで物色されるマツキヨココカラ

正解を先に言うと、問1の答えはマツキヨココカラ、問2はコスモス薬品だ。

なぜそうなるのか。より正確に答えを導き出すには、【連結事業】欄の事業構成をくくり直す作業が必要になる。
ウエルシア＝医薬品・衛生介護品・ベビー用品・健康食品19、調剤21、化粧品16、家庭用雑貨14、食品23、他8
マツキヨココカラ＝マツモトキヨシG62（8）、ココカラファインG38（6）、管理サポート0（5）（注：Gはグループ）
コスモス薬品＝医薬品15、化粧品10、雑貨16、一般食品58、他1
各社このようになっているが、**このうちマツキヨココカラは事業の分け方が他社と異なっており横並びで比較できない。そこで、同社の決算短信をもとに一手間かけて中身をさらに分類する必要がある**。その結果が下図だ。いかがだろう、各社には結構大きな違いがあることが一目でわかると思う。

ドラッグストアは何に重きを置くかで、化粧品・一般医薬品型、食品型、総合（バランス）型のいずれかのタイプに分類できる。**売上高で首位のウエルシアは総合（バランス）型で、偏りなく商品を扱っている。同社と経営統合するツルハも同じくバランス型だ**。

一方、マツキヨココカラは化粧品や一般医薬品に強く、2つで売り上げの5割を超える。このことが問1の答え「インバウンド復活

ドラッグストアの事業構成は各社各様

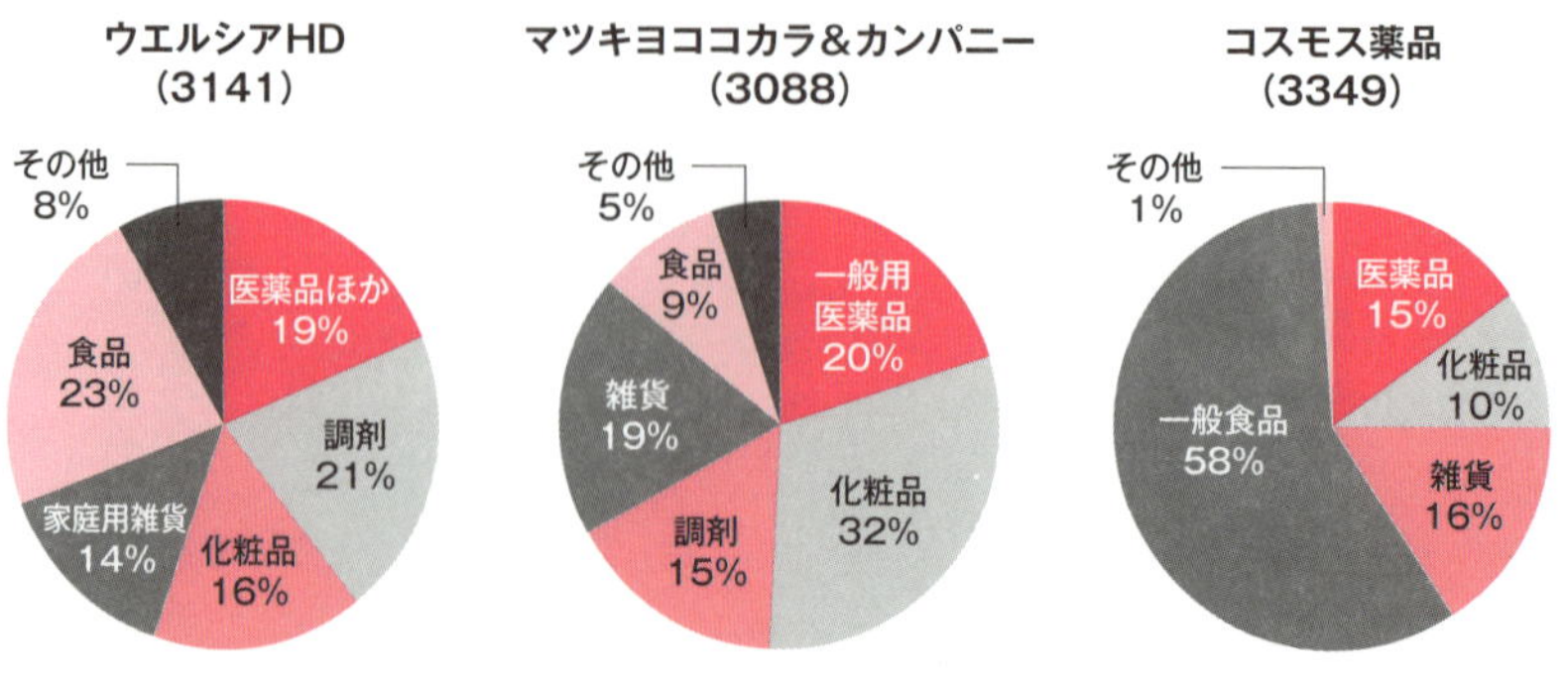

（注）『会社四季報』2024年3集夏号および各社決算資料をもとに作成

ならマツキヨココカラが買い」となる理由だ。

インバウンドという言葉がはやったのは２０１５年で、この年の流行語大賞に「爆買い」が選ばれている。中国や韓国から観光客が押し寄せ、美白化粧品や超薄型コンドームを山のように買っていった。都市型立地が多く恩恵を受けやすいマツキヨの株価は、２０１５年初から急上昇し、５００円台だった株価（分割調整後）は約８カ月で２倍高となった。訪日外国人が初めて年間３０００万人を突破した２０１８年にはさらに４倍近くまでへと上昇したのを覚えている人もいるだろう。

マツモトキヨシと経営統合したココカラファインも、医薬品（調剤含む）と化粧品で６割弱を占める。再びインバウンドが復活すれば、物色の矛先が向かうかもしれないとの思惑が働いて当然だろう。

下図は、２０２２年10月初の株価を１として、３社の株価の１年間の推移を示したものだ。10月を起点にしたのは、同月11日付で入国者数の上限が撤廃されるなど、日本へ入国す

2022年10月「水際規制緩和後」の株価を比較すると……

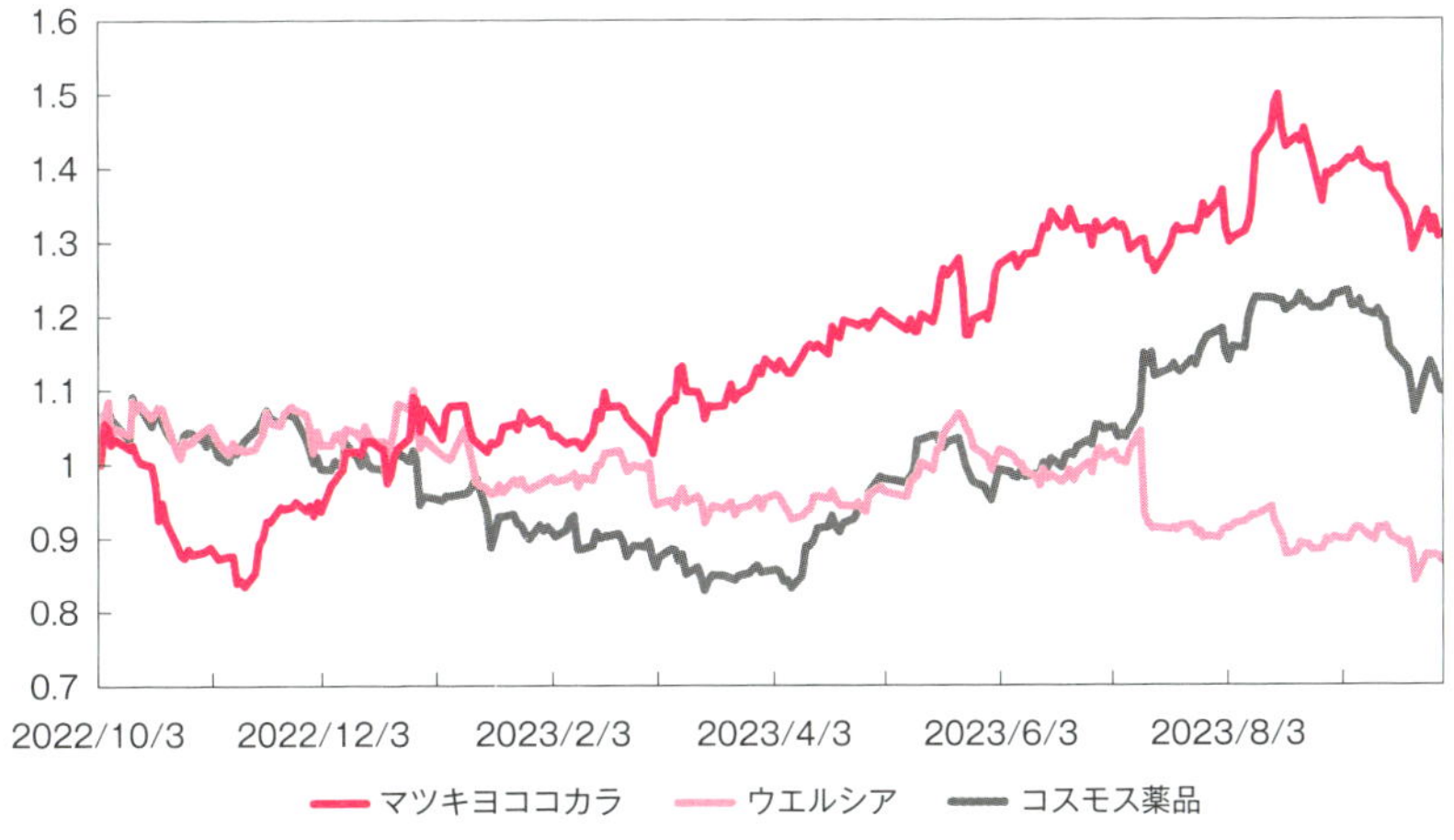

る際の水際規制が大幅に緩和されたからだ。パフォーマンスが最もよかったのはやはりマツキヨココカラで、ほぼ一貫して上昇を続けたことが見て取れる。

食品の値上げラッシュが強力な追い風に

一方、問2の答えがコスモス薬品なのは、同社の売り上げの半分以上を食品が占めていることによる。2021年は新型コロナの感染拡大によって巣ごもり需要が発生し、食品スーパーやドラッグストア、ゲーム業界などに猛烈な追い風が吹き好決算が続出した。コスモス薬品も2021年5月期に過去最高益を記録し、今も塗り替えられていない。

ここで、先ほどの比較チャートの起点を2022年10月初から2023年4月に移動してみるとおもしろいことがわかる。**3社の中でコスモス薬品株のパフォーマンスがいちばんよくなるのだ**。

この背景には、ウクライナ戦争に端を発した記録的な値上げラッシュがある。帝国データバンクの調べによると、主要

「値上げラッシュ」の2023年4月を起点にすると……

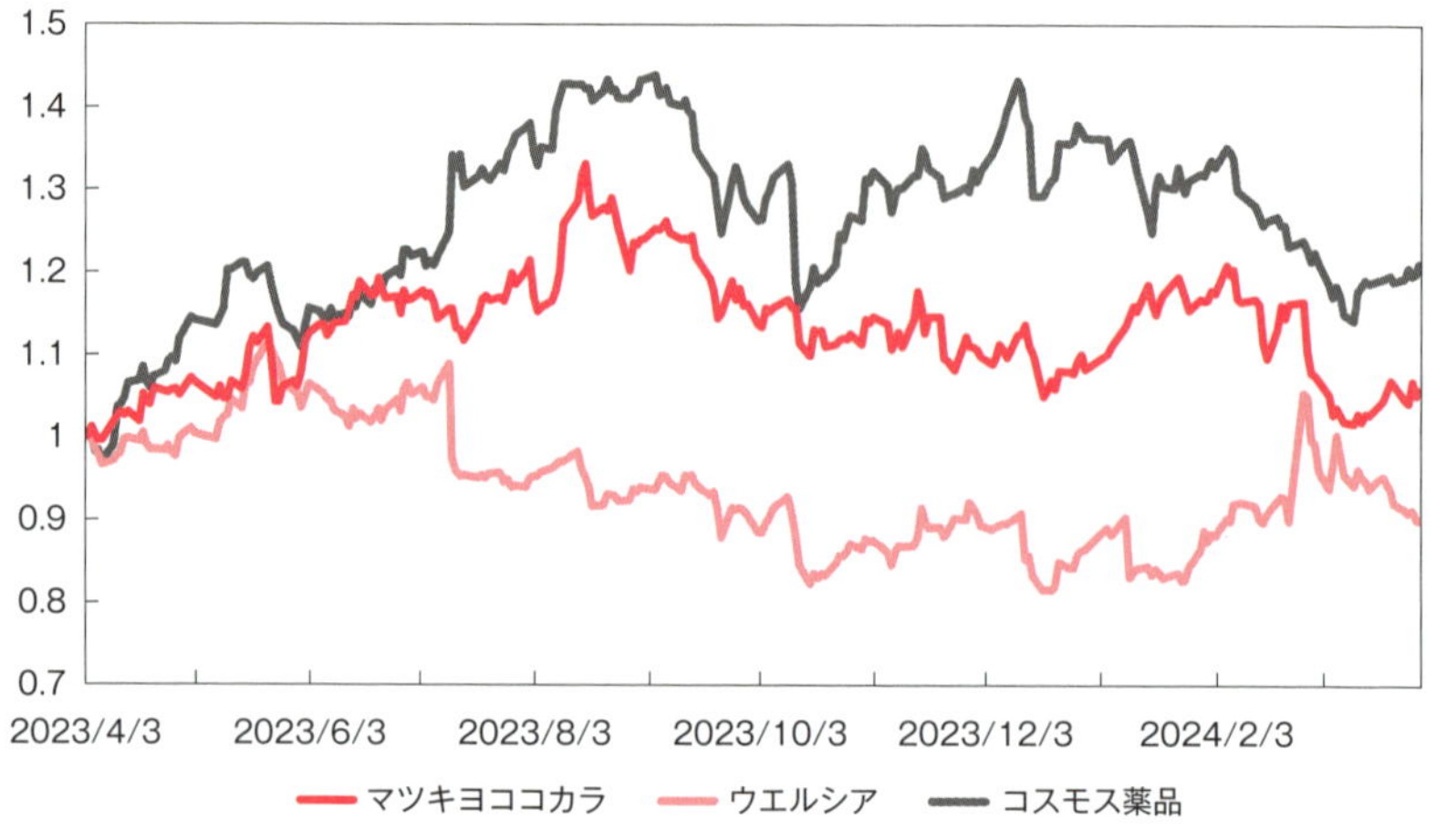

食品メーカー195社が実施した家庭用などの飲食料品の値上げは、2023年の累計で3万2396品目（前年比25・7%増）に上った。これまで、すべての食品分野にわたり2年連続で一斉に値上げが行われたことはなく、年間3万品目を超える値上げはバブル崩壊以後の過去30年間では例がないという。

「1円でも安く」と生活防衛に走る消費者の受け皿になったのがコスモス薬品だ。全店売上高は2023年3月から2024年5月まで15カ月連続で2桁増の快走を続け、既存店売上高も前年比ですべてプラスとなっている。

会社側は2024年5月期の営業利益予想をほぼ横ばいの302億円とし、第3四半期決算でも上方修正しなかった。残念ながら、会社四季報も【足踏み】の見出しで会社予想を踏襲し続け、2024年春号でやっと「食品軸の安売り継続が効き、既存店の客数が想定超。（従来の横ばい予想から）営業微増益に上振れ」として、会社予想よりやや強気の独自業績予想に見直した。結果として4・6%増益の315億円で着地したのだが、**株式市場はこのことをとうに先取りしていたのだ。**それが、先ほどお話しした「2023年4月起点の株価が断トツでよかったこと」に表されている。

コスモス薬品は、多くの小売店がインバウンド需要取り込みに走るのとは一線を画し、食品を軸にしたディスカウント戦略に照準をぴたりと絞っている。「【選択】強みの大型店が出店可能な郊外に集中し、インバウンド向けは現状の4店舗から増やさない方針」（2023年秋号）、「地元九州は競合ウエルシアが生鮮強化で攻めるが、方針変えず」（2024年新春号）、「競争戦略上、食品は仕入れ値上昇でも価格訴求を重視」（２０２４年春号）とまったくぶれることがない。

同じ食品型では、北陸地盤のクスリのアオキホールディングス（３５４９）があとを追うが、こちらも「【M＆A】ドラッグではなくスーパー買収に力、生鮮強化（略）狙う」（２０２３年秋号）と方向性がはっきりしている。軽量級なこともあり、２０２３年４月安値からその後の高値までの株価上昇率は76％とコスモスの51％以上のパフォーマンスだ。

「多角化の遅れ」が逆にテーマ視され……

売上構成を分析することで銘柄間の微妙な違いを把握するこのテクニックは、もちろんほかの業界にも応用できる。例えば関東大手私鉄の東急（９００５）と京成電鉄（９００９）。前者は東京渋谷に本拠を置く東急グループの中核企業で、年間輸送人員10億人は東京地下鉄（東京メトロ、９０２３）に次ぐ国内2位だ。後者はオリエンタルランドの筆頭株主としても有名で、成田空港へのアクセス路線を収益柱とする千葉、東京東部、茨城地盤の鉄道会社である。
年間輸送人員でも売上高でも4倍弱違う両社は、収益構造もまったく違う。会社四季報２０２４年春号の【連結事業】は以下のようになっている。
東急＝交通19（5）、不動産20（13）、生活サービス54（2）、ホテルリゾート7（▲6）
京成電鉄＝運輸業58（1）、流通業20（▲1）、不動産業9（34）、レジャー・サービス業4（▲7）、建設業7（4）

注目ポイントは、鉄道など運輸事業の割合だ。東急が19％なのに対し京成電鉄は58％にも達する。収益源の分散化が進んでいる東急は、会社四季報を見る限り運輸事業への依存度が関東私鉄で最も低く、逆に京成は最も高い。この構造が、コロナ禍による輸送人員減少によって京成電鉄の業績回復を遅らせていた。新型コロナショックから2年が経った2022年3月期になってもまだ営業黒字化を果たせなかった関東大手私鉄は、西武ホールディングス（9024）と京成電鉄だけである。

会社四季報は2021年12月発売の新春号までは私鉄全社の黒字化を予想していたが、次の2022年春号では京成電鉄のみ「コロナ禍長引き鉄道が会社計画よりも伸び悩む。前号から一転営業赤字」と会社の黒字計画を否定した。

経営という観点からは収益源の多角化が進んでいる東急に軍配が上がるところだが、株式市場はなんといっても変化を好む。京成のこの弱点こそが逆に、新型コロナの5類移行で人気化していた「リオープン（経済再開）」というテーマにがっちりとはまった。

株価チャートを見ると、京成株上昇の起点は2023年4月だったことがわかる。実際、4月の月間上昇率17・6％は日経平均225銘柄の中でも3位であった。これは同月19日に発表された3月の訪日外国人客数が前年同月比27・5倍と急増したことや、直後にゴールデンウィークが控えていたことで、成田空港へのアクセス線を持ち、オリエンタルランドの筆頭株主でもある同社に業績拡大の思惑が広がったためだろう。

その後の業績による裏付けやアクティビスト（モノ言う投資家）登場による思惑相場も手伝って、株価は2023年4月始値に対し、2024年2月高値7676円まで86%上昇するなど、私鉄株で断トツのパフォーマンスを演じている。

第5章

人と10倍差をつける会社四季報読解術

証券コードの秘密

ここでいったん基本に戻り、会社四季報の読み方について解説していきたい。

会社四季報の誌面には、小さな文字や数字が所狭しと並んでいる。**ビギナーはまず「どこに」「何が」書いてあるのかを把握する基本から始めてほしい**。

ご覧のように会社四季報は大きく分けて7つのブロックと、欄外にある株価チャート、それに第2章で紹介した前号比矢印とニッコリマークで構成されている。早速、Aブロックから説明していこう。

Aブロックは、人間でいえば自己紹介欄に当たる。名前、生年月日、デビューした年、職業、あるいは特技などが書いてある。「株式会社○×△」のように、社名の前に株式会社がつくいわゆる上株《うえかぶ》の場合は会社四季報では「㈱○×△」と表記され、「○×△株式会社」のような下株《したかぶ》の場合は単に「○×△」となっている。せっかくなら社名も正確に覚えておきたい。タイヤで世界首位級のブリヂストン（5108）はジでなくヂであることは常識として、キヤノンでなくキヤノン（7751）、キユーピーではなくキユーピー（2809）が正解だ。中華食堂の日高屋はハイディ日高ではなく日高をそのまま英語にしたハイデイ日高（7611）だし、横浜・山下公園前にある老舗ホテルの正式社名はホテル、ニューグランド（9720）と読点が入る。

株式を売買するとき、社名より重要になるのは証券コードだ。社名の上にある4桁の数字がそれで、会社の背番号に相当する。一度上場したら上場廃止になるまで変わらない。

２０１５年に旧ソフトバンクが商号変更して持ち株会社のソフトバンクグループとなり、ソフトバンクモバイルが商号継承して新ソフトバンクとなった。通信会社である新ソフトバンクが２０１８年に上場したときに与えられた証券コードは９４３４。この数字を見て昔を懐かしむベテラン投資家も数多くいたという。

９４３４番は、かつてＪＲ系の通信会社だった日本テレコムが使っていた。日本テレコムの子会社で携帯通信会社のＪ－フォンは２０００年、撮った写真をメールで送れる世界初のカメラつき携帯電話を世に送り出し、「写メール」は一世を風靡した。その後、買収により２００３年に社名をボーダフォンに変更。ボーダフォンの持ち株比率が90％を超え

会社四季報は７つのブロックからなる

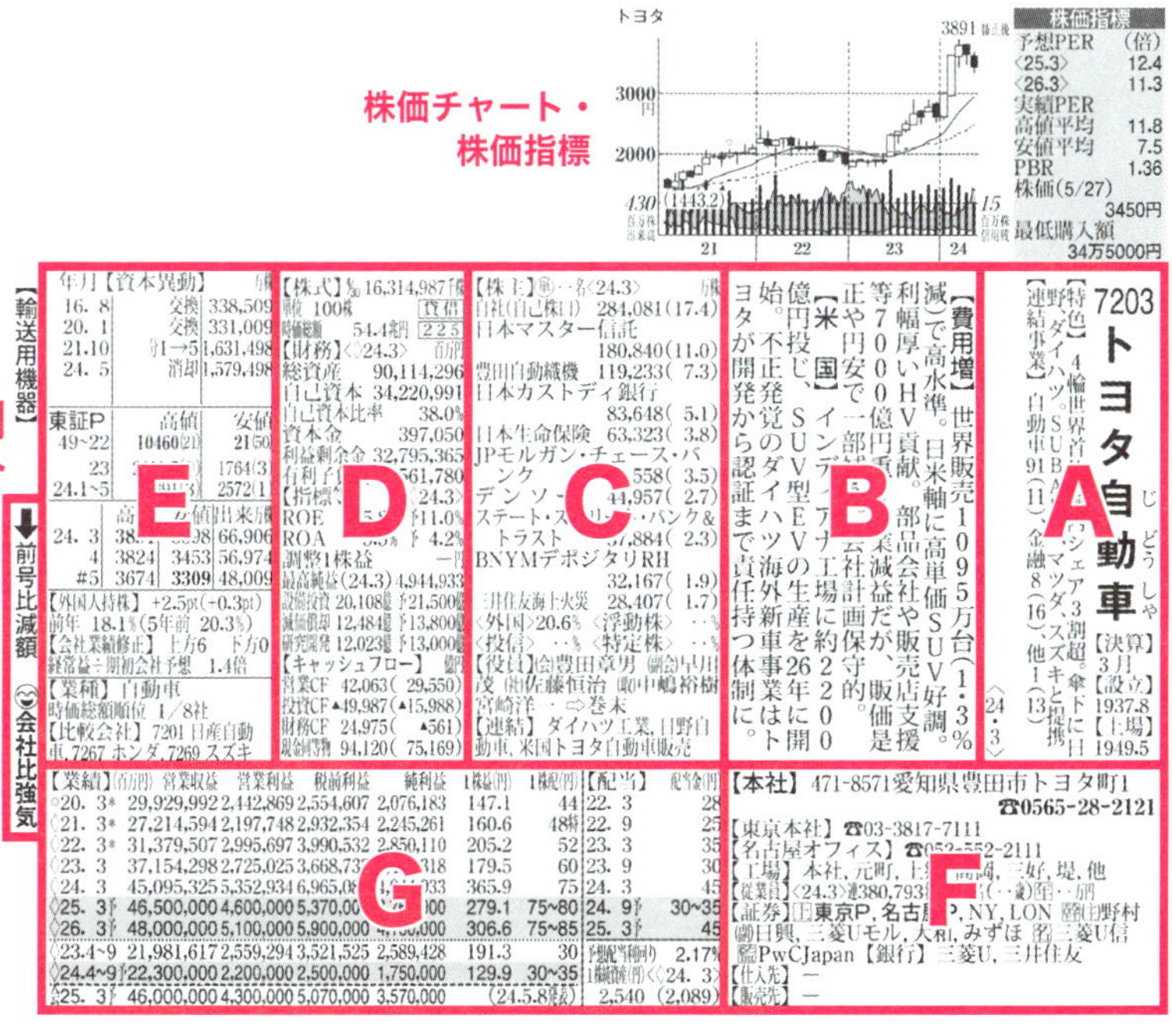

●トヨタ自動車（7203）2024年３集夏号

ためにに2005年7月に上場廃止となり、同年6月発売の夏号を最後に会社四季報から9434番は姿を消した。その〝末裔〟に当たるソフトバンクが十数年ぶりに、欠番となっていた9434番をつけて上場してきた。かつて9434番を盛んに売買した古参投資家にとっては感慨ひとしおだったに違いない。

上場廃止となり、使用しなくなるコードも年間に数十発生するが、一度使用したコードは原則使わない。例外はソフトバンクのように過去に上場廃止した会社が再上場した場合に限られる。2015年に経営破綻し、2022年に再上場した国内3位の航空会社スカイマークにも、上場廃止前と同じ9204番が割り振られている。

01《ゼロイチ》銘柄のフラグ

証券コードはもともと業務内容に基づいて番号が定められていた。会社四季報に最初に登場する銘柄は水産品会社の極洋（1301）で、1300番台は水産・農林セクターに割り当てられている。1500番台は鉱業（工業と間違わないようにするため「山のこうぎょう」とか「金《かね》へんのこうぎょう」と呼ばれる）、1700〜1900番は建設、2000番台は食品、4000番台は化学、6000番台は機械……といった具合だ。

近年は上場会社数が増加し、中でも、本来であれば9400番台となるべきIT（情報・通信）関連企業の新規上場（IPO）が急増したため、該当するコードが不足するようになった。M&Aで業態が上場当時から変化している会社が多いこともあって、業種による明確な区分はなくなっている。

２０２４年からは、証券コードの枯渇に対処するため英字の組み入れが始まった。第1号となったのは２０２４年2月8日に東証グロース市場に上場した創薬ベンチャーのVeritas In Silico（ウェリタスインシリコ）で、証券コードは１３０Ａだ。会社四季報では極洋の次、全体の2番目に掲載されている。

証券コードの意味合いは曖昧になりつつあるが、下2桁が０１の会社が「０１《ゼロイチ》銘柄」と呼ばれることは覚えておくとよいだろう。０１銘柄は、証券コードが導入された際に各業種で最初にコードが設定された名門企業だ。２８０１キッコーマン、３００１片倉工業（世界遺産・富岡製糸場の最後の民間オーナー、２００６年富岡市に譲渡）、４９０１富士フイルムホールディングス、５２０１ＡＧＣ（旧旭硝子）、５４０１日本製鉄、６２０１豊田自動織機、６５０１日立製作所、７２０１日産自動車、８８０１三井不動産、９１０１日本郵船、９２０１日本航空……といった名を聞けば誰もがうなずくはずだ。

極め付きは８３０１だろう。会社四季報をめくると、銀行株が始まる８３００番台に０１銘柄がない。実はこの８３０１は日本銀行である。日銀が東京証券取引所に上場していると知らない人もいるかもしれない。株式会社ではないため、発行されているのは株ではなく、それに準ずる「出資証券」だ。会社四季報ではＲＥＩＴ（不動産投資信託）や外国企業などとともに、巻末に掲載されているので機会があれば見てほしい。

株式市場全体が波に乗って力強く上昇する相場や、大幅下落したあとの本格回復相場では、こうした

01銘柄に代表される重量級銘柄や国際優良株を中心とした主力株が相場の先導役になりやすい。

というのも、こうした局面で株を買うのは、巨額の資金を動かす国内外の機関投資家だ。大規模ファンドが動かす資金は巨大なだけに、時価総額が大きく流動性の高い銘柄、すなわち主力株を対象にせざるをえない。売買代金が少ない銘柄だと、自らの売買で株価が乱高下してしまうからだ。市場関係者によると、1日の売買代金2000万ドル（約30億円）以上が投資対象の目安にされているという。30億円というと、東証売買代金ランキングの上位200～300銘柄くらいまでといったイメージだろうか。

見方を変えれば、機関投資家は長期保有を前提としていることから、01銘柄のような主力銘柄が動いているときは上昇相場が長く続く可能性ありともいえる。

「一番企業」がおもしろい

社名の横に書いてある【特色】欄も会社四季報のウリの1つだ。わずか40字程度で、その会社の特徴や由来、主な事業といった重要な情報がコンパクトに説明されている。**とくに、その会社の業界内あるいは国内外でのシェアやポジションの記述には注意しておきたい。狙うは「シェアナンバーワン」「業界1位」の会社だ**。

試しに会社四季報オンライン（2024年春号）で、【特色】欄に「独占」の記載がある銘柄を探してみると、「（フォトマスク欠陥検査装置の）EUV光源品を独占」するレーザーテック（6920）をはじめ、「ボーイング向けラバトリー（化粧室）独占供給」のジャムコ（7408）、「伊豆七島の観光・生活航路を独占」する東海汽船（9173）、「細胞バンク事業で国内民間市場ほぼ独占」するステムセル研究所（7096）など11銘柄がヒットする。

「世界首位（あるいはトップ）」で検索すると、神栄（3004）の「湿度センサー世界首位」、東レ（3402）の「炭素繊維複合材で世界首位」、SUMCO（3436）「半導体用（シリコンウエハ）世界首位級」、日本触媒（4114）「高吸水性樹脂は世界首位」、ロート製薬（4527）「一般用医薬品の目薬で世界首位」、荏原（6361）「半導体研磨装置等でも世界首位級の技術力」、グローブライド（7990）「『ダイワ』ブランドの釣り具で世界トップ」など、66件がヒットする。

「シェア」「占有」などで検索するのもよいだろう。「産業ロボット用精密減速機で世界シェア6割」を握るナブテスコ（6268）や「世界シェア7割の消化器内視鏡」のオリンパス（7733）、「アルミ電解コンデンサー用は世界シェア6割」のニッポン高度紙工業（3891）、「機械式圧力計はグループで世界シェア首位」の長野計器（7715）など、小さな世界一企業や知られざる世界一企業がぞろぞろ出てくる。

トップ企業だけが持つ伝家の宝刀

占有率や地位が重要な理由は大きく2つある。**1つには、業界の首位企業はフォローする証券アナリストの数が多く、新聞や雑誌などマスメディアでもしばしば取り上げられるため、株価材料が豊富に提供**

されること。２つ目は、業界トップ企業には値上げという、他社にはない武器があることだ。

とくに重要なのは２つ目だ。原材料高や原油価格の上昇によって収益が圧迫されると、会社はまず経費削減に全力投球する。それでも追いつかない場合は値上げに踏み切る。

会社四季報２０２４年新春号には、「値上げ」という言葉が525銘柄に登場する。ウクライナ戦争をきっかけとした値上げラッシュが続き私たちの感覚もマヒしているが、本来、会社にとって値上げは諸刃の剣といえる。場合によってはシェアを大きく失いかねない。

値上げという伝家の宝刀をいの一番に抜くことができるのは、値上げしても顧客が離れない自信のあるトップ企業だけに許された特権といってよい。別名「プライスメーカー」と呼ばれるゆえんである。

もし二番手以下の企業が先行して値上げしようものなら、トップ企業は価格を据え置いたり、あるいは逆に値下げしたりしてシェアを一気に奪いにかかるだろう。トップ企業は、過去に貯め込んだ利益によって財務基盤が盤石でもあり、そうした芸当はお手の物だ。

２０２２年秋以降に本格化した値上げラッシュでも、やはり業界トップ企業が先行して値上げした。ハンバーガーチェーンでは最大手の日本マクドナルドホールディングス（２７０２）が２０２２年以降に４度値上げしているのに対し、２位のモスフードサービス（８１５３）は２度にとどまっていることが力関係を物語る。

クロネコヤマトの超強気戦法

下図は「クロネコヤマトの宅急便」で知られるヤマトホールディングス（９０６４）の会社四季報２０１８年春号である。営業利益は２０１６年３月期に６８５億４０００万円だったのが、２０１７年３月期には３４８億８５００万円とほぼ半減し、２０１８年３月期も減益が続く予想となっている。

注目してほしいのは２０１７年３月期の営業利益３４８億８５００万円という数字だ。これくらいの利益が出ていれば、まだそう苦しくはないだろうと考える人もいるだろう。しかしこのとき、ヤマトにとってはとんでもない事態になっていた。

【連結事業】欄を見ると、デリバリ78（０）とある。**デリバリとは主力の宅配便事業だが、その営業利益率がゼロ％、つまりまったく稼げていない**。

３４８億８５００万円のほとんどは宅配便以外の事

27年ぶり値上げの背景にあったものとは？

9064 ヤマトホールディングス

【決算】3月　【設立】1929.4　【上場】1949.5

【特色】宅配便首位、全国に約4000拠点擁し国内シェア約47%。企業物流を育成、アジア展開本格化

【連結事業】デリバリ78(0)、BIZロジ7(3)、ホームコンビニ3(2)、eビジネス3(12)、フィナンシャル5(10)、他2(31)【海外】2 〈17・3〉

【復　調】宅配便は総量前期比1%減少も単価6%強上昇。働き方改革費用や委託費重荷だが、会社増額益なお慎重。19年3月期も総量を前期比3%程度抑制。単価改善進む。人件費や委託費増吸収し、利益反発。

【値上げ】大口顧客1100社との運賃交渉はほぼ決着。平均値上げ率は15%以上。4割が値上げ応じず契約終了。配達特化型ドライバーは18年1月から試行運用開始。

【株主】㊖39,009名〈17.9〉　万株

日本マスター信託口	3,866(9.4)
日本トラスティ信託口	2,561(6.2)
ステート・ストリート・バンク&トラスト505223	2,050(4.9)
自社グループ社員持株会	1,928(4.6)
自社(自己株口)	1,706(4.1)
日本生命保険	1,477(3.5)
明治安田生命保険	1,431(3.4)
みずほ銀行	1,249(3.0)
自社グループ取引先持株会	873(2.1)
日本トラスティ信託口5	626(1.5)

〈外国〉28.0%　〈浮動株〉6.2%
〈投信〉10.7%　〈特定株〉43.2%

【役員】㊎木川眞 ㊓山内雅喜 ㊖神田晴夫 金森均 ㊗長尾裕 ⇨巻末

【連結】ヤマト運輸，ヤマトロジスティクス

【株式】1/31　411,339千株
単位 100株　貸借
時価総額 11,503億円　225

【財務】〈連17.12〉　百万円

総資産	1,150,746
自己資本	552,130
自己資本比率	48.0%
資本金	127,234
利益剰余金	416,053
有利子負債	154,046

【指標等】〈連17.3〉

ROE	3.4%	予2.7%
ROA	1.6%	予1.3%
調整1株益		一円
最高純益(04.3)		49,783
設備投資	595億	予630億
減価償却	461億	予470億
研究開発	0億	予 0億

【キャッシュフロー】　億円

営業CF	733(497)
投資CF	▲739(▲302)
財務CF	▲187(▲168)
現金同等物	2,289(2,492)

年月	【資本異動】	万株
93. 5	分1→1.1	30,080
95. 5	分1→1.1	36,427
03. 4	合併	46,947
14. 9	交換	45,468
16. 3	消却	41,133

東証	高値	安値
49~15	4050(00)	60(54)
16	2661.5(7)	2051.5(4)
17	2584.5(3)	2081(11)

	高値	安値	出来万株
17.12	2407	2254	3,577
18. 1	2892	2277.5	4,714
#2	2918	2646.5	4,559

【生産性比較】従業員数+24,483人
1人当り総利益40万円(0.74倍)
【ヤマト運輸採用】初‥万円
予‥ 内定‥（女‥）中途‥

【業種】陸運
時価総額順位 1／27社
【格付】R&I AA-(安)

【業績】(百万円)	売上高	営業利益	経常利益	純利益	1株益(円)	1株配(円)
連15. 3	1,396,708	68,947	70,889	37,533	90.4	25
連16. 3	1,416,413	68,540	69,426	39,424	96.5	28記
連17. 3	1,466,852	34,885	34,884	18,053	45.4	27
連18. 3予	1,530,000	32,000	32,000	15,000	38.0	27
連19. 3予	1,570,000	60,000	60,000	35,000	88.8	27
中17. 9	729,802	▲12,887	▲12,600	▲12,087	▲30.7	13
中18. 9予	760,000	22,000	22,000	12,800	32.5	13
四16. 4-12	1,118,143	58,063	58,263	35,719	89.6	
四17. 4-12	1,171,775	32,131	32,378	17,429	44.2	
会18. 3予	1,530,000	31,000	31,000	14,500	(18.1.30発表)	

【配当】	配当金(円)
16. 3	15
16. 9	13
17. 3	14
17. 9	13
18. 3予	14
18. 9予	13
19. 3予	14

予想配当利回り 0.97%
1株純資産(円)〈連17.12〉 1,400 (1,368)

【本社】104-8125東京都中央区銀座2-16-10 ☎03-3541-4141
【主要子会社】ヤマト運輸☎03-3541-3411

【従業員】〈17.12〉連212,383名 単195名(36.6歳) 年866万円
【証券】上東京 幹(主)日興(副)野村，大和 名みずほ信 監トーマツ
【銀行】みずほ，三菱U，三井住友，農中
【仕入先】―
【販売先】―

【陸運】　⬆前号比増額　😊会社比強気

●ヤマトHD（9064）2018年2集春号

業が稼いでいたのだ。
このときヤマトの打った手が、27年ぶりの全面値上げだった。２０１７年5月、新聞に一斉値上げを告げる一面広告を載せ世間を驚かせる。会社四季報の記事後半には「大口顧客１１００社との運賃交渉はほぼ決着。平均値上げ率は15％以上。4割が値上げ応じず契約終了」とある。こんな強気の交渉ができたのも、【特色】欄にあるように「全国に約４０００拠点擁し国内シェア約47％」のトップ企業だったからにほかならない。

こうした場合、投資家にとって大事なのは、値上げの予兆をいち早く嗅ぎ取ることにある。私も若い頃、会社四季報編集長から「『自分がこの会社の社長だったら次にどんな手を打つか』を予想できなきゃ、一人前の記者じゃないぞ」と、予兆に気づく大切さをたたき込まれたものである。

当時のヤマトのデリバリ事業の売上高は1兆１４００億円。もし1％でも利益率が改善すれば１１４億円（！）の儲けとなる。かつて同事業の利益率は6％だったが、仮にそこまで改善できれば約６８０億円が利益化する計算となり、インパクトは相当大きい。

実際、株価は新聞広告を打ってから２０１８年9月高値までに約50％上昇した。**“値上げ前夜”にヤマト株を仕込んだ投資家は大きく儲けたことだろう**。

ヤマトの値上げは、社会の潮流が後押しした側面もある。当時は物流におけるドライバー不足問題や、超過労働などが議論になっていて、世間に「値上げやむなし」の雰囲気があったことは見逃せない。実際、このことが２０１８年6月の働き方改革関連法成立や、ドライバーの時間外労働に上限規制をかける2024年問題につながっていく。

マーケットは値上げが大好物

消費者目線からすると値上げは家計の敵であることから、会社四季報に「値上げ」と書かれるのを嫌う会社も少なくない。会社四季報を注意深く読むと、サービス業では「料金適正化」、メーカーの記事では「価格適正化」や「価格改定」などと遠慮気味な表現を使っていることもある。

ただ、会社側の心情はどうあれ、**マーケットからすれば、値上げイコール収益改善が期待されるわけで、大歓迎なのだ**。

パンで国内シェア4割を握る最大手、山崎製パン（2212）を例に見てみよう。2021年8月、同社が卵など原料高を理由に一部和菓子や洋菓子製品の7％値上げを発表すると、翌日の株価は東証1部（当時）値上がり率で3位に躍り出た（下図）。その後も、原料小麦粉の高騰を理由に数度にわたって値上げしている。

食品業界は値上げしても買い控えがおきにくい（そのためディフェンシブ株と呼ばれる）。そのため値上げ効果は実に顕著で、翌年の2022年度は営業利益が前期比20％増益と、大幅に業績が回復した。2024年度に至っては第3四半期決算が74％もの営業増益となって、発表翌日の株価はプライム

価格改定がポジティブに

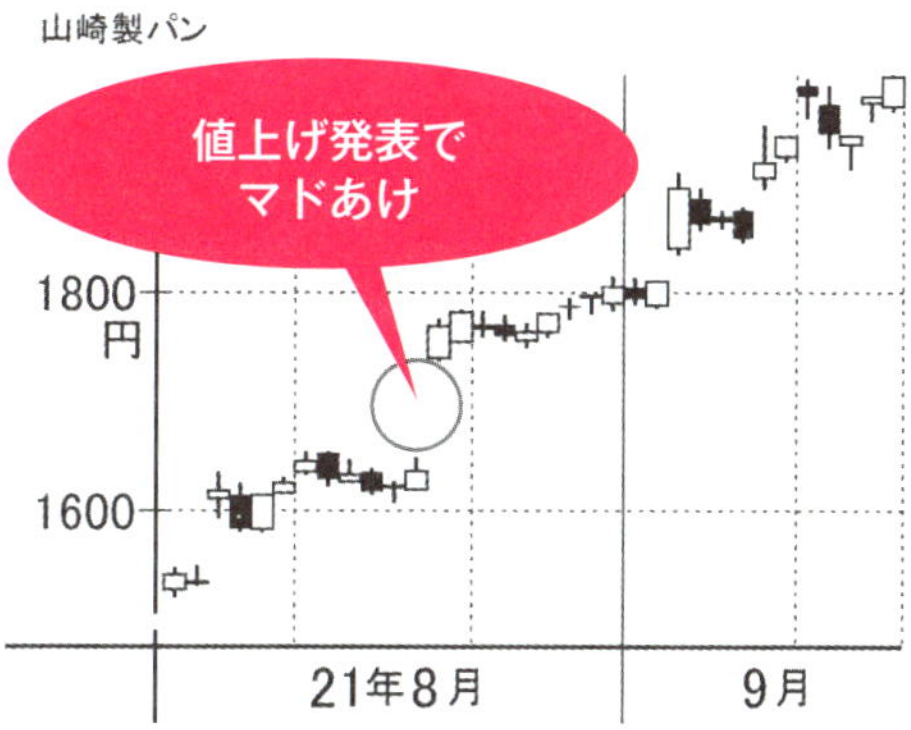

●山崎製パン（2212）日足

市場で3位に入るほどの値上がりとなった。2023年12月21日には通期業績を上方修正し、6年ぶりに最高益を更新している。

業界トップ企業は、主力事業の赤字化は是が非でも避けたいという意志が強い。**あくまで経験則だが、事業利益率が1%を切るところまで追い詰められると、いよいよ伝家の宝刀を抜く傾向にあるようだ。**

もうおわかりだと思うが、**株式市場は逆に「値下げ」を嫌い、売りで反応することが多い**。製品の売れ行きが芳しくなくて販売計画が未達なのではないかとか、値下げ競争が激化して利益率が先細るのではないかといった懸念が頭をもたげるからだ。それが証拠に、米テスラ株は2022年から2023年にかけて中国自動車メーカーBYDとの競争で値下げを表明するたびに下落した。ほかにも、春節を控えた2024年1月に米アップルが中国で新型モデル・iPhone15の異例の値引きを発表するや株価が下落したのは、象徴的な事例といえる。

業績記事は記者の腕の見せどころ

Aブロックの説明が少々長くなったが、次にBブロックに移ろう。本書でもすでに何度か触れているが、Bブロックは19字×9行の業績記事スペースとなっている。後ほど紹介するGブロックの【業績】欄と並んで、業績記事は記者にとって最大の腕の見せどころだ。

【 】内に書かれた見出しで始まる前半の4~6行は業績欄といい、記者がなぜそういう業績予想を立てたのかの背景や理由が書かれている。第1章でも説明したが、予想数字が増益となっていても、商品がヒットしているといった前向きな理由によるものなのか、経費削減など後ろ向きのものなのかで評価は異なる。何が伸びているかによって成長の勢いや持続性が違ってくるからだ。逆に予想数字が減益であっても、理由によっては「買い」となる場合もある。

ここでは熊本に本社を置く生産設備のエンジニアリング会社、平田機工（６２５８）の例で説明しよう。自動車用生産設備と搬送装置など半導体関連を2本柱としており、足元では北米向けを中心に好調なＥＶ向け生産設備が業績を牽引している。

２０２４年新春号が予想した２０２４年3月期業績は、売上高が８９０億円と前期より１００億円強増えるものの、本業の儲けを示す営業利益は59億円と横ばいにとどまる。「2桁増収・利益横ばい」予想だ。ただし、この号で重要なのは、横ばいとはいえ会社側の営業利益計画54億円よりは強気の見方をした点にある。3カ月前に発売された２０２３年秋号では、会社側と同じ54億円（つまり増収減益）を予想していたので、小幅

Bブロックは業績欄＋材料欄からなる「業績記事」

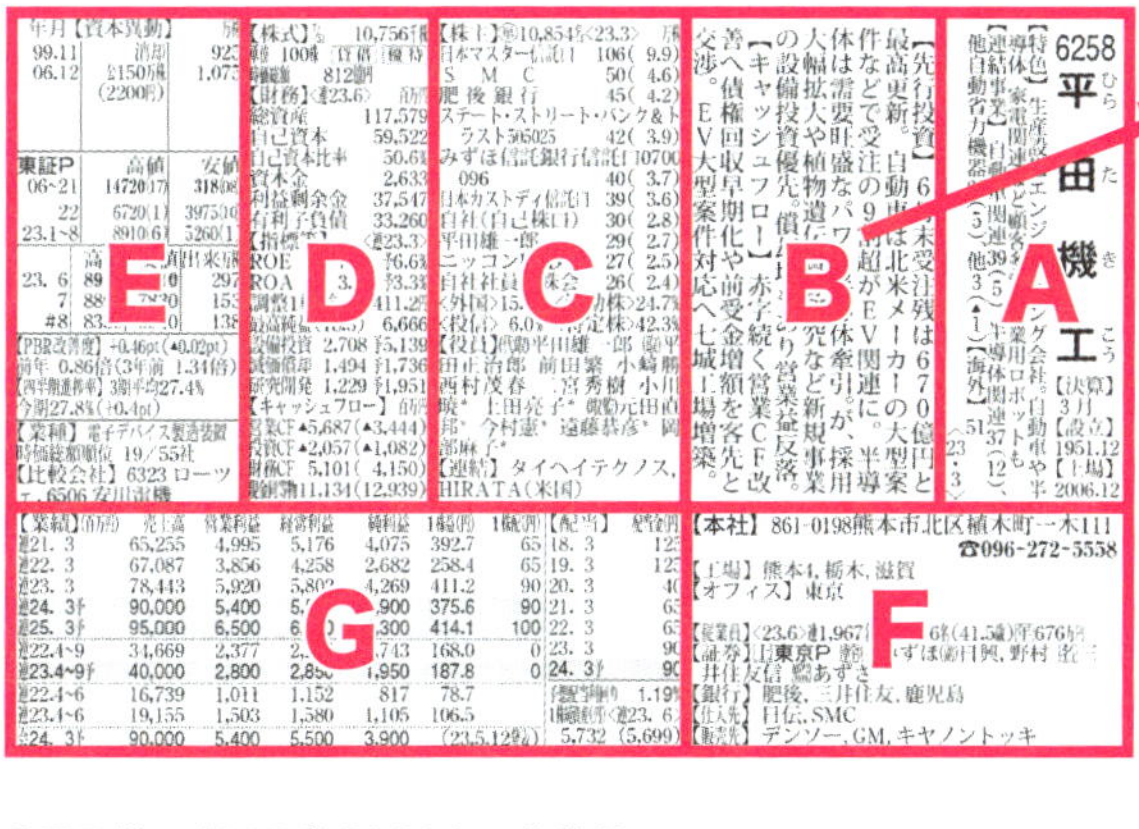

【先行投資】6月末受注残は670億円と最高更新。自動車は北米メーカーの大型案件などで受注の9割超がEV関連に。半導体は需要旺盛なパワー半導体牽引。が、採用大幅拡大や植物遺伝資源研究など新規事業の設備投資優先。償却増もあり営業益反落。
【キャッシュフロー】赤字続く営業CF改善へ債権回収早期化や前受金増額を客先と交渉。EV大型案件対応へ七城工場増築。

●平田機工（6258）2023年4集秋号

の独自増額ということになる。

このとき、新春号で記者が説明しなければならない点は2つある。**1つは、なぜ増収なのに増益とならないのか。2つ目は、なぜ会社側予想より強気の見立てをしたのかだ**。よく見ると売上高も900億円から890億円へと小幅に減額しているのだが、この理由は「半導体関連で一部キャンセル等が出て減速気味」だからだという。一方で営業利益を増額した（正確には減益幅を縮小した）理由については、「手厚い研究開発予算の消化遅延」により、想定ほどに利益を圧迫しないからだと説明する。

「手厚い」という表現がカギとなっているのだが、正直これでは説明不足かもしれない。ただ、秋号を読んでいた読者なら納得するはずだ。というのも、植物遺伝資源に関する研究開発費や、採用大幅増による人件費を政策的に手厚く確保していることが減益の要因であって、決して苦しいわけではない

行間から「匂い」を嗅ぎ取ってほしい

【機械】 ⬆前号比増額 😊会社比強気

6258 平《ひら》田《た》機《き》工《こう》

【決算】3月 【設立】1951.12 【上場】2006.12

【特色】生産設備エンジニアリング会社。自動車や半導体、家電関連など顧客多彩。産業用ロボットも
【連結事業】自動車関連39(5)、半導体関連37(12)、他自動省力機器22(5)、他3(▲1)【海外】51 〈23・3〉

【上振れ】自動車関連はEV関連設備が大きく牽引。半導体関連は一部キャンセル等で減速気味だが、自動車向けパワー半導体が支える。手厚い研究開発予算の消化遅延。営業益上振れ。配当性向2割以上。25年3月期もEV関連伸びるが、先行投資続く。

【増産対応】七城工場増設分の稼働は24年4月に2カ月前倒し。半導体関連は台湾に続き上海、東南アジアで生産体制構築急ぐ。

【本社】861-0198熊本市北区植木町一木111 ☎096-272-5558
【工場】熊本4, 栃木, 滋賀
【オフィス】東京
【従業員】<23.9>連1,982名 単1,135名(41.5歳)年676万円
【証券】上東京P 幹(主)みずほ(副)日興, 野村 名三井住友信 監あずさ
【銀行】肥後, 三井住友, 鹿児島
【仕入先】日伝, SMC
【販売先】デンソー, GM, キヤノントッキ

年月	【資本異動】	万株
99.11	消却	925
06.12	公150万株(2200円)	1,075

東証P	高値	安値
06~21	14720(17)	318(08)
22	6720(1)	3975(10)
23.1~11	8910(6)	5260(1)

	高値	安値	出来万株
23. 9	8090	7220	107
10	7730	6600	100
#11	7200	6060	143

【DOE】1.6%(3期平均1.4%)
【増減配回数】増6 減1 据3 無0
【四半期進捗率】3期平均53.5% 今期57.6%(+4.1pt)
【業種】電子デバイス製造装置 時価総額順位 20／57社
【比較会社】6323 ローツェ, 6506 安川電機

【株式】10/31 10,756千株
単位 100株 貸借 優待
時価総額 701億円

【財務】<連23.9>	百万円
総資産	120,754
自己資本	61,378
自己資本比率	50.8%
資本金	2,633
利益剰余金	38,745
有利子負債	34,584

【指標等】	<連23.3>	
ROE	7.5%	予6.9%
ROA	3.7%	予3.5%
調整1株益		411.2円
最高純益(18.3)		6,666
設備投資	2,708	予5,139
減価償却	1,494	予1,736
研究開発	1,229	予1,951

【キャッシュフロー】	百万円
営業CF	▲5,687(▲3,444)
投資CF	▲2,057(▲1,082)
財務CF	5,101(4,150)
現金同等物	11,134(12,939)

【株主】単6,398名<23.9>	万株
日本マスター信託口	126(11.7)
日本カストディ信託口	58(5.4)
ステート・ストリート・バンク&トラスト505025	52(4.8)
S M C	50(4.6)
肥後銀行	45(4.2)
みずほ信託銀行信託口10700096	40(3.7)
自社(自己株口)	30(2.8)
平田雄一郎	29(2.7)
ニッコンHLD	27(2.5)
自社社員持株会	25(2.4)

<外国>20.4% <浮動株>18.4%
<投信> 9.4% <特定株>46.9%
【役員】(代取)平田雄一郎 (取)平田正治郎 前田繁 小﨑勝 西村茂春 二宮秀樹 小川暁* 上田亮子* (取監)元田直邦* 今村憲* 遠藤恭彦* 岡部麻子*
【連結】タイヘイテクノス, HIRATA(米国)

【業績】(百万円)	売上高	営業利益	経常利益	純利益	1株益(円)	1株配(円)
連19. 3	77,302	6,249	6,306	4,637	440.9	125
連20. 3	65,612	2,736	2,861	1,744	168.2	40
連21. 3	65,255	4,995	5,176	4,075	392.7	65
連22. 3	67,087	3,856	4,258	2,682	258.4	65
連23. 3	78,443	5,920	5,802	4,269	411.2	90
連24. 3予	89,000	5,900	6,000	4,250	409.2	90
連25. 3予	99,000	6,200	6,300	4,000	385.1	90
連23.4~9	37,394	3,111	3,281	2,303	221.8	0
連24.4~9予	49,000	3,000	3,100	2,300	221.4	0
会24. 3予	90,000	5,400	5,500	3,900	(23.5.12発表)	

【配当】	配当金(円)
19. 3	125
20. 3	40
21. 3	65
22. 3	65
23. 3	90
24. 3予	90
25. 3予	90

予想配当利回り 1.38%
1株純資産(円)<連23. 9> 5,909 (5,699)

●平田機工（6258）2024年1集新春号

と書いてあるからだ。それゆえ、来期は増益に転換するとも予想している。

このように、記者が行間字間に詰め込んだ〝匂い〟のようなものを嗅ぎ取れるようになると、会社四季報はよりおもしろくなるはずだ。もちろん、第1章でもお話ししたように「毎号読む」ことの大切さもおわかりいただけると思う。

材料欄で今後を見通す

次に、19字×9行の業績記事の後半に移ろう。**2つ目の【　】見出しで始まる3〜5行は材料欄と呼ばれている。材料欄には、中長期的な業績や経営に及ぼすポイント、その時々の株式市場で話題となっている技術やテーマが記されている。**

前出の平田機工では会社四季報2024年春号に「九州シリコンアイランド化商機」という記事があるが、これは同社が熊本本社であることから、地元九州の半導体の生産基地化を商機として捉えていることを匂わせている。アドバンテスト（6857）の「【地殻変動】生成AI用途で引き合い急増のGPU大手・エヌビディア向け検査装置は当社がほぼ独占」（2023年秋号）や三菱重工業（7011）の「【防　衛】スタンドオフ防衛や次期戦闘機開発などに注力。人員2〜3割増、年5000億円の事業売上高を26年度1兆円（3年で2倍）に」（2024年新春号）なども株価インパクトのある材料の1つだった。

前半の業績欄とGブロックの業績予想数字が成長性に対する定量評価だとすると、材料欄は定性評価と

いってもよい。ここに書かれたことが今後、会社の成長に本当に結びつくかは判断の難しいところではある。ただ、GX(グリーントランスフォーメーション)などの脱炭素・カーボンニュートラルや、生成AIなどの先端技術、リスキリング(学び直し)や少子化対策といった社会課題や人気テーマに合致する内容が記されていれば、市場での注目度アップが期待できるだろう。

1つ注意しておきたいのは、そのテーマが国策かどうか。**「政策に売りなし」(政策に関連した銘柄は値上がりしやすい、しっかり握って手放すな)という相場格言は今も通用する教えだ**。2027年度GDP比2%へ倍増を目指す防衛力強化や、宇宙開発、政府が多額の補助金を出資して後押しする全個体電池はその一例である。熊本のTSMC(台湾積体電路製造)や北海道のRapidus(ラピダス)など、最近は先端半導体も見逃せない国策となっている。「このテーマならこの銘柄」と網を張る努力をつねにしておきたい。

風が吹けば桶屋が儲かる

株式投資は連想ゲームともいわれる。日本には「風が吹けば桶屋が儲かる」という有名な投資格言がある。強い風が吹くと砂ぼこりが舞い→砂が目に入って失明してしまう人が増え→失明した人は三味線を弾くようになるので→三味線に張る猫の皮が必要で猫が減り→猫が減るとネズミが増え→ネズミが増えると桶をかじるので→桶の需要が増えて桶屋が儲かる、という具合に、**なんの関係もないようなことが回り回って相場に思いもよらない影響を及ぼすことがあるという意味だ**。

2022年2月のロシアによるウクライナ侵攻で小麦価格が急騰した。これがその後の値上げラッシュの起爆点となるわけだが、このころ日経平均がほぼ横ばいを続ける中、続騰する銘柄があった。野菜と花きの種苗で世界首位級のサカタのタネ（1377）や、カネコ種苗（1376）である。食料安全保障や食料自給率への関心が一気に高まり、そのカギを握るのが農産物の品種改良と目されたからだ。サカタのタネはその年の5月に32年ぶりの高値をつけている。

2024年4月、中東情勢の緊迫化でスイスフランが1フラン170円台をつけ高値を記録した。20年前の2000年後半には1フラン60円付近で推移していたから、円安の度合いは対ドルの比ではない。それで思い出したのが、6年ぶりに高値を記録した2015年当時の出来事だ。

2015年には、スイスフラン高からの連想ゲームでいくつかの銘柄が値上がりした。一例がセイコーホールディングス（8050）であり、コメ兵（2780、現コメ兵ホールディングス）だった。値上がりが予想されるスイス製時計に対しセイコーなど国産勢の競争力が増すという連想はすぐにピンとくるが、コメ兵については私自身、最初は「?」だった。

当時の会社四季報のコメ兵の【特色】欄には、「名古屋・大須が本拠。中古品8割。新品販売も」とあったが、やはりピンとこない。そのあと、市場関係者に**「スイス時計が値上がりして手が出なくなると、中古品を買う人が増えるから」**と聞いて初めて合点がいった。

2022年7月、米アップルが急激に進む円安を理由に、日本での販売価格を予告なしで値上げし、値上げ幅はiPhoneの最上位機種では4万円にもなった。このとき、株価が動意づいたのは中古車とスマホを軸に業者間のネットオークションを手がけるオークネット（3964）だった。リアル店舗のコメ兵ではなく、ネットオークション会社に矛先が向かったことに7年間の時の流れを感じる。

13日の金曜日で連想買い

2021年は、米国の新興スマホ専業証券会社であるロビンフッド・マーケッツが提供している取引手数料無料のアプリを使って投資する「ロビンフッダー」が市場での影響力を持ち話題となったのを覚えている人も多いだろう。

日本でも2015年ごろ、SNS（ソーシャル・ネットワーキング・サービス）で情報交換して株価を吊り上げる「イナゴ投資家」が登場した。例えば、その月の13日が金曜日だと、殺人鬼ジェイソンが登場する1980年代の映画『13日の金曜日』に当て込んで、飲料・加工食品・日用品の低価格小売りチェーン、ジェーソン（3080）を一斉に買うというウソのような本当の話もあった。片やジェイソン、片やジェーソンなのだが……。

2022年7月7日にもこれと似たお遊びが起きた。バイオベンチャーのスリー・ディー・マトリックスがこれといった材料もないのに3％高と買われたのだ。どうやら理由は証券コードが7777だったからだとか。

ジェーソンもスリー・ディー・マトリックスも当時の株価は200～300円台、100株買っても2万～3万円だ。イナゴ投資家たちの話は低位株相手の半分悪ふざけとしても、**テーマをもとにした今**

後の成長シナリオや銘柄の広がりを大胆に予想することは必要だ。

令和の株式投資家なら一度は胸躍らせたテーマは東京オリンピックではないだろうか。残念ながら東京2020はコロナ禍で延期され熱気が冷めてしまった感があったが、56年ぶりの東京開催が決定した2013年ごろはどの銘柄が値上がりするかで大いに盛り上がったものだ。スポーツシューズのアシックス（7936）だ、いや音響・映像サービスのヒビノ（2469）だ、いや、やはり本命は国立競技場と関係の深い大成建設（1801）だろう……などと、誰もが連想や妄想を働かせたに違いない。

そんな中、予想だにしなかった銘柄がストップ高を演じた。服飾付属品の卸売り大手モリト（9837）だ。東京大会から正式競技として採用されたスケートボードで堀米雄斗選手が金メダルを獲得したことが思惑を呼び、子会社でスケボーを扱っている同社に矛先が向かったのだ。会社四季報にそんな記載はなく、仕掛けた投資家たちはよほど通だったのだろう。

苦し紛れの表現も……

米大統領選挙を控えた2023年末から2024年にかけては「もしトラ（もしトランプ氏が大統領になった場合どうなるか）」関連銘柄をめぐる連想ゲームがにぎわった。トランプ氏は同盟国にも応分の防衛負担を求めてくるだろうから防衛関連だ、いや、米国第一主義を掲げてインフラ投資や製造業の米国回帰が加速するだろうからコマツ（6301）などの建設機械関連だ、いやいや、バイデン政権が推進してきた「脱炭素政策」が見直され、案外、石油資源開発（1662）などの化石燃料関連が動意づくといった見方も広がった。

　裏話の類いになるが、会社四季報の材料欄で「キャンペーンを継続し集客努力」といったような**「～に努力」や「～に注力」「～を積極営業」、あるいは「～を急ぐ」「引き続き～」といった表現が毎号のように使われている銘柄は、あまり投資妙味がないといってよい**。記者が取材でいくら聞き出そうとしても新たなネタが一向に見つからない、いわば代わり映えのしない会社について苦し紛れに使う表現だからだ。

　「デザートビュッフェの展開拡大に引き続き注力」（あみやき亭〈2753〉2022年夏号）、「自動車メーカーの海外生産拠点に脱炭素対応の塗装設備拡販」（トリニティ工業〈6382〉2024年春号）といった例が典型的だ。「拡販」というフレーズも考えてみればおかしな話で、積極的に販売を拡大しようとしない会社などあるわけがない。

　もう1つ知っておいて損はないのが、9行の記事欄の配分だ。会社によって、業績欄と材料欄が6行＋3行だったり5行＋4行だったりするのにお気づきだろうか。

　すべての銘柄がそうというわけではないが、**基本的には5行＋4行の銘柄のほうが、テーマや材料が豊富な証拠といってよい**。というのも、社内の執筆ルールで、材料欄に4行使う場合は2つ以上の材料

“苦し紛れ”の表現も……

【黒字化】店舗15増(前期1減)想定。時短営業解除で客数反転増、酒類提供再開で客単価も伸長。牛肉価格の高騰きついが、カット法工夫などで歩留まり改善、費用増を抑制する。店舗改装効果も発現し、営業黒字浮上。
【省人化】ロボットやレーン通じた配膳などを検討。中部地区の焼き肉店でデザートビュッフェの展開拡大に引き続き注力。

●あみやき亭(2753)
2022年3集夏号

を書き込むのが決まりとなっている。材料不足の会社にわざわざ4行使う記者はまずいない。

まれに、3行＋5行と後半の材料欄が半分以上を占めるパターンも登場するが、これは上場廃止が決定した会社か、深刻な不祥事を起こした会社に限定される。

「ギギチューキ」にご用心

材料欄には、会社の安全性についての記述もなされる。大抵は材料欄の最終行付近にあるので、最後まで読まずにうっかり見逃すと痛い目に遭うこともある。**とくに「重要事象」や「疑義注記」という文言には十分気をつけたい**。

会社が公表している財務諸表は、会社が今後も継続的に活動していくことを前提に作成されている。これを「ゴーイングコンサーン」という。バブル崩壊後の1990年代に会社の〝突然死〟が続き、社会や投資家を大混乱させた反省に立ったものだ。

「資金繰りが厳しい。ウチは1年もたないかもしれない」と経営者はわかっていても、投資家側にはその情報がない。そこで、事業の継続が厳しくなっている状況、例えば赤字が続いている、債務超過に陥る、銀行融資が厳しい、巨額の損害賠償を負う可能性があるといった場合は、経営者と監査法人に、継続企業の前提に関して検討することが義務づけられている。

検討の結果、問題ありと判断された場合は、決算短信や半期報告書、有価証券報告書に「継続企業の前提に重要な疑義を生じさせるような状況が生じている」などと記載し、危険信号を発しなければならない。決算短信を開いて、財務諸表より前に記載があれば重要事象、後ろにあればより深刻な疑義注記だ。

両者の違いはわかりにくいが、サッカーに例えるなら重要事象はイエローカード、疑義注記はレッドカードと考えればわかりやすい。疑義注記がついた会社が経営破綻することはあっても、重要事象がついた会社が突然死するケースはまれにしかない。イエローカードを1枚もらっただけでは出場停止にならないのと同じだ。ただ、経営が一段と厳しくなると疑義注記へと記載が変わるので、そこからの投資には注意が必要だろう。

これとは逆に、ある年の決算を境にレッドカードが突然外れる場合もある。また、その前後に経営者が交代したりすると、経営刷新への期待から株価が大きく上昇を開始するケースもあるので、やはり「変化」を見逃さないようにしておきたい。

会社四季報は巻末で、特別注意銘柄、上場廃止猶予銘柄、監理銘柄とあわせて『企業の継続性』にリスクがある会社一覧」として疑義注記、重要事象がついた銘柄を掲載している。リスク情報は財務諸表に記載する義務があるのだが、会社の中には投資家の目に触れるのを嫌ってか、証券取引所に提出する決算短信には記載せず、金融商品取引法に定められた有価証券報告書や半期報告書にだけ記載するところもあるので注意しておきたい。

財務面に不安はあるが、四半期報告書までチェックするのは面倒くさいという人は、ひとまず会社四季報のリストで確認しておくとよい。

独自調査

「企業の継続性」にリスクがある会社一覧

原則2024年8月末時点。東京、名古屋、福岡、札幌の各市場の該当銘柄（REIT、外国株は除く）

銘柄を選定する際には、破綻リスクの大小も見極める必要がある。業績不振や財務・資金的な問題などから企業の継続性（＝ゴーイングコンサーン）に不透明さがある場合、その企業は「継続企業の前提に関する重要事象等」「継続企業の前提に関する注記」として決算短信などにリスク情報を記載するルールになっている。四季報では、記事欄で前者に該当する企業を「継続前提に重要事象」、注記もある企業は「（同）疑義注記」という表現で触れている。このうち、「疑義注記」企業のほうが深刻度はより高い。以下は今号での該当企業一覧。

継続企業の前提に疑義の注記がある会社52社

コード	社　名	上場市場
1711	SDSHD	東証S
1757	創建エース	東証S
2134	北浜キャピタル	東証S
2321	ソフトフロント	東証G
2338	クオンタムS	東証S
2586	フルッタフル	東証G
2656	ベクターHLD	東証S
2721	ジェイHLD	東証S
2743	ピクセルカンパ	東証S
2901	ウェルディッシ	東証S

コード	社　名	上場市場
3672	オルトプラス	東証S
3691	デジタルプラス	東証G
3808	オウケイW	名証N
3810	サイバステップ	東証S
4169	エネチェンジ	東証G
4179	ジーネクスト	東証G
4563	アンジェス	東証G
4564	オンコセラピー	東証G
4679	田谷	東証S
5216	倉元製作所	東証S

コード	社　名	上場市場
6659	メディアリンク	東証S
6721	ウインテスト	東証S
6731	ピクセラ	東証S
6740	Jディスプレイ	東証P
7063	Birdman	東証G
7069	サイバー・バズ	東証G
7709	クボテック	東証S
7777	3Dマトリクス	東証G
7815	東京ボード工業	東証S
8143	ラピーヌ	東証S

⋮

継続企業の前提に関する重要事象等の記載がある会社108社

コード	社　名	上場市場
1449	FUJIJ	札証
2291	福留ハム	東証S
2397	DNAチップ研	東証S
2404	鉄人化HLD	東証S
2459	アウンコンサル	東証S
2686	ジーフット	東証S、名証P
2762	SANKO　M	東証S
2776	新都HLD	東証S
2778	パレモHLD	東証S、名証M
2976	日本グランデ	札証ア
3065	ライフフーズ	東証S
3083	シーズメン	東証S
3137	ファンデリー	東証G

コード	社　名	上場市場
2315	CAICAデジ	東証S
2345	クシム	東証S
4840	トライアイズ	東証G
4883	モダリス	東証G
4918	アイビー化粧品	東証S
4978	リプロセル	東証G
5103	昭和HLD	東証S
5277	スパンクリート	東証S
5337	ダントーHLD	東証S
5342	ジャニス工業	名証M
5595	QPS研究所	東証G
5721	エスサイエンス	東証S
5856	エルアイイーH	東証S

コード	社　名	上場市場
2370	メディネット	東証G
2388	ウェッジHLD	東証G
7776	セルシード	東証G
7997	くろがね工作所	東証S
8013	ナイガイ	東証S
8105	堀田丸正	東証S
8107	キムラタン	東証S
8166	タカキュー	東証S
8181	東天紅	東証S
8209	フレンドリー	東証S
8746	アンバンク	東証S
9012	秩父鉄道	東証S
9348	ispace	東証G

⋮

第6章

業績欄「知ってるつもり」じゃもったいない

「上がるから買う、買うから上がる」のもろさ

会社四季報の7ブロックの中でも、ここだけは完全マスターしておきたいのがGブロックの【業績】欄だ。

株価を動かす要因は、政治や国際情勢、為替・金利、企業業績、天候・自然災害などいくつもあるが、**大きく分ければ、需給、テーマ（人気）、業績の3つに集約される**。

需給とはいうまでもなく「価格は需要と供給の関係で決まる」という市場の大原則のことであり、株の値段である株価も売り手と買い手の力関係によって決まる。買いたい人が多くて売り手が少なければ値上がりし、売り手が多く買い手が少なければ値下がりする。

信用取引（143ページコラム参照）における買い残高と売り残高の「信用倍率（＝買い残高÷売り残高）」も、近い将来の需給バランスを示す指標の1つだ。安倍晋三元首相の経済政策「アベノミクス」の柱の1つで、日本銀行が景気や株価下支えのため2024年3月まで実施していたETF（上場投資信託）の買い入れも、需給バランスを利用した株式市場安定化策の一種だし、会社による公募増資や自己株買いも需給を大きく動かす要因となっている。

株価を動かす第2の要因が、テーマ（人気）である。Bブロックの材料欄の説明でも触れたように、新技術や国の政策、あるいはオリンピックのようにその時々に人気化する市場テーマのことだ。タピオカのようにごく短命で終わるテーマもあれば、脱炭素や国土強靭化のように数年以上にわたって続く息

の長いテーマもある。**ただし長い目で見ると、いくらテーマにひもづいていても、業績の裏付けのない銘柄は砂上の楼閣に等しい。最後にはやはり、第3の要因である業績がものをいう。**

ある著名な女性投資家がこう話してくれたことがある。「自分は2008年のリーマンショックで痛い目に遭うまでほとんど会社四季報を読むことがなかった。隅々まで読むようになったのは、そのあとの株価回復局面以降だ。思惑や噂だけで買った自分の銘柄はいつになっても戻らなかったが、業績のしっかりしている銘柄は株価の戻りが早かった」。2011年の東日本大震災のときも同じだったという。

上がるから買う、買うから上がる相場にはすぐ限界が来てしまうのだ。

Gブロックは会社四季報のキモ【業績】欄

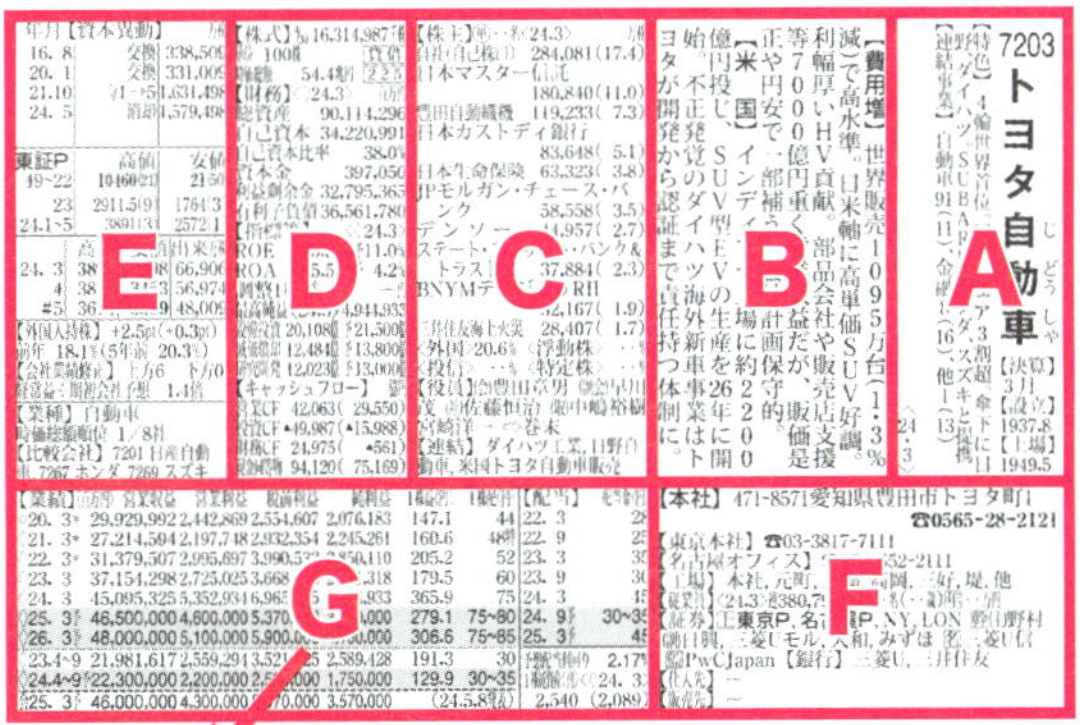

【業績】(百万円)	営業収益	営業利益	税前利益	純利益	1株益(円)	1株配(円)	【配当】	配当金(円)
◇20. 3*	29,929,992	2,442,869	2,554,607	2,076,183	147.1	44	22. 3	28
◇21. 3*	27,214,594	2,197,748	2,932,354	2,245,261	160.6	48特	22. 9	25
◇22. 3*	31,379,507	2,995,697	3,990,532	2,850,110	205.2	52	23. 3	35
◇23. 3	37,154,298	2,725,025	3,668,733	2,451,318	179.5	60	23. 9	30
◇24. 3	45,095,325	5,352,934	6,965,085	4,944,933	365.9	75	24. 3	45
◇25. 3予	46,500,000	4,600,000	5,370,000	3,760,000	279.1	75~80	24. 9予	30~35
◇26. 3予	48,000,000	5,100,000	5,900,000	4,130,000	306.6	75~85	25. 3予	45
◇23.4~9	21,981,617	2,559,294	3,521,525	2,589,428	191.3	30	予想配当利回り	2.17%
◇24.4~9予	22,300,000	2,200,000	2,500,000	1,750,000	129.9	30~35	1株純資産(円)<◇24. 3>	
会25. 3予	46,000,000	4,300,000	5,070,000	3,570,000	(24.5.8発表)		2,540	(2,089)

●トヨタ自動車(7203)2024年3集夏号

売上高は数量と単価の掛け算

業績を把握するには、会社が発表する決算短信やホームページのIR情報を利用してももちろんよいが、会社四季報の【業績】欄を見るのがいちばん〝時短〟で〝タイパ〟がいいと私は思う。学校の通知表のようなもので、子ども（会社）のこれまでの成績が一目瞭然で、伸び盛りなのか伸び悩んでいるのかが一発でわかるからだ。

【業績】欄には上から順に、過去の実績、その下に太字で今期と来期の会社四季報予想が2期分並んでいる。罫線を挟んでその下の2行には第2四半期の前期実績と今期予想が掲載されている。第1四半期や第3四半期決算が発表されたあとの号では各四半期の実績も掲載される。

決算期は、2022年3月期なら22・3のように略して記載しており、頭には決算方式の区分である「連」「◎」「◇」といった記号がつく。連は連結決算（日本方式）ベース、◎は同米国SEC方式、◇はIFRS方式、単は単独決算の意味だ（IFRSについては153ページコラム参照）。決算期変更などにより12カ月以外の変則決算になった場合は「変」がつく。

会社側が業績予想を公表している場合は、最下段に会社業績予想を掲載し、決算期の前に「会」をつけている。**これまでお話ししてきたように、会社予想は会社四季報予想と比べることで初めて意味を持つので、必ず両方をチェックしておきたい**。

【業績】欄の横軸には、左から売上高、営業利益、経常利益、純利益、1株益、1株配の6つの項目が並んでいる。利益と名がつく項目だけでも4つあるが、株式投資をする以上はそれぞれの利益の意味や違いを理解することは必須条件となる。

売上高については難しく考える必要はないが、1つだけ大事なことは、**売上高は「数量」と「単価」の掛け算で成り立っているという点だ**。

前期に100億円あった売上高が今期90億円に減る場合、いくつかのパターンが考えられる。1つ目は、販売数量はほぼ前期並みだが、価格競争が厳しく単価が下がってしまったパターン。2つ目は、価格は前期並みを維持できたものの数量が後退してしまったパターン。3つ目は、値上げで単価は上昇したが、そのため数量が大きく凹んでしまうパターン。4つ目は最悪で、価格も数量も後退してしまうパターンである。同じ減収でもこれだけのパターンがあり、今後の業績への影響度や対策の難易度もそれぞれ違ってくる。

飲食・小売業は既存店が重要

前章で説明したBブロックの業績記事も、**書き出しは売り上げの増減理由について、数量の変化と価格の変化の組み合わせで説明するのが**

米国SECからIFRSへ決算方式が変更された例

【業績】(百万円)	営業収益	営業利益	税前利益	純利益	1株益(円)	1株配(円)	【配当】	配当金(円)
◎17. 3*	27,597,193	1,994,372	2,193,825	1,831,109	121.1	42	20. 3	120
◎18. 3*	29,379,510	2,399,862	2,620,429	2,493,983	168.4	44	20. 9	105
◎19. 3*	30,225,681	2,467,545	2,285,465	1,882,873	130.1	44	21. 3	135
◎20. 3*	29,929,992	2,442,869	2,554,607	2,076,183	147.1	44	21. 9	120
◊21. 3*	27,214,594	2,197,748	2,932,354	2,245,261	160.6	48特	22. 3予	24~30
◊22. 3*予	30,000,000	2,900,000	3,540,000	2,560,000	184.8	*48~54	22. 9予	24~27
◊23. 3予	32,500,000	3,150,000	3,710,000	2,740,000	197.8	48~54	23. 3予	24~27
◊21.4~9*	15,481,299	1,747,465	2,144,045	1,524,484	109.3	24	予想配当利回り	2.27%
◊22.4~9予	15,800,000	1,500,000	1,780,000	1,290,000	93.1	24~27	1株純資産(円)<◊21. 9>	
会22. 3予	30,000,000	2,800,000	3,440,000	2,490,000	(21.11.4発表)		1,777	(1,674)

●トヨタ自動車(7203) 2022年1集新春号

記者の〝お作法〟となっている。

ガス・石油給湯器で国内市場の4割を握る専業大手ノーリツ(5943)の2024年新春号の記事は、売上高の説明がいきなり「国内で給湯器、厨房機器が後半に想定超の大苦戦」で始まる。そのあとに「値上げ効果が帳消し」と続いているのを見ると、値上げにより単価は上昇したが、買い控えが起きて販売数量が予想以上に減っているようだ。先ほどの3つ目の減収パターンにあてはまる。一度値上げしたものを値下げするとも考えにくく、数量増に向けて今後どんな施策を打つかが焦点となる。

一方、片倉コープアグリ(4031)の2023年秋号を見ると、2024年3月期の売上高は前期の510億円強から378億円へと大幅に落ち込む見通しだ。これは4つ目の八方ふさがりパターンだ。値上げ前の駆け込み需要がなくなり、数量の落ち込みが想定以上なのに加え、市況下落で単価も下落するというダブルパンチに見舞われているようだ。結果、営業利益の減益率もすさまじい。

なお、飲食業や小売業では、既存店における客数と客単価の掛け算で売上高の動向が説明されることが多い点も覚えておきたい。**全店を対象にすると、新しく出した店の売上高も含まれるため増収して当然で、〝真水〟の動きがわからない**。そこで会社四季報では、まず今期の新店の数を明記したうえで、既存店の客数はどうか、客単

価格は上昇したが数量減

【反　発】国内で給湯器、厨房機器が後半に想定超の大苦戦。値上げ効果が帳消しで一転営業減益。配当減額。24年12月期は国内取り替え需要が底打ち。非住宅も拡大。ハイブリッド型など好採算商品伸び反発。
【海外強化】北米でタンクレス給湯器の現地生産も視野に重点投資。中国も上海工場の生産能力拡大を準備中。配当性向50%、DOE2%併用方針は来期以降見直しも。

●ノーリツ(5943)
2024年1集新春号

価は前期と比べどう変化しそうかといった具合に説明する。

例えば、大阪地盤に大衆セルフ食堂「まいどおおきに食堂」や串揚げ食べ放題「串家物語」などを全国展開するフジオフードグループ本社（2752）の2024年春号は、「国内出店は20弱（前期14）想定。既存店はコロナ影響緩和。主力のセルフ食堂は客足回復鈍化だが、串揚げで客数伸びる。フェア展開し客単価向上」となっている。こう書いておくと、期中に売上高がにわかに伸び悩んだ場合でも、どこに原因があるのかがわかり、皆さんも今後の見通しが立てやすいだろう。

4種類の利益

売上高から原材料費や労務費、減価償却費などの売上原価や、人件費、広告宣伝費など

数量と価格のダブルパンチ

【減益幅拡大】肥料は値上げ前の駆け込み特需剥落による数量減想定以上。肥料価格相場下落で販売単価も下落。工業用リン酸も半導体向け苦戦。営業減益幅拡大。営業外の災害損失見込まず。配当性向5割、減配。
【ハラル】工業用・食添用リン酸液がインドネシアの認証機関からハラル認定取得。当社製有機肥料使う土壌還元消毒技術は全農の普及指導委対象研修で披露し拡販へ。

●片倉コープアグリ（4031）
2023年4集秋号

【業績】(百万円)	売上高	営業利益	経常利益	純利益	1株益(円)	1株配(円)
連21. 3	35,444	1,242	1,260	829	91.4	50
連22. 3	38,960	1,123	1,207	1,022	114.2	57
連23. 3	51,031	3,557	3,525	2,172	242.5	121
連24. 3予	37,800	770	800	480	53.6	27
連25. 3予	42,500	1,200	1,230	740	82.6	41
連22.4~9	22,855	1,947	1,965	1,293	144.4	0
連23.4~9予	18,300	230	250	150	16.7	0
連22.4~6	11,853	545	560	358	40.1	
連23.4~6	10,402	103	130	64	7.2	
会24. 3予	45,000	1,000	1,000	600	(23.5.15発表)	

【配当】	配当金(円)
18. 3	40
19. 3	50
20. 3	50
21. 3	50
22. 3	57
23. 3	121
24. 3予	27
予想配当利回り	2.29%
1株純資産(円)〈連23. 6〉	
2,656	(2,766)

の販管費（販売費および一般管理費）を差し引いた残りが「営業利益」となる。

その次の「経常利益」は、営業利益に営業外収支という項目を加減したもので、営業外収支には受取利息や支払利息などの金融収支、為替差益、持分法投資損益などが含まれる。

持分法投資損益とは、簡単にいえば出資比率20％以上、50％以下の関連会社（これを持ち分法適用会社という）が稼いだ応分の利益のことをいう。経常利益はグループ会社全体の儲けを表したものといえよう。この経常利益に臨時的な損益である特別損益（＝土地売却益など）を加えて、法人税や税効果相当額などを調整したものが「純利益」だ。当期利益とか最終利益とも呼ばれる。

ここまで4種類の利益が登場したが、会社四季報が最も重視するのは本業の儲けを示す営業

損益計算書（P／L）の仕組み

売上高	売上数量×販売単価が基本
− 売上原価	
売上総利益（粗利益）	製品やサービスの販売そのものからの儲け
− 販売費および一般管理費	
営業利益	本業の儲けを示す、基本ともいえる利益
＋ 営業外収益＝受取利息・配当金、持分法投資利益、為替差益等 − 営業外費用＝支払利息、持分法投資損失、為替差損等	
経常利益	本業以外の損益も含めた企業グループ全体の利益
＋ 特別利益＝土地・投資有価証券売却益、関係会社株式売却益等 − 特別損失＝土地・投資有価証券売却損、減損損失、子会社関連損失等 − 法人税等	
純利益	「当期利益」「最終利益」とも呼ぶ

利益だ。**営業利益はいわば裸の状態の、実力ベースの利益であり、過去からの推移を見るには最も適しているからだ。業績記事の業績欄【見出し】も、営業利益の変化を表現する言葉がつけられている。**

ただ中には、競合他社と合弁で設立した関連会社が、本体や子会社の10倍もの膨大な利益を稼いで株価が急騰した大手海運3社（日本郵船・商船三井・川崎汽船）の例もある。会社四季報オンラインなどでスクリーニングするときには営業利益に固執せず、いろいろパターンを変えて臨機応変に試す必要があるだろう。

配当は会社にとって超のつく重要事項

【業績】欄のいちばん右にある「配当」についても説明しておこう。

投資家の中には株価の値上がり期待より配当重視で銘柄選びをする人も多い。会社四季報の熱烈な愛読者でありながら、「狙いはあくまで株主優待と配当。20代で株式投資を始めて60歳を過ぎたが、株は一度も売ったことがない」と淡々と語るサラリーマンに出会ったこともある。２０１６年に亡くなった伝説的な個人投資家、竹田和平さんも銘柄選びの基本は配当だった。

会社四季報の配当予想も、業績と同じく独自予想となっている。会社が配当計画を公表していない場合はもちろん、会社の配当予想額を変えたり、「配当据え置き」と発表していても「増減配の可能性あり」としたりする。

会社四季報の独自配当予想に対する会社の反応は実にナイーブだ。配当予想は業績予想以上に利害関係者が多いからなのだろう。業績予想を気にしない株主はいても、配当をもらわない株主はいない。

かつて取材先の担当役員から「会社四季報に何か書かれるのは、日経(日本経済新聞)の1面に記事が出るより怖い」と言われたことがある。

なぜですかと聞くと、「新聞記事について問い合わせてくるのは、その新聞の読者からでしょう? 会社四季報に関する問い合わせは、わが社の株主からだからね」。とくに独自配当予想がついたときは、会社四季報の発売日に「おたくの配当予想と違うじゃないか!」と、株主からの問い合わせが増えるのだそうだ。

業績のわりに配当の少ない会社には、記者は「予想は100円ですが、もっと増やせるのではないですか」などと聞くわけだが、ほぼ100%はぐらかされる。売上高や利益についてなら「もう少し上振れする余地はないこともない」と匂わせる会社もあるが、配当となると話は別だ。私がかつて担当したある会社はいつも副社長が取材に応じていたが、増配余地について尋ねると「この場ではなんとも答えようがない」と困った顔をする。聞けば「ウチでは配当は経営者ではなく、創業家の決定事項なんです。オーナーに相談しないと、余地があるもないも

会社四季報は配当も独自予想している

【業績】(百万円)	売上高	営業利益	経常利益	純利益	1株益(円)	1株配(円)	【配当】	配当金(円)
連22. 3*変	30,395	1,089	1,142	758	71.1	22.5	19. 6	40
連23. 3*	44,574	1,774	1,807	1,164	109.2	32.5	20. 6	45
連24. 3*	54,829	3,598	3,490	2,208	207.0	50記	21. 6	60
連25. 3予	61,000	4,300	4,250	2,690	252.2	55~60	22. 3	45
連26. 3予	65,000	4,750	4,700	2,970	278.4	55~65	23. 3	65
連23.4~9*	25,453	1,646	1,569	1,003	94.0	0	24. 3	100
連24.4~9予	27,500	1,900	1,880	1,190	111.6	0	25. 3予	55~60
連23.4~6*	12,899	847	884	560	52.6		予想配当利回り	1.10%
連24.4~6	14,764	1,175	1,213	624	58.5		1株純資産(円)<連24. 6>	
会25. 3予	59,000	4,000	3,950	2,500	(24.5.13発表)		1,618	(1,604)

●湖池屋(2226)2024年4集秋号

答えられない」ということだった。

会社四季報の独自配当予想が「120円」などと決め打ちせず「100～120円」と幅をつけることが多いのは、**こうした会社サイドの事情にもある程度配慮しつつ、会社四季報としての見解も打ち出したいがためである。もちろん、ズバリ決め打ちすることもある。**

会社四季報の記事では、「売り上げは横ばい程度か」といったような、「か」とか「も」という曖昧な表現は原則使用を禁止している。ただ、配当だけは例外だ。独自で増減した場合には「減配か」「増配も」とか「会社増配予想は上振れ余地も」といった表現が許されている。

安定配当は今は昔

かつては業績がよくても悪くても5円なり10円なりの配当を維持する「安定配当」が主流だったが、**今では多くの会社が業績連動型の「配当性向」を明示している**。

配当性向とは1年に稼いだ純利益のうち何％を配当に回すかを示した指標で、1株利益が100円、配当性向が30％なら年間配当は30円となる。会社側が公表した1株当たり利益の見通しは100円、配当30円であっても、会社四季報記者が会社計画より強気に1株当たり利益を120円と予想すれば、配当予想欄には30～36円（＝120円×30％）と幅を持たせた数字が掲載されることになる。

配当性向の高さは会社の株主還元に対する姿勢を表している。金属加工機械で世界首位級のアマダ（6113）や半導体製造装置世界大手の東京エレクトロン（8035）は50％、製造業派遣・請負大手のＵＴグループ（２１４６）や工作機械用ＮＣ（数値制御）装置で世界首位のファナック（６９５４）は60％、サイバーセキュリティ大手のトレンドマイクロ（４７０４）は70％となっている。自動車向けの精密ばねと工業用ファスナーを手がけるパイオラックス（５９８８）のように配当性向１００％という会社もあるが、**現在の平均的な配当性向は30〜40％程度と考えてよいだろう。それ以下の会社は経営としては明らかに周回遅れだ**。利益が出ているにもかかわらず配当の少ない会社は、内部留保が蓄積しキャッシュリッチであることからアクティビストの標的となることもある。

ただ、配当性向が低いからといって一概に悪いとはいえない。末期がん患者などの終末期ケアを行うホスピス住宅運営の日本ホスピスホールディングス（７０６１）は最高益を出しつつも無配を続けているが、こうした成長真っただ中にあり資金需要が旺盛なベンチャー企業は内部留保を優先せざるをえない。

総還元性向がスタンダードに

ここ数年増えているのは「総還元性向」という考え方だ。配当金だけでなく自己株（自社株）買いも株主還元の１つと捉え、配当額と自己株買いの合計額を純利益で割った比率を表したものである。

純利益が１００億円で、配当総額が30億円、自己株買いに20億円を使った会社の総還元性向は、（30億円＋20億円）÷１００億円×１００＝50％となる。総還元性向ではなく、「配当を含め総額３００億円を還元する」といったように金額で表明する会社もあるが、この場合も総還元額を当期の予想純利益で割れば総還元性向は計算できる。
2024月4月3日、3日続落で始まった総合商社大手の伊藤忠商事〈8001〉の株価は、午後になるとあれよあれよと上昇し、終値で上場来高値を更新した。同社が取引時間中の午後1時に2025年3月期の経営計画を公表し、過去最高となる配当と自己株買いを実施したうえ、総還元性向を50％程度に高めるなどの方針を示したのがハヤされたのだ。

会社四季報2024年夏号には、約70社に総還元性向という言葉が登場する。「配当性向30％維持、総還元性向100％上限に自己株取得方針」（最大手ゼネコンの1社大成建設〈1801〉）、「【大盤振る舞い】来期まで増配と自己株買いで総還元性向100％に」（化学品専門商社トップの長瀬産業〈8012〉）といったように、大胆な株主還元を実施する会社が増えているのが最近の特徴だ。

自己株買いは、会社が発行した株式を利益剰余金などで買い戻すことをいう。自己株買いがなぜ株主還元になるのだろうか。

取得した自己株は1株利益を計算するときに、分母である発行済み株式数から除外されるため1株利益が増加する。**そのため、配当性向を表明している会社では配当（1株益×配当性向）も増え、業績を上方修正して1株益が増加したのと同じ結果になる**。加えて、自社の株価が割安だとするアナウンス効果もあるため、自己株買いを発表すると株価は敏感に反応する。

自己株を〝大人買い〟

ソフトバンクグループ（9984）が2021年11月に発表した2022年3月期の第2四半期決算は、傘下のソフトバンク・ビジョン・ファンドが投資する中国企業や韓国企業の株価下落が響いて純利益は前年同期比80・7％減と不振で、直近の7～9月に限れば3979億円もの赤字に転落した。

にもかかわらず、翌日の株式市場では、東証全銘柄で断トツの売買代金を集めて株価が急騰した。**これは、決算と同時に発表した1兆円もの自己株買いが個人投資家を中心に好感されたからにほかならない。**発行済み株式数の実に14・6％もの〝大人買い〟計画であった。

発行済み株式数の10％以上の自己株買いは株価インパクトが大きい。2022年5月にヤマダホールディングス（9831）が23・9％の自己株買いを発表すると、翌日の株価は値幅制限の上限となるストップ高となった。シチズン時計（7762）の25・6％や、オフィス家具大手イトーキ（7972）の19・9％の時

大規模な自己株買いが好感された

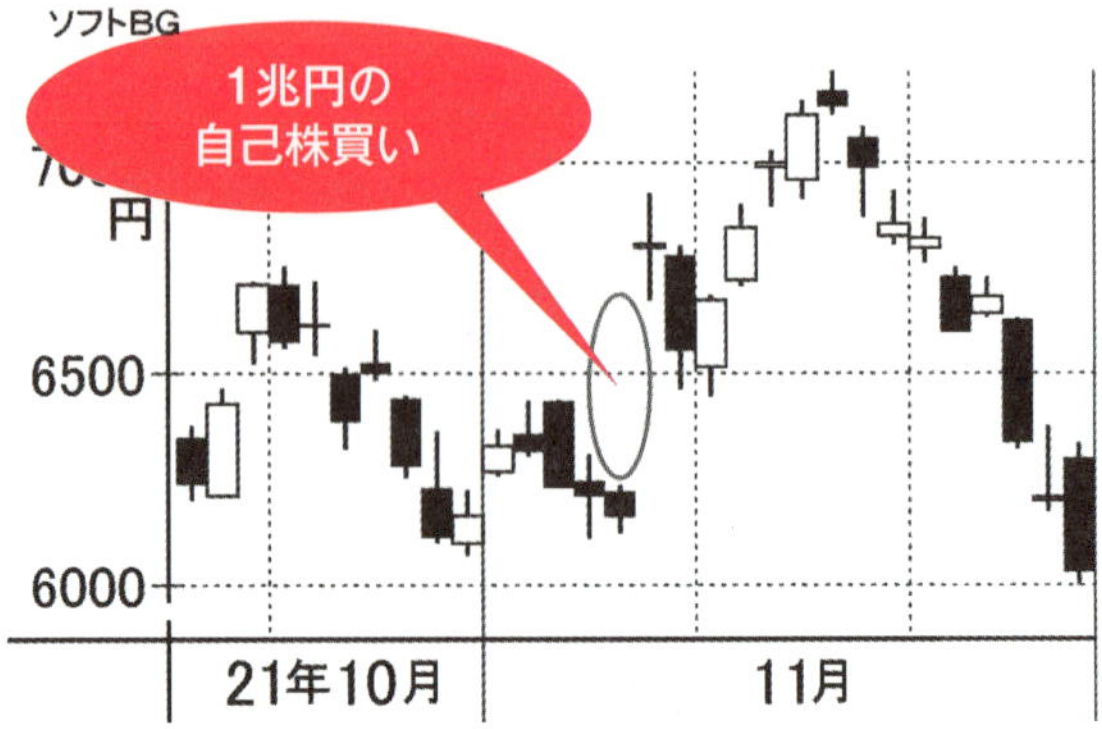

●ソフトバンクグループ（9984）日足

もやはりストップ高を演じている。2024年5月にはTOPPANホールディングス（7911）が12・3％、石油元売り国内首位のENEOSホールディングス（5020）が22・7％の大規模買い付けを発表しているが、時価総額が1兆円を超えるこうした重量級銘柄でも、株価はともに一時14％高と急伸したほどだ。

米アップルが2024年5月に発表した史上最大の自己株買い1100億ドル（約16兆8300億円）には遠く及ばないものの、日本でも金額が大規模化する傾向にある。トヨタ自動車（7203）の1兆円や三菱商事（8058）の5000億円など、モンスター級の自己株買いも登場している。背景にあるのは資本効率重視の流れだ。

目指せ「PBR1倍」超え

東証は2023年3月以降、東証プライム市場とスタンダード市場に上場する各社に対し「資本コストや株価を意識した経営」に取り組むよう求めてきた。つまりは「株価を引き上げる努力をせよ」というお達しである。東証は掛け声だけでなく、具体策の開示と実行を求め、2024年1月からは開示を行った会社の一覧表を公表し始めることで各社への圧力を強めている。

この一連の流れの中で一躍注目されるようになった指標が「PBR1倍」である。東証が明示しているわけではないが、事業価値あり／なしの境となるPBR（Price Book-value Ratio、株価純資産倍率）1倍をいかにクリアするかが、各社の間では〝命題〟になっている。このことも、自己株買いに拍車をかけている。

どういうことだろうか。詳しくは第8章や第15章でお話しするが、ＰＢＲはＲＯＥ（Return On Equity、自己資本利益率）とＰＥＲ（Price Earnings Ratio、株価収益率）の掛け算で成り立つ（ＰＢＲ＝ＲＯＥ×ＰＥＲ）。このうちＲＯＥはさらに「純利益÷自己資本」の計算式で求められる。

ここでのポイントは、自己株買いをするとＲＯＥの分母である自己資本が小さくなり、純利益が同じでもＲＯＥは上昇し、結果、ＰＢＲも上昇するという点だ。自己株買いで自己資本を減らしつつ、配当を増やすことで自己資本の新たな積み上がりを抑制する。もうお気づきの方も多いだろう。これは、まさに総還元性向を上げるということにほかならない。**株主還元が拡大すれば人気化して株価が上昇し、掛け算の片方であるＰＥＲも高くなりダブル効果でＰＢＲは押し上げられる。**

こうしたことから、岡三証券グループ（８６０９）のように、総還元性向50％以上を設定し、「【還元】28年３月期までの中計（中期経営計画）期間中、ＰＢＲ1倍超えるまで毎年10億円以上の自己株買い方針」（２０２３年夏号）と露骨に表明する会社も続出している。

会社四季報では月足チャートの横の株価指標欄にＰＢＲが記載されている。**ＰＢＲが1倍割れの会社の場合、1倍をクリアする対応策が記載されているかをチェックしておく必要があるだろう。**

なお、取得したあとに会社が保有し続けている自己株は「金庫株」と呼ばれる。会社四季報では【株主】欄に「自社（自己株口）」として掲載されている。トヨタ自動車の〝筆頭株主〟は、実はこの自己株口である。

資本準備金や剰余金などを取り崩して金庫株を消却することを「自己株消却」といい、自己株買いほどのインパクトはないが、株価上昇の要因となる。前出のシチズン時計も、取得した自己株式の一部を消却すると発表するや、株価が2・3%と小幅高した。

自己資本は会計上、自己株買いを行った時点ですでに減少しているため、消却したからといって1株利益が増えるわけではない。**にもかかわらず市場が歓迎するのは、自己株消却が帳簿上の存在そのものを消し去る行為であるためだ**。消却されれば、「自己株処分」といって金庫株が再び売り出されたり、企業再編のための株式交換に使われて市場に出回ったりする（＝1株利益が希薄化される）懸念が完全に消え去る。

自己株消却の履歴は、会社四季報Eブロックの【資本異動】欄に掲載されている。

配当利回りと連続増配をチェック

もし皆さんが配当狙いで株式投資をしようとするなら、「配当利回り」と「連続増配」の2つが銘柄選びの基準となるだろう。新型NISAの成長投資枠の保有残高ランキングでも、上位に顔を並べるのは利回り4%台のJT（日本たばこ産業〈2914〉）や日本電信電話（NTT、〈9432〉）、三菱UFJフィナンシャル・グループ（8306）、三菱商事（8058）、KDDI（9433）といった高利回り銘柄だ（2024年7月17日付SBI証券のランキングより）。

配当利回りは年間配当金を株価で割って求める。日本取引所グループ（JPX）の資料によると、

2024年8月末時点の有配当銘柄の平均利回りはプライム市場が2・30%、スタンダード市場が2・56%、グロース市場で1・85%だが、**高配当株と呼べるのは配当利回りが3%以上の銘柄だろう**。

日銀によるマイナス金利政策の解除を受け、年0・001%の普通預金金利が20倍（！）の0・020%になったとはいえ、100万円を預けても利息はわずか200円にすぎない。高利回り株に同じ額を投資すれば3万円以上になる。三菱倉庫（9301）のように、配当方針に「利回り3%以上」を追加し、株価が下落しても減配しないことを公約する会社も出始めている。

配当利回りは会社四季報Gブロックに「予想配当利回り」として記載されており、配当金予想が13～15円などと幅があるときは低いほうの額で利回りを算出している。

ただ、この数字はあくまで会社四季報制作中の時点のものである点には注意してほしい。正確には、株価チャート右側の株価指標欄にある「株価（月/日）」と書かれた日の終値ベースの利回りだ。株価は日々動くため最新の予想配当利回りを必ず自分で確認してほしい。

また、配当性向を公約している会社の場合は、業績下振れの可能性はないかチェックしておきたい。**業績不振で1株利益が半分になれば、いかに高い配当性向を公約していても配当は半分になってしまい、利回りも急落する**。見切り売りで株価も下落するため、ダブルパンチを食らうことになる。

配当権利取りの注意点

配当利回りの高い銘柄は、権利取りを狙って人気化し、権利付き最終売買日（各社が定める権利確定日から2営業日前）に向けて株価が上昇するのがつねだ。**配当狙いの場合は、期末一括配当なのか、中間（第2四半期末）配当と期末配当の年2回なのかも気にしておこう**。

関西系中堅ゼネコンで学校や官公庁建築に強い淺沼組（1852）は2021年11月18日に2022年3月期の配当予想の上方修正と併せて、従来50％以上としていた配当性向を、2024年3月期までの期間限定で70％以上にすると発表した。すると、株価は翌日に値幅制限上限となるストップ高水準まで買われた。配当利回りは、値上がり後でも6％超。しかも同社は期末一括配当だ。

表面的な利回りは粗鋼生産国内トップの日本製鉄（5401）のほうが8％台と高かったが、日本製鉄の配当は9月末と3月末の年2回あり、会社四季報が予想する配当金165～175円（会社予想は非開示）のうち70円はすでに中間期末に実施済み。この段階で買っても、翌年3月末に権利が取れる配当の利回りは、同日の終値1842・5円ベースだと5％強〔(165−70)÷1842・5〕でしかない。

また、配当利回りが高い銘柄ほど、株式分割や配当などを受け取る権利がなくなる権利落ち日に株価がガクンと値下がりしやすいことにも気をつけたい。**その後も当面の材料なしとして、しばらく軟調な展開になりやすい**。配当の伸びが期待できない銘柄は、2～3カ月経っても配当落ち分を埋められずトレンド転換してしまうこともある。

淺沼組も、約束した配当性向70％の期間が終わりを迎え、最後の権利落ち日となった2024年3月28日には個人投資家の手じまい売りが増加し、前日比395円安と、配当額の197円50銭を大きく超えて値下がりした。2024年5月に発表された新中期経営計画では配当性向70%超を続けることを表明したものの、一方で中間配当を導入したことが影響してか、株価は下降トレンドに転換してしまった印象だ。

連続増配は我慢大会？

配当に関連しては、**長期にわたって連続で増配している銘柄にも注目したい**。

米国には、非常に長期にわたって増配を続けている会社がたくさんある。一定期間以上連続して増配している優良株を集めて算出した「配当貴族指数」や、S&P500の構成銘柄のうち25年間連続して増配している優良大型株のパフォーマンスを測定する「S&P500配当貴族指数」はご存じの人も多いだろう。

プロクター・アンド・ギャンブル（P&G）やコカ・コーラ、ジョンソン・エンド・ジョンソンなど、60年以上増配を続けている会社は16を数える。その頂点に立つのは、カリフォルニア州を中心に9つの州で水道や電力供給などのサービスを手がけるアメリカン・ステー

権利落ち後は下降トレンドに

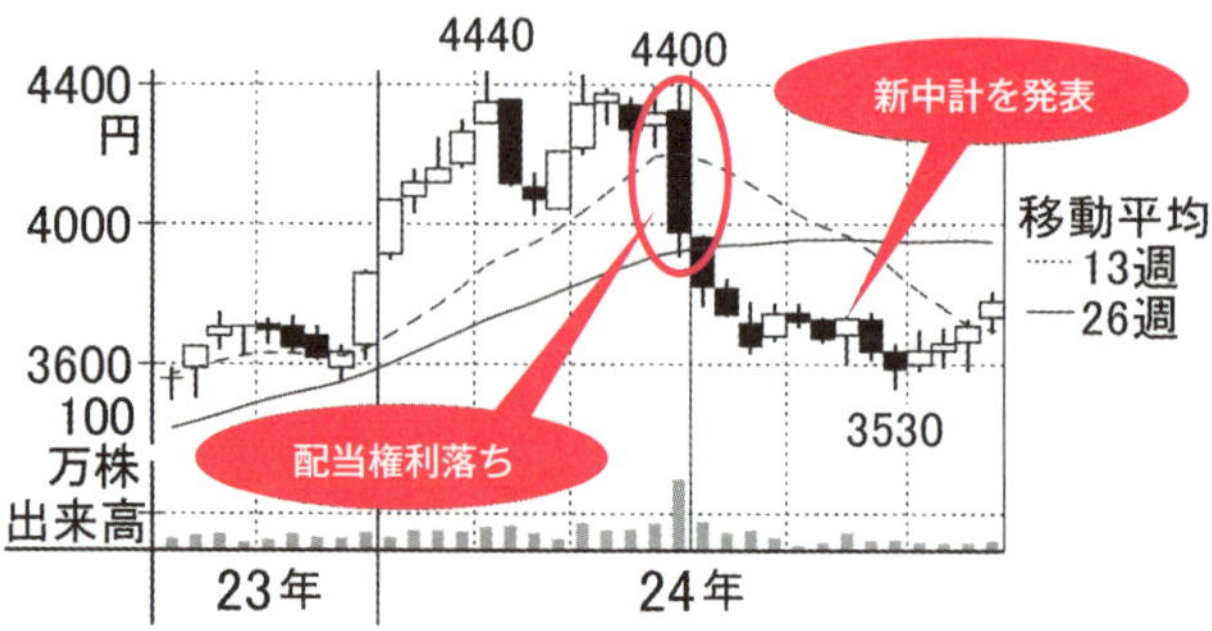

●淺沼組（1852）日足

ツ・ウォーターという中堅会社で、２０２３年12月期まで69年連続の増配記録を持つ。工業製品・事務用品大手のスリーエムもこれと肩を並べる存在だったが、２０２４年12月に64年ぶりに減配する意向を表明しており、配当貴族の歴史に終止符を打つ可能性が高い。

次ページの表のように、**日本では花王（４４５２）の35期連続が断トツの最高記録だ（２０２４年２月末時点、今期予想含む。以下同）**。これに続くのが、大阪本社で自動車用補修・車検部品の卸売りを手がけるＳＰＫ（７４６６）と、愛知県に本社を置き中古車オークション会場の運営を手がけるユー・エス・エス（４７３２）の27回で、これに三菱ＨＣキャピタル（８５９３）とリコーリース（８５６６）を加えた５社がいうなれば〝日本版配当貴族〟となる。紅麹問題に揺れる小林製薬（４９６７）も２０２４年12月期に増配すれば26期連続となるはずだが、５月10日の１〜３月決算発表時に通期業績予想自体を取り下げており、連続増配も微妙な雲行きだ。

おもしろいのは、三菱ＨＣキャピタル26期、リコーリース25期、芙蓉総合リース（８４２４）23期、みずほリース（８４２５）22期など、リース会社が競うように連続増配を続けていることだろう。各社、配当利回りも３％前後ある。なんだか我慢大会を見ているようだが、同業の一角、東京センチュリー（８４３９）が２０２３年３月期に20期で脱落しており、残る各社がどこまで続けられるのか今後の展開が見ものだ。

連続増配ランキング

順位	証券コード	社名	業種	決算月	連続増配年数
1	4452	花王	トイレタリー	12	35
2	4732	ユー・エス・エス	中古車卸売り・オークション	3	27
〃	7466	SPK	自動車部品卸売り	3	27
4	4967	小林製薬	トイレタリー	12	26
〃	8593	三菱HCキャピタル	リース	3	26
6	8566	リコーリース	リース	3	25
7	9058	トランコム	3PL	3	24
8	2391	プラネット	ITインフラ構築	7	23
〃	5947	リンナイ	給湯器	3	23
〃	8113	ユニ・チャーム	トイレタリー	12	23
〃	8424	芙蓉総合リース	リース	3	23
〃	9433	KDDI	総合通信会社	3	23
〃	9436	沖縄セルラー電話	携帯電話会社	3	23
〃	9989	サンドラッグ	ドラッグストア	3	23
15	8425	みずほリース	リース	3	22
16	4527	ロート製薬	大衆薬	3	21
〃	6370	栗田工業	水処理・環境装置	3	21
〃	7504	高速	食品容器・フィルム	3	21
〃	7532	パンパシインターH	ディスカウントストア	6	21
〃	9843	ニトリHLD	生活雑貨・家具小売り	3	21
21	3844	コムチュア	システム開発	3	20
〃	9787	イオンディライト	ビルメンテナンス	2	20
23	9037	ハマキョウレックス	3PL	3	19
24	1973	NECネッツエス	ネットインフラ構築	3	18
〃	7613	シークス	電子機器・部品販売	12	18
26	2502	アサヒグループHD	酒類	12	17
〃	3097	物語コーポ	焼き肉チェーン	6	17
〃	3349	コスモス薬品	ドラッグストア	5	17
〃	4547	キッセイ薬品工業	医薬品	3	17

(注) 2024年7月18日時点、今期予想を含む

累進配当制度の妙味

最近では、新NISAを意識して「累進配当制度」を導入する会社が増えている。継続的に配当額を引き上げる仕組みのことで、簡単に言えば、増配しない年があっても減配だけはしないという制度だ。連続増配より一歩劣る印象ではあるが、一度増配したら減配しないという約束はよほどの覚悟と自信がなければできないだけに、投資家の目も向きやすい。

累進配当制度を導入する会社は、配当水準を示す指標としてこれまで一般的だった配当性向に替わって、DOE（株主資本配当率）とセットで導入する動きが目立つ。DOEは年間の配当総額を株主資本で割って求める（配当総額÷株主資本×100％）。配当性向だとその年の業績によって配当金額が左右されるが、**DOEの場合、分母となるのが年による変動が少ない自己資本であるため、配当が安定しているのが利点とされる**。

では、DOEは何％なら合格といえるのだろうか。会社四季報2024年春号をめくると、「配当はDOE2％以上に」（東北新社〈2329〉）、「24年度から調整後DOE4・5％累進配当」（双日〈2768〉）、「配当方針DOE1・5％下限指標追加」（住友金属鉱山〈5713〉）などとあり、5％以下にとどまっている例が少なくないようだ。

他方、高い会社は2桁を超える。会社四季報2024年新春号は、前期実績のDOEを独自に計算し、上位50位をランキングした。それによると、首位のアルマード（4932）は26・7％、2位の

DOEの計算図

DOE（株主資本配当率）

$$= \frac{\text{配当総額}}{\text{株主資本}}$$

$$= \frac{\text{配当総額}}{\cancel{\text{当期利益}}} \times \frac{\cancel{\text{当期利益}}}{\text{株主資本}}$$

$$= \text{配当性向} \times \text{ROE（株主資本利益率）}$$

ＺＯＺＯ（３０９２）が25・５％、投資家人気のレーザーテック（６９２０）も14・９％など上位50位は軒並み10％以上となっている。

私の考えを言うなら、ＤＯＥは最低でも２・４％は欲しく、３・０％以上あれば合格というところだ。ＤＯＥは上図で示したように配当性向とＲＯＥの掛け算に展開できる。配当性向はお話ししたように30％が平均的な水準だ。一方のＲＯＥは第８章で詳しくお話しするように８％が最低線であり、最近では10％あって当たり前という考えになりつつある。

両者を掛け算すると、最低でも配当性向30％×ＲＯＥ８％＝２・４％、できれば30％×10％＝３％という水準が導き出せるというわけだ。

コラム

「信用取引、自分には関係ない」？

現金や株を担保として証券会社におカネを借りて株を買ったり（信用買い）、株を借りてきて売ったり（信用売り）する信用取引では、通常は6カ月以内に主に反対売買によって返済しなければならない。反対売買とは、信用買いした人は売却しておカネを返済し、信用売りした人は株を買い戻して返済することだ。信用買いでは期日の間に株価が値上がりしていれば利益となり、値下がりすれば損失となる。信用売りでは逆に値下がりしていれば利益、値上がりすれば損失だ。

ある時点においていまだ決済されていない分を「信用残高」という。**信用買い残高を信用売り残高で割った数字は「信用倍率」と呼ばれ、信用取引の買い方と売り方の取り組み状況を表す指標として重要視されている。**

▼信用倍率が高いほど上値が重くなる

信用買い残高が30万株あって、信用売り残高が5万株なら信用倍率は30万株÷5万株で6倍となる。実際の相場では信用売りする投資家は基本的に少ないので信用倍率は1倍以上になるのが普通。例にした6倍というのは買いが一方的でかなり過熱した状況だ。

信用倍率は数字が高くなるほど将来の売り要因が増えることを意味しており、株価の上値が重く

なりやすい。逆に1倍割れの銘柄は、信用買い残高より信用売り残高のほうが多い状態にあり、株価は上昇しやすい（反対売買による売り圧力が少ない）と判断されるため株式市場では好感される。

株式投資では「現物株しかやらないので信用取引は関係ない」などとは言っていられない。悪材料が何も出ていないのに株価の下げがきついときは、信用買いの売り決済が要因になっているかもしれない。とくに短期売買目的では信用倍率の高い銘柄を買うのは分が悪くなりがちなので注意しておきたい。

東京証券取引所に上場している銘柄は、週末の残高が翌週の火曜日（休日の場合は水曜日）に公表されている。また、会社四季報オンラインでも各銘柄の「株価推移」タブをクリックすれば、過去10年分の信用残高が見られる。

第7章

大化け候補を探せ！

売上高こそ成長の原動力

前章では【業績】欄について、売上高から始まり配当に至るまでの各項目を説明してきたが、ここでもう一度最初の売上高に注目してみたい。

多くの投資家は、成長企業を見つけ出し投資したいと考える。将来の有望企業、いわゆる「大化け株候補」である。こうした会社を探すには1つコツがある。**売上高の変化だけを追いかけていくのだ**。

先ほどから「会社四季報が最も重視するのは営業利益」といっておきながら、売上高を重視しろというのは矛盾したように聞こえるかもしれない。ただ、成長ステージにある会社は例外だ。

売上高は別名トップラインと呼ばれるように、損益計算書（P／L）のいちばん上に表記される項目であり、売上高なくして利益の計上はありえない。売上高の減少が続けば、会社にもいずれ限界が来る。**売上高を増やすことこそが成長の原動力となる**。

とりわけ会社が成長する初期段階においては、優秀な人材の確保や研究開発、知名度向上のための広告宣伝といった先行投資が必要となる。こういうときは売上高の拡大を第一目標とし、利益のほとんどを再投資に回すのが自然だ。1年間のおカネの流れを表すフリーキャッシュフロー（FCF、第10章参照）がマイナスであっても問題ないし、たとえ利益が出ていても無配であって構わない。

そうした会社も、売上高が一定水準を超えてくると利益がぐんと伸びるようになる。先行投資のおかげで顧客基盤が広がり知名度も向上することで、販促費を膨らませなくても売上高が増え、その分だけ利益が伸びる好循環に入るためだ。国内株で初めて1億円をつけたかつてのヤフー（現ＬＩＮＥヤフー〈４６８９〉）やソフトバンク（現ソフトバンクグループ〈９９８４〉）がそうだったし、今のメルカリ〈４３８５〉がまさにそのステージにある。

増収率は最低15～20％ほしい

よく「売上高が増える」「売上高が減る」というが、厳密にはどんな状態を指すのかご存じだろうか。**実は、売上高の変化率である増収率が最低15～20％以上あって初めて「この会社は売上高が増えている」といえる。数％の増収率なら「横ばい」程度にすぎない**。

15～20％というと一見ハードルが高そうだが、実際はそうでもない。会社四季報の毎号巻頭3ページ目にある「市場別業績集計表」を見てみよう。

２０２４年春号の集計表では、東証プライム（東Ｐ）市場と名証プレミア（名Ｐ）市場に上場する１５６７社の売上高の予想伸び率は今期が3・9％、来期が3・2％にすぎない。他方、東証グロースや名証ネクストなど新興市場５３１社は今期が15・5％、来期が16・4％となっている。**15％程度の増収率は、新興企業の平均的な姿なのだ**。

とはいえ、この会社は15～20％増収か、この会社はどうか……と電卓をたたいていちいち計算するのは面倒だ。実はこれには裏技がある。毎期15％で売り上げを増やすと5年でほぼ2倍になる。20％だと4年で2倍、6年で3倍だ。**このことを頭に入れておけば、あとは会社四季報業績欄のいちばん古い期の**

売上高と今期予想を比べて、2～3倍以上になっている銘柄だけを拾い読みしていけばよい。

一般に売上高が増加するのは、シェアを拡大している、すでに存在する市場を新サービス・新技術で置き換えている、グローバル化が進んでいるなどいくつかの理由が考えられる。増収ピッチが20％を超える新興企業はこのいずれかに当てはまると考えてよい。**逆に15％未満の新興企業はこのいずれにも当てはまらないと思われるので、スルーしてしまってよい。**ことに下請け型だったりすると利益率も低く、大きな成長は期待できない。

成長株ゆえの落とし穴

次ページの図はライブ配信などを行うVチューバーグループ「にじさんじ」を運営するＡＮＹＣＯＬＯＲ（５０３２）の会社四季報２０２３年新春号の誌面である。今すぐ飛びつきたくなるような典型的な成長株だ。２０２０年４月期実績と来期予想（２０２４年４月期）の売上高を比較すると、４年で２倍どころか８・６倍となっている。

市場別業績集計表（前期比増減率）
2024年2集春号

（単位：%）

	決算期	合計 (3623社)	東P名P (1567社)	東S名M (1496社)	新興市場 (531社)
売上高	前期(実)	14.8	15.1	8.8	17.0
	今期(予)	4.0	3.9	4.5	15.5
	来期(予)	3.3	3.2	5.0	16.4
営業利益	前期(実)	12.3	11.9	20.0	76.2
	今期(予)	15.4	15.5	10.5	53.8
	来期(予)	9.8	9.4	14.2	68.9
経常利益	前期(実)	2.7	2.3	14.4	64.3
	今期(予)	14.4	14.6	6.0	42.7
	来期(予)	7.5	7.2	11.9	68.8
純利益	前期(実)	3.0	2.4	19.5	黒字化
	今期(予)	14.7	14.8	8.9	399.9
	来期(予)	7.2	6.9	10.1	100.6

（注）営業利益は銀行・保険は含まない

上方修正なのに株価は下落

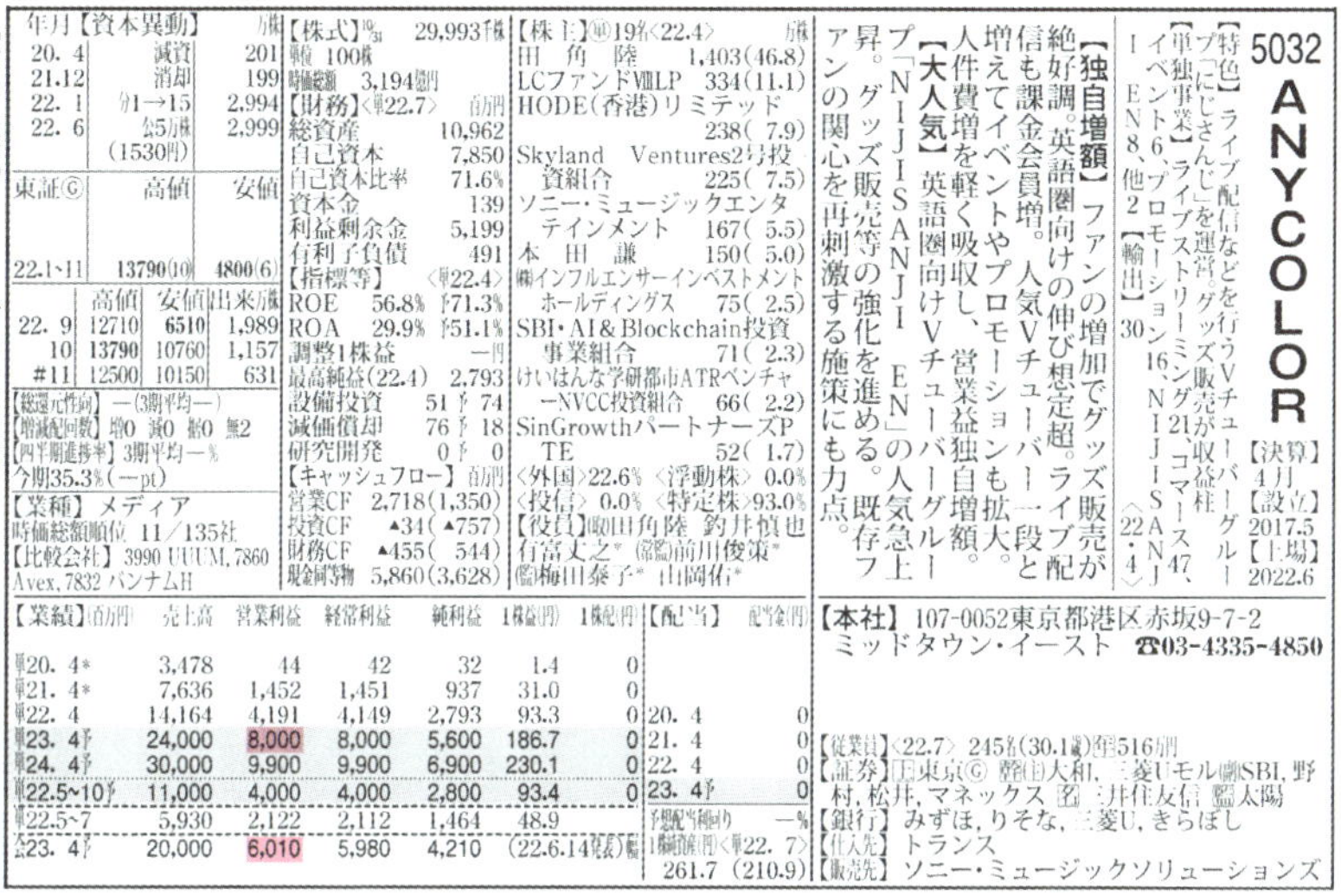

5032 ANYCOLOR

【決算】4月【設立】2017.5【上場】2022.6

【特色】ライブ配信などを行うVチューバーグループ「にじさんじ」を運営。グッズ販売が収益柱

【単独事業】ライブストリーミング21、コマース47、イベント6、プロモーション16、NIJISANJI EN8、他2【輸出】30〈22・4〉

【独自増額】ファンの増加でグッズ販売が絶好調。英語圏向けの伸び想定超。ライブ配信も課金会員増。人気Vチューバー一段と増えてイベントやプロモーションも拡大。人件費増を軽く吸収し、営業益独自増額。

【大人気】英語圏向けVチューバーグループ「NIJISANJI EN」の人気急上昇。グッズ販売等の強化を進める。既存ファンの関心を再刺激する施策にも力点。

年月	【資本異動】	万株
20. 4	減資	201
21.12	消却	199
22. 1	分1→15	2,994
22. 6	公5万株 (1530円)	2,999

東証Ⓒ	高値	安値
22.1~11	13790(10)	4800(6)

	高値	安値	出来万株
22. 9	12710	6510	1,989
10	13790	10760	1,157
#11	12500	10150	631

【総還元性向】—(3期平均—)
【増減配回数】増0 減0 据0 無2
【四半期進捗率】3期平均—%
今期35.3%(—pt)

【業種】メディア
時価総額順位 11/135社
【比較会社】3990 UUUM, 7860 Avex, 7832 バンナムH

【株式】10/31 29,993千株
単位 100株
時価総額 3,194億円

【財務】〈単22.7〉 百万円
総資産 10,962
自己資本 7,850
自己資本比率 71.6%
資本金 139
利益剰余金 5,199
有利子負債 491

【指標等】〈単22.4〉
ROE 56.8% 予71.3%
ROA 29.9% 予51.1%
調整1株益 —円
最高純益(22.4) 2,793
設備投資 51 予 74
減価償却 76 予 18
研究開発 0 予 0

【キャッシュフロー】百万円
営業CF 2,718(1,350)
投資CF ▲34(▲757)
財務CF ▲455(544)
現金同等物 5,860(3,628)

【株主】単19名〈22.4〉 万株
田角陸 1,403(46.8)
LCファンドⅧLP 334(11.1)
HODE(香港)リミテッド 238(7.9)
Skyland Ventures2号投資組合 225(7.5)
ソニー・ミュージックエンタテインメント 167(5.5)
本田謙 150(5.0)
(株)インフルエンサーインベストメントホールディングス 75(2.5)
SBI・AI&Blockchain投資事業組合 71(2.3)
けいはんな学研都市ATRベンチャーNVCC投資組合 66(2.2)
SinGrowthパートナーズPTE 52(1.7)
〈外国〉22.6% 〈浮動株〉0.0%
〈投信〉0.0% 〈特定株〉93.0%

【役員】(取)田角陸 釣井慎也 有富丈之* (常監)前川俊策* (監)梅田泰子* 山岡佑*

【業績】(百万円)	売上高	営業利益	経常利益	純利益	1株益(円)	1株配(円)
単20. 4*	3,478	44	42	32	1.4	0
単21. 4*	7,636	1,452	1,451	937	31.0	0
単22. 4	14,164	4,191	4,149	2,793	93.3	0
単23. 4予	24,000	8,000	8,000	5,600	186.7	0
単24. 4予	30,000	9,900	9,900	6,900	230.1	0
単22.5~10予	11,000	4,000	4,000	2,800	93.4	0
単22.5~7	5,930	2,122	2,112	1,464	48.9	
会23. 4予	20,000	6,010	5,980	4,210	(22.6.14発表)	

【配当】	配当金(円)
20. 4	0
21. 4	0
22. 4	0
23. 4予	0

予想配当利回り —%
1株純資産(円)〈単22. 7〉 261.7 (210.9)

【本社】107-0052東京都港区赤坂9-7-2 ミッドタウン・イースト ☎03-4335-4850
【従業員】〈22.7〉245名(30.1歳)年516万円
【証券】上東京Ⓒ 幹(主)大和, 三菱Uモル(副)SBI, 野村, 松井, マネックス 名三井住友信 監太陽
【銀行】みずほ, りそな, 三菱U, きらぼし
【仕入先】トランス
【販売先】ソニー・ミュージックソリューションズ

【情報・通信】
⬆前号比増額

●ANYCOLOR (5032) 2023年1集新春号

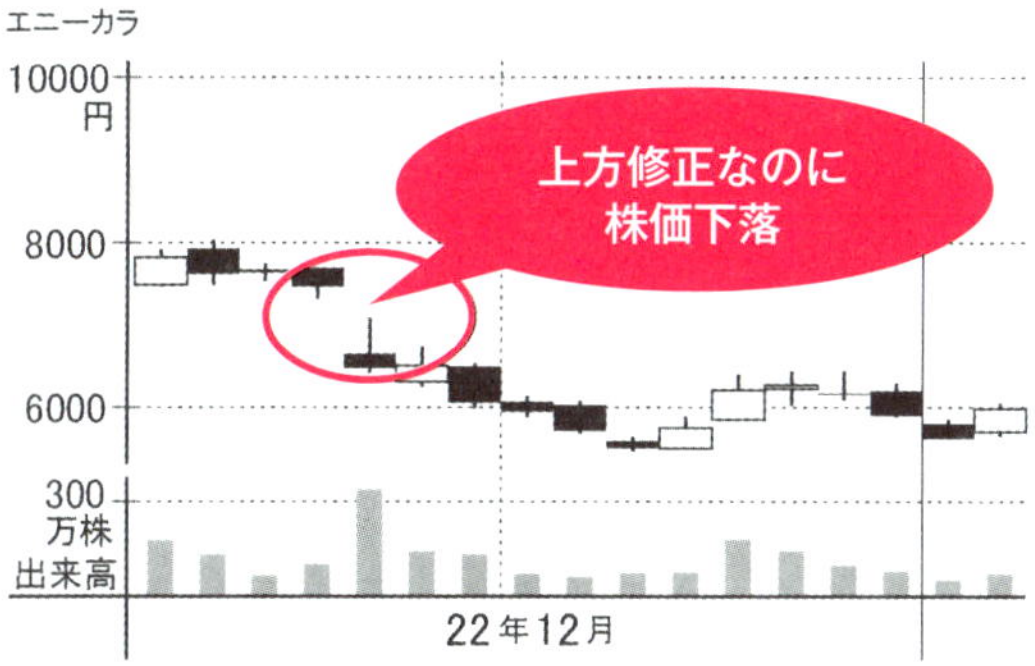

●ANYCOLOR (5032) 日足

業績欄の最下段にある会社側の今期業績予想と会社四季報予想を比べても、営業利益は会社側が60億1000万円（正確には会社側予想は55億1000万円～65億1000万円という幅を持たせた予想で、会社四季報では中央値を載せている）なのに対し、会社四季報予想はそれを大幅に上回る80億円という強気の見方をしている点も魅力的だ。

しかし、こうした成長株には成長株ゆえの落とし穴が待っている。同社は2022年12月に第2四半期（2022年5～11月）決算と合わせて通期業績の上方修正を発表し、営業利益予想を77億円へと3割近く引き上げた。ところが、翌日の株価はマドをあけて急落。終値は前日比で13・3％も下落した。

上方修正なのにいったいなぜと思った方は、もう一度、会社四季報の予想を見ていただきたい。上方修正した77億円は、会社四季報予想の80億円に届いていないのだ。しかもコンセンサス予想は83億2500万円と、会社四季報よりさらに強気だった。これが失望売りにつながったのだ。

成長株発掘の醍醐味はなんといっても株価の急上昇にある。**成長株が急上昇するのは、株価計算式（株価＝1株利益×PER）の右辺の「1株利益」と「PER」がダブルで上昇するからだ**。ただ、ANYCOLORはもともとPERが超絶に高かった。こうした銘柄の場合、成長シナリオに少しでも懸念や狂いが生じると、今度は右辺がダブルで下落し手ひどく売られることを意味する。これが成長株の落とし穴といえる。

会社四季報の盲点

企業業績はある1年だけを切り出して見てもあまり意味はない。過去からの業績を時系列でたどって初めて今の調子の良しあしがわかる。今立っているのは上り坂の途中なのか下り坂の途中なのか、それとも平坦な場所で足踏みしているのか。もちろんお目当ては、急な上り坂を勢いよく上っている会社だ。

変化を追いかけていくのが大切なのは利益についても同じである。**とくに、会社の稼ぐ力を示す営業利益率のチェックは欠かせない**。

実は、営業利益率は会社四季報のどこを探しても出ていない。いわば会社四季報の盲点といってもよいが、そう難しい計算はいらない。本業の儲けを示す営業利益を売上高で割るだけでよい（営業利益÷売上高×１００）。

営業利益率をはじき出したら、Ｅブロックにある【比較会社】と比べたり、会社四季報巻頭ページにある一覧表「業種別業績展望」で業界平均値を求めて比較し、どの程度優れているかを確認したりしておこう。営業利益率が高いということは、他社より低コストでモノやサービスを提供できる力があるか、または、ブランド力などの付加価値によって同じ製品であってもより高い値段で売れるかを意味している。

過去の営業利益率も計算しておきたい。**現在の水準がライバルに劣っていても、年々改善されてきてい**

れば、PERの上昇を通して株価もおもしろい展開が期待できる。営業利益率が向上すれば、仮に売上高が横ばいになっても利益は増えるし、売上高が増えればその伸び以上に利益も増えることになる。

利益率をコツコツ積み上げて評価

国内外の多くの機関投資家は銘柄選びに当たって、ROEそして営業利益率の改善度合いを重要項目に据えている。これら2つの指標は外国人持ち株比率と連動して動くことが多いため、一般投資家の注目度も高い。

第3章でも登場した中央自動車工業(8117)は、トヨタ系を軸とした新車ディーラー向けにガラスコーティング剤や車内の防臭剤などを販売している。会社四季報を見ると、業種が【卸売業】でありながら営業利益率が20%を超える収益性に驚かされる。2024年3月期は売上高363億円、営業利益101億円と、売上高と営業利益の桁数がついに並んだ。中期経営計画で掲げた2026年3月期経常利益目標100億円を初年度に達成してしまい、目標を125億円に上方修正したほどだ。

中央自動車工業(8117)は営業利益率もROEも上昇

	営業利益率(%)	ROE(%)	外国人持ち株比率(%)	1人当たり売上高(万円)	1人当たり営業利益(万円)
2018年	16.9	12.6	14.0	8,362	1,420
2019年	19.9	14.3	15.0	8,372	1,668
2020年	19.3	14.6	16.5	9,070	1,755
2021年	19.6	12.5	19.1	9,442	1,852
2022年	21.1	13.3	20.5	10,163	2,146
2023年	23.2	16.0	20.3	11,919	2,776
2024年	25.8	17.3	23.5	12,646	3,268

(注)各3月期

同社の営業利益率とＲＯＥ、外国人持ち株比率の推移を一覧表にしたのが前ページの表だ。２０１８年３月期の営業利益率はもともと16・９％と高水準だったが、その後、目立って低下したことは一度もなく、２０２４年３月期には25・８％まで上昇。ＲＯＥもコロナ禍の一時期を除けばほぼ一貫して右肩上がりを続け、２０２４年３月期には17・３％まで上昇している。外国人持ち株比率も14％から２０２４年３月末23・５％に上昇し、スタンダードに上場する約１６００社中69番目に高い。足元株価はほかの自動車関連銘柄同様に冴えないが、２０１８年初から２０２４年３月にかけては４倍に上昇した。

表には１人当たり売上高と１人当たり営業利益の推移も加えてある。**効率性を示すこれらの数字も年々上昇しており、投資ビギナーにはむしろこのほうが好調ぶりを肌感覚で理解できるかもしれない**。会社四季報オンラインを使えばこうした指標も自分で計算しないで見ることができる。ＲＯＥや外国人持ち株比率は、次の章で詳しく説明していこう。

コラム

ＩＦＲＳの一大トレンド

上場企業で用いられている会計基準には、日本会計基準を中心に米国会計基準（ＳＥＣ基準）、国際財務報告基準（ＩＦＲＳ）の３種類がある。中でも最近増えているのがＩＦＲＳで、日本取引所グループによると2024年9月末時点の適用済み会社数は276社、適用を決定している会社5社を含めると合計で281社にのぼる。

会社四季報では日本会計基準を採る会社には決算期の前に「連」「単」、SEC基準は「◎」、IFRSは「◇」のマークをつけて区別している。

IFRSはInternational Financial Reporting Standardsの略称。ロンドンを拠点とする民間団体である国際会計基準審議会が設定した、グローバルスタンダードとなっている会計基準だ。2005年にはEU（欧州連合）域内の上場企業に適用義務化されたほか、世界100以上の国で採用されているが、主要な資本主義国では日本と米国だけが導入していなかった。

日本でIFRSの任意適用が始まったのは2010年3月期からで、第1号は電波の送受信に欠かせない水晶デバイスで世界大手の日本電波工業（6779）だった。これを追って翌年にHOYA（7741）、住友商事（8053）、日本板硝子（5202）、JT（2914）などが続いた。

日本電波工業は海外向けアニュアルレポートではそれよりずっと前の2002年からIFRS適用の財務諸表を掲載していた。背景にあったのは、当時500億円弱あった売上高のうち56％を占めた海外比率の高さだ。1984年にはロンドンで資金調達するなど海外投資家向けIRにも積極的だったようだ。海外売上比率は2023年3月期には84％に達し、連結子会社も12社のうち10社が海外子会社だ。同様に2023年3月期のHOYAの海外比率は76％、住友商事64％、日本板硝子83％、JT76％など、海外売上比率の高い会社を中心に適用が始まったが、のれんを定期償却しなくて済むことから、最近ではM＆Aに積極的な企業間でも採用が進んでいる。

▼原則主義がポイント

IFRSの最大の特徴は「原則主義」であること。日本基準は「細則主義」で会計基準や解釈指針、実務指針などが細かく規定されているのに対し、原則主義では解釈指針のほかは詳細な規定や数値基準がほとんど示されず、その分、自由度が高くなる。結果、営業利益の意味する内容が企業によって違うことがあり（そもそも営業損益の表示自体が義務ではない）、企業を横比較できないのが難

日本会計基準からIFRSへの組み替え例（損益計算書）

日本会計基準
売上高
売上原価
販売費および一般管理費
営業利益
受取利息・受取配当金
その他営業外収益
支払い利息
その他営業外費用
持分法投資損益
経常利益
特別利益
特別損失
税金等調整前当期純利益
法人税等合計
当期純利益
非支配株主に帰属する当期純利益
親会社株主に帰属する当期純利益

IFRS
売上収益
売上原価
販売費及び一般管理費
その他収益
その他費用
営業利益
＊日本基準の営業利益とは構成内容が異なる
金融収益
金融費用
持分法投資損益
税引前利益
法人所得税費用
当期利益
親会社の所有者
被支配持ち分

点だ。

経常利益や特別損失の概念もなく、日本基準では営業外損益に計上される「その他営業外損益」や土地売却益などの「特別損益」も営業利益に反映される。そのため会社四季報では経常利益の代わりに「税前利益」（税引前当期純利益）を掲載している。

ちなみに会社四季報では会計方式を変更すると、Dブロックの【指標等】に掲載されている最高純益が〝リセット〟されるので注意が必要だ。

スマホやPCなどに不可欠な積層セラミックコンデンサー（MLCC）で世界トップの電子部品メーカー、村田製作所（6981）の例で見てみよう。会社四季報2024年夏号では、【最高純益】

会計方式変更後の「最高純益」に注意

6981
(株)村《むら》田《た》製《せい》作《さく》所《しょ》
【決算】3月【設立】1950.12【上場】1963.3

【特色】電子部品大手。世界首位の積層セラミックコンデンサー(MLCC)が柱。海外売上が大半
【連結事業】コンポーネント57(25)、デバイス・モジュール42(▲2)、他1(▲9)【海外】92〈24・3〉

【反　発】柱のMLCCは電装化進む車載向け拡大。スマホ用も在庫調整終え操業度上がり採算良化。データセンター向け部品はAI関連伸長。電池減損が大幅減。値下げ圧力、人件費増こなし営業益反発。増配。

【2次電池】赤字のリチウムイオン2次電池で前期減損495億円。生産プロセス改善で25年度に黒字化目指す。4400万株、800億円上限に10月末まで自己株買い。

【株主】㊥122,297名〈24.3〉 万株
日本マスター信託口 31,303(15.4)
自社(自己株口) 13,820(6.8)
日本カストディ信託口 13,308(6.5)
日本生命保険 4,968(2.4)
京都銀行 4,734(2.3)
明治安田生命保険 4,716(2.3)
SSBTC・クライアント・オムニバス・アカウント 4,555(2.2)
ステートストリートBウエストトリーティ505234 3,383(1.6)
バンク・オブ・ニューヨーク・メロン140042 2,598(1.2)
みずほ銀行 2,489(1.2)
<外国>38.9% <浮動株> 4.2%
<投信>12.1% <特定株>43.0%
【役員】㈳中島規巨 ㈹岩坪浩 ㈹南出雅範 泉谷寛 村田崇基 安田結子* ⇨巻末
【連結】福井村田製作所, 出雲村田製作所, 金沢村田製作所

【株式】6/30 2,027,442千株
単位 100株 貸借
時価総額 60,549億円 225
【財務】<◊24.3> 百万円
総資産 3,037,895
自己資本 2,556,147
自己資本比率 84.1%
資本金 69,444
利益剰余金 2,332,018
有利子負債 52,836
【指標等】 <◊24.3>
ROE 7.4% 予9.2%
ROA 6.0% 予7.7%
調整1株益 —円
最高純益(24.3) 180,838
設備投資 2,195億 予1,900億
減価償却 1,758億 予1,720億
研究開発 1,325億 予1,460億
【キャッシュフロー】 億円
営業CF 4,896(2,762)
投資CF ▲2,015(▲1,578)
財務CF ▲1,653(▲1,737)
現金同等物 6,220(4,694)

年月	【資本異動】	万株
17. 7	現物出資	22,527
17.10	交換	22,527
19. 4	分1→3	67,581
23.10	分1→3	202,744
24.11	消却	194,661

東証P	高値	安値
63~22	25610(99)	56(65)
23	8736(8)	2461(10)
24.1~5	3141(2)	2654.5(4)

	高値	安値	出来万株
24. 3	3046	2786	10,617
4	2936	2654.5	10,999
#5	3009	2719	9,202

【外国人持株】+2.2pt(▲0.8pt)
前年 36.7%(5年前 39.7%)
【会社業績修正】上方3 下方2
経常益÷期初会社予想 1.0倍
【業種】電子部品・産業用電子機器
時価総額順位 2/232社
【比較会社】6762 TDK, 6976 太陽誘電

【業績】(百万円)	売上高	営業利益	税前利益	純利益	1株益(円)	1株配(円)
◦20. 3*	1,534,045	253,247	254,032	183,012	95.4	32.3
◦21. 3*	1,630,193	313,240	316,417	237,057	123.5	38.3
◦22. 3*	1,812,521	424,060	432,702	314,124	163.7	43.3
◦23. 3*	1,686,796	297,887	314,895	253,690	133.8	50
◊24. 3*	1,640,158	215,447	239,404	180,838	95.7	52
◊25. 3予	1,700,000	300,000	313,000	235,000	124.4	54
◊26. 3予	1,750,000	320,000	330,000	248,000	131.3	54~60
◊23.4~9*	810,350	138,922	161,224	125,153	66.3	25
◊24.4~9予	852,000	154,000	160,000	120,000	63.5	27
会25. 3予	1,700,000	300,000	313,000	235,000	(24.4.26発表)	

【配当】	配当金(円)
22. 3	70
22. 9	75
23. 3	75
23. 9	75
24. 3	27
24. 9予	27
25. 3予	27

予想配当利回り 1.81%
1株純資産(円)<◊24. 3> 1,353 (—)

【本社】617-8555京都府長岡京市東神足1-10-1 ☎075-951-9111
【支社】東京
【事業所】八日市, 野洲, 横浜, 長岡
【従業員】<24.3>連73,165名 単10,401名(39.9歳)年760万円
【証券】上東京P, SIN 幹(主)野村(副)みずほ, 日興 名みずほ信 監トーマツ
【銀行】三井住友, みずほ, 滋賀, 京都
【仕入先】—
【販売先】—

●村田製作所（6981）2024年3集夏号

（24・3）1808838とある。2024年3月期に1808億3800万円を記録したという意味だ。一方、【業績】欄には、その2期前の2022年3月期に3141億2400万円というより大きな数字があるので「おや？」と思うかもしれない。これは2024年3月期に会計処理を米国SEC方式からIFRS方式に変えたことでリセットされてしまったためである。

2024年2集に掲載されている電子部品大手、TDK（6762）も最高益欄に「最高純益（22・3）131298」（2022年3月期の1312億9800万円）とあるが、業績表の同年の純利益は「183632」とあり矛盾している。これも簡単に言えば、従来の方式である米国会計基準からIFRSに変更されたのが期中だったため、混乱を避けるために行った措置。業績表の数字は従来の米国方式による数字、最高益欄にあるのはIFRS方式による数字だ。

中には婦人下着のトップメーカー、ワコールホールディングス（3591）のように、会計方式を変更した年にたまたま赤字となってしまい、最高純益欄に「最高純益（23・3）▲1776」と赤字が記入されている目を疑うような例もあるので、あれっと思ったら会社四季報バックナンバーをめくりかえし決算方式を変更していないかチェックしてほしい。

第8章

外国人投資家が好きな株・嫌いな株

重要度増す外国人投資家の動向

日本市場では近年、外国人投資家の存在感がますます高まっている。日本株全体における外国人投資家の持ち株（保有）比率は2023年度（2024年3月末）で31・5％、4年連続30％超えとなっている。

取引所で日々取引されている売買代金ベースでは約7割のボリュームを占めており、**〝東京〟株式市場といっても、実際の相場を動かしているのは外国人投資家である**。

中東産油国のオイルマネーは有名だが、ほかにも短期資金を動かすヘッジファンド、巨額のマネーを長期運用する政府系ファンド（SWF）など顔ぶれは多彩だ。

外国人投資家と聞くと、ついウォールストリートを舞台にした米国人投資家を連想しがちだが、実際には欧州の投資家が圧倒的なシェアを握る。日本取引所グループは海外投資家の日本株売買状況について調べているが、**2023年の地域別売買シェア（金額ベース）は欧州勢が76％を占め、アジア勢が16％、北米の投資家はわずか7％にすぎない**。

調査対象となっているのは資本金が30億円以上の取引参加者、つまり外資系の証券会社である。海外投資家の売買データは海外の証券会社を通じて執行された売買の数字であって、実際の資金の出し手まではわからない。オイルマネーも欧州系証券会社を通じて売買しているとされる。

ちなみに、個人投資家の東証プライム市場での売買代金シェア（2023年）は23％にすぎないが、スタンダード市場だと51％、グロース市場では56％と主役級の存在となっている。

持ち株比率の変化が大事

会社四季報をめくると、あちこちの株主欄に「ノルウェー政府」の名が登場する。これは北海油田から得られる石油や天然ガスの資源収入を元手に約225兆円（2023年末）の資金を運用する世界最大の政府系ファンド「ノルウェー政府年金基金グローバル」のことだ。およそ300社の大株主に顔を出すので、どの銘柄でどんな特徴があるのか調べてみると勉強になるだろう。

会社四季報2024年春号時点での保有時価総額トップスリーは日立製作所（6501）、キーエンス（6861）、信越化学工業（4063）。保有比率では産業・家庭用ガス専門商社の岩谷産業（8088）、マーケティング調査会社のマクロミル（3978）、それと非飲料系プラスチック容器の成形機市場で世界トップ級の日精エー・エス・ビー機械（6284）がトップスリーである。

海外勢の投じる資金は巨額なだけに株価への影響は絶大だ。2020年には、世界的な投資家として知られるウォーレン・バフェット氏が自らの誕生日である8月30日に、日本の5大商社（伊藤忠商事〈8001〉、三菱商事〈8058〉、三井物産〈8031〉、住友商事〈8053〉、丸紅〈8002〉）の株式をそれぞれ5％程度取得したと発表、その後も最大9・9％まで買い増す意向を表明して市場をにぎわせた。市場参加者たちは次のターゲットに先回りして株価上昇にあやかろうとあれこれ分析を始めたものだ。

バフェット氏の話はひとまず置くとして、**海外勢の視線の先にある銘柄を早めに察知するには、外国人持ち株比率の高さではなく、持ち株比率が増えているか減っているかの「変化の度合い」に注目したい**。

スシローの大商いに海外勢あり

海外勢の売買が株価を先導した事例として、FOOD & LIFE COMPANIES(3563、旧スシローグローバルホールディングス)を紹介しよう。「スシロー」をはじめとして「回転寿司みさき」やテイクアウト専門の「京樽」など合計1124店舗(2024年3月末)を擁する回転すし業界のトップ企業だ。

会社四季報ではCブロックの【株主】欄に、発行済み総株式数に占める外国人投資家の持ち株数の比率を記載している。東洋経済が上場企業に年2回アンケート調査を実施し、回答を得た企業について掲載しているものだ。

会社四季報のバックナンバーをめくってF&LCの外国人持ち株比率を追いかけると、2019年新春号の24・5%を起点に、30・5%(2019年夏号)→45・3%(2020年新春号)→49・1%(2020年夏号)→54・1%(2021年新春号)→57・5%(2021年夏号)と、2年で倍増していることがわかる。

株価を月足チャートで見ると、2020年5月から明快な上昇トレンドに突入している。実はこのタイミングで、当時の筆頭株主で一時は32・7%を握っていたコメ卸の神明ホールディングスが、傘下の元気寿司（現・Genki Global Dining Concepts〈9828〉）とスシローグローバルの経営統合を断念し、スシロー株を全株売却している。**つまり売り圧力がなくなるや、今度は外国人の買いが一気に株価を押し上げていく形になったと考えられる**。

しかし、残念ながら株価は2022年初から下降トレンドに転換した。コロナ影響の余波と、円安による食材価格の上昇、「おとり広告」による客離れで業績が急激に悪化したためだ。同年6月9日に、キャンペーン対象商品が早々に品切れしたにもかかわらず、テレビCMを継続したことがおとり広告に当たると判断され、消費者庁から景品表示法違反の措置命令を受けている。外国人投資家はコンプライアンス違反を何より嫌う。株価が2021年4月高値から6割安となった2022年9月末の外国人持ち株比率は39・3%まで減っていた。

ただ、株価はこの9月安値2060円を底に反転上昇し、業績回復期待とともに翌2023年2月には3710円まで戻している。会社四季報2023年3月夏号を見ると2023年3月末

「誰が所有し、経営を任されているか」がわかるCブロック

【株主】㊥64,788名〈23.3〉 万株
日本マスター信託口 1,721(14.8)
BNYメロンGCMクライアントM・ILMFE 576(4.9)
MSIPクライアントセキュリティーズ 490(4.2)
全国農業協同連合会 374(3.2)
RBC・ISB・DUBノンレジT・UCITSMIG 318(2.7)
日本カストディ信託口 309(2.6)
MSCOカスタマーセキュリティーズ 299(2.5)
JPMSE・Lux・UBS(ロンドン)ブランチEC 298(2.5)
ノルウェー政府 188(1.6)
サントリー 166(1.4)
〈外国〉51.4% 〈浮動株〉18.0%
〈投信〉 8.3% 〈特定株〉41.3%
【役員】㈳水留浩一 ㈹近藤章* 三宅峰三郎* 蟹瀬令子* 佐藤光紀* ㈹監納塚善宏* 平真美* 大村恵実*
【連結】あきんどスシロー

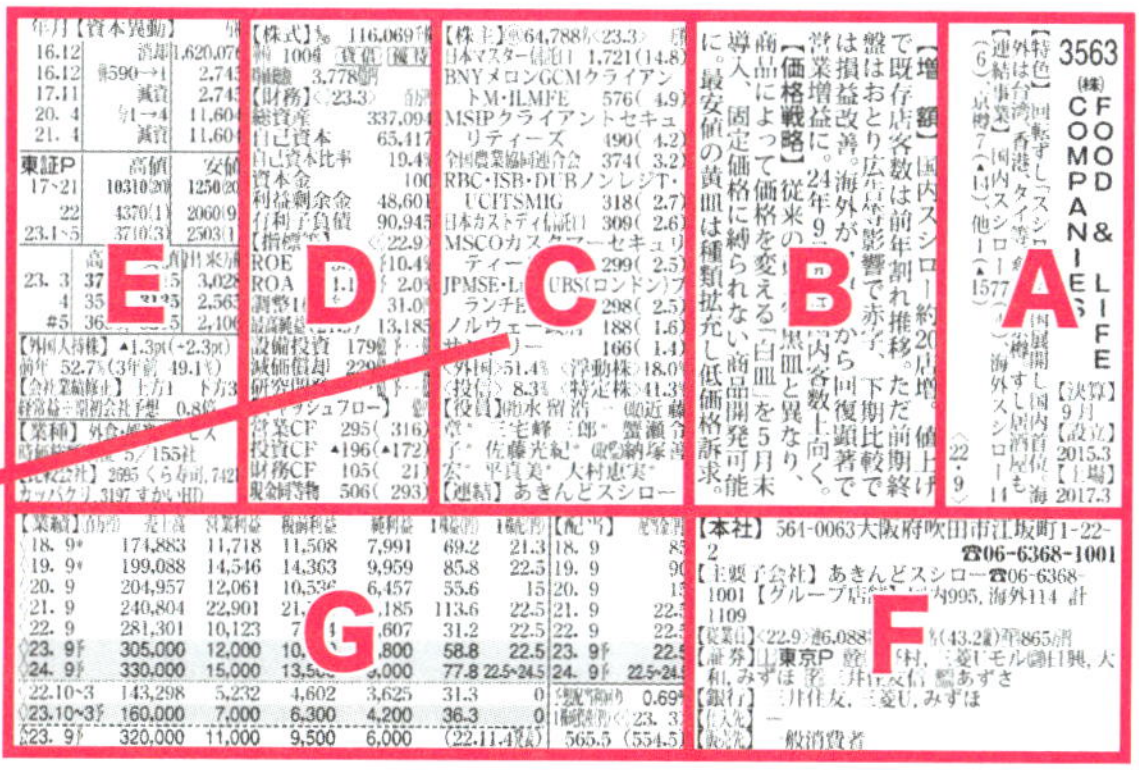

●FOOD & LIFE COMPANIES（3563）2023年3集夏号

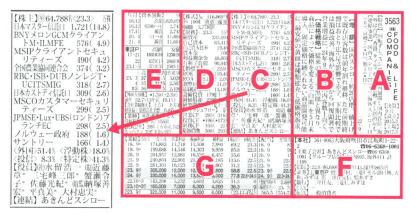

には外国人持ち株比率も51・4％まで回復し、先ほどのノルウェー政府も大株主ににわかに顔を出すなど、**やはりここでも海外勢が株価を先導したことが見て取れる**。

海外投資家はどんな銘柄が好き？

2024年2月22日、日経平均株価は1989年の大納会でつけた史上最高値の3万8915円を34年ぶりに更新した。3月4日にはさらに値を伸ばし、日経平均史上初めて4万円に乗せた。この原動力となったのが外国人の日本株買いだ。

では、この間に海外勢はどの銘柄を買ったのか。そのヒントを探るべく、**会社四季報2024年夏号でのアンケート調査をもとに、外国人投資家の保有比率が1年前と比べ増えた銘柄をランキングしたのが次ページの表だ**。対象は時価総額500億円以上（2024年7月7日時点）かつ外国人持ち株比率20％以上で、前期・今期とも赤字の会社は除いた。

1位は医療用不織布で首位のホギメディカル（3593）。手術に必要な消耗品を一括提供するプレミアムキットが収益柱で、2024年3月期の営業利益41億6900万円は2000年以降では最低水準だ。もっともこれは筑波工場2期工事の償却がピークだったことが主因で、キャッシュフローを見るとかなり潤沢に稼いでいることがわかる。**この局面を外国人はコツコツと買っていた**。実際、株価は2024年初からの上昇で2020年来の上値抵抗3700円を突破し、5000円を目指す足取りを見せている。四半期配当も同社の特徴だ。

外国人投資家の保有比率が1年前と比べ増えた銘柄ランキング

順位	証券コード	社名	決算期	1年前比	5年前比	直近外国人比率（%）	予想ROE（%）
1	3593	ホギメディカル	連24.3	14.0	10.4	49.2	3.8
2	4044	セントラル硝子	連24.3	12.3	−4.5	26.1	8.7
3	6632	JVCKW	◇24.3	11.6	6.1	42.7	10.9
4	5930	文化シヤッター	連24.3	11.4	9.8	33.6	11.3
5	7732	トプコン	連24.3	11.3	9	55.2	8.8
6	2501	サッポロHLD	◇23.12	9.7	11	25.5	5.3
7	6701	NEC	◇24.3	9.6	8.2	46.7	7.9
8	4212	積水樹脂	連24.3	9.2	9.1	33.7	5.0
〃	6417	SANKYO	連24.3	9.2	11.6	35.8	16.8
10	4536	参天製薬	◇24.3	9.0	3.5	50.3	10.9
11	4403	日油	連24.3	8.8	11.9	36.4	13.0
〃	6871	日本マイクロニ	連23.12	8.8	—	25.5	18.2
13	9616	共立メンテ	連24.3	8.7	3.8	28	14.4
14	6674	GSユアサC	連24.3	8.6	12.1	29.9	7.9
15	5631	日本製鋼所	連24.3	8.1	5	30.5	8.8
16	7735	スクリーンHD	連24.3	8.0	13.2	31.4	19.4
17	6804	ホシデン	連24.3	7.6	10.7	30.4	4.7
18	8086	ニプロ	連24.3	7.5	7.2	21.9	6.8
19	4901	富士フイルムH	◎24.3	7.4	13.6	43	7.6
〃	6723	ルネサスエレク	◇23.12	7.4	10.9	47	13.6
21	7011	三菱重工業	◇24.3	7.2	10.4	37.9	10.2
22	8098	稲畑産業	連24.3	7.1	−1.2	25.3	8.5
23	1801	大成建設	連24.3	7.0	5.3	37.6	7.0
〃	5011	ニチレキ	連24.3	7.0	8.6	24.4	6.1
〃	5703	日本軽金属HD	連24.3	7.0	−1.3	23.1	5.9
〃	5805	SWCC	連24.3	7.0	4.1	35.1	11.9
〃	9021	西日本旅客鉄道	連24.3	7.0	2.8	33.7	9.0
28	6315	TOWA	連24.3	6.9	5.7	25.2	15.1
29	2502	アサヒGHD	◇23.12	6.7	12.9	42.1	7.5
〃	4109	ステラケミファ	連24.3	6.7	5	25.5	5.9

（注）対象は時価総額500億円以上（24年7月7日終値）、外国人持ち株比率20%以上、前期・今期とも赤字の会社は除く。連＝連結決算（日本基準）、◇＝国際会計基準、◎＝IFRS

3位のＪＶＣケンウッドは、ＶＨＳを生み出したＡＶ機器の老舗・日本ビクター（ＪＶＣ）と音響機器中堅のケンウッドが２００８年に統合して発足した会社で、両社とも手がけていたカーナビやカーオーディオを主力事業とする。かつては２００円台の低位株だったこともあり、個人投資家にはおなじみの銘柄だ。足元の成長エンジンは米国向けが中心の無線機器であり、外国人株主が40％を超え、会社四季報２０２４年新春号からはノルウェー政府も大株主に顔を出す。

7位には防衛管制システム、指揮統制システムなどを手がけるＮＥＣ（６７０１）、21位にはわが国防衛産業の頂点に立つ三菱重工業（７０１１）がランクインしている。世界の分断や地政学リスクを背景に、国は２０２３〜２０２７年度までの防衛費の総額を前計画比１・６倍、ＧＤＰ比で２％規模の43兆円とする新たな「防衛力整備計画」を策定した。外国人投資家もこのテーマに前のめりになった様子がうかがえる。

ファストリ株の不思議

外国人持ち株比率の話が出たついでに、会社四季報Ｃブロック【株主】欄のほかの項目についても説明しておこう。先頭行にあるのは株主数で、カッコ内の数値がいつの時点（年月）のものかを示している。**株主数それ自体が投資の役に立つことはあまりないが、意外な事実に気づくケースもある**。

例えばファーストリテイリング（９９８３）。日々の市況解説では必ずといってよいほど名前の登場する超有名銘柄だ。第1章でも少し触れたが、同社の２０２４年2月末時点の株主数は８５０６人と、同業他社や時価総額が近い会社と比べても非常に少ない。

ファストリは8月期決算のため、毎年12月に発売される会社四季報新春号と6月発売の夏号で株主数がアップデートされるが、実は1万人を超えたのは2018年新春号から春号にかけての半期と、2024年新春号からの半期だけで、それ以外は4000〜7000人台で推移してきた。

理由はどうも株価の高さにありそうだ。**会社四季報の【株価指標】欄に記載された「最低購入額」はなんと463万6000円であり、おいそれと買える額ではない**。新NISAの成長投資枠で株を買うときの年間上限枠は240万円だから、ファストリ株はもちろん買えない。2023年3月に株式を3分割してもこの値段だ。株価ピーク時は1000万円以上必要だったこともある。ユニクロの商品なら気軽に買えるのに、ファストリ株は個人投資家には依然として高嶺の花なのだ。

株式分割とは、すでに発行している1株を複数の株式に分けることをいい、会社四季報ではEブロックの【資本異動】欄に記録されている。会社の価値は変わらないが、株式総数が増えた分だけ株価は安くなる。このため、株式分割を発表すると個人の間で人気化するとの思惑から、株価が上昇するのが一般的だ。

25分割で庶民化したNTT株

ところがファストリの場合、分割翌日(2022年12月16日)の株価は逆に下落した。たった3分割では分割実施後でも購入には最低でも280万円程度が必要だということに、市場では失望感が広がったようだ。

３００年前の英国では株式を所有することは一種の特権のように思われていたらしい。１６９３年当時、東インド会社の株主になれたのはたった４９９人だったというが、ファストリ株はこの話を想起させる。

それでもファストリの株価動向が日々取り沙汰されるのは、日本を代表する株価指数である日経平均株価が、構成銘柄の単純平均をもとに算出されることと関係がある。単純平均なので値ガサ株の影響を受けやすく、とくに日経平均先物が先行する形で現物株が上昇する場合においては、指数ウェートの高いファストリが話題にならざるをえない。**指数と絡めた取引をする機関投資家を除けば、活発に売買されているわけではない**。

東証では個人投資家が投資しやすい環境を整備するために、望ましい投資単位として50万円未満という水準を明示しており、上場企業の93・3％が50万円未満となっている（２０２４年3月末時点）。

２０２１年初からの上昇で株価が1万円を超え、最低投資額が１００万円超となったトヨタ自動車（７２０３）は、２０２１年10月に30年ぶりに株式を5分割した。２０２３年7月には日本電信電話（ＮＴＴ、９４３２）が、東証の定めた「5万円以上」という当時の下限規定（２０２３年10月撤廃）をあえて破ってまで1株を25株に分割し、個人投資家を驚かせた。大幅分割後には株主数が１４１万人と2倍に激増し、最低1万円台で買えるようになったＮＴＴ株は、連日のように出来高ランキングのトップに顔を出す銘柄に変貌している。

大株主の顔ぶれに注意

【株主】欄に戻ろう。株主数の下には、上位10位までの大株主の名前がずらりと並ぶ。ここでは、会社の創業者や代表権を持つ社長や会長がどのくらいの割合の株式を持っているかをチェックしておきたい。**オーナー企業に対してはいろいろな見方があるが、会社の経営と将来にしっかりと責任を持ち、トップダウンで迅速に経営判断ができるように思う。**3カ月前の会社四季報に「○△×社と業務提携」とあったのに、次の号でさっそく「提携解消」とあるのを見たりすると、スピード感に驚かされる。

転職サイト「type」を柱にIT人材の派遣事業を手がけるキャリアデザインセンター（2410）の2024年新春号【根こそぎ】IT派遣事業は管理職級を総入れ替えしテコ入れ」もその一例だ。

一方でオーナー企業は、業績が悪化すると独善的なワンマン経営に陥りやすいリスクもある。**筆頭株主のオーナーが50％超を握っている場合はとくに注意したい。**

【株主】欄には、外国人投資家に次いで注目すべき第2の存在である機関投資家についての情報も載っている。機関投資家とは、一般には信託銀行や生命保険会社、損害保険会社、年金基金、投資信託会社など個人から集めた資金を分散投資する大口投資家を指す。簡単にいえば「どんな状況下でも運用しなければならない資金」を預かっている機関である。

中でも国内最大の機関投資家は、国民年金など将来世代のための年金積立金を管理運用する「年金積立金管理運用独立行政法人（GPIF）」で、運用資産額は245兆9815億円（2024年3月末）にも

のぼる。これらを外国債券、国内債券、外国株式、国内株式で4分の1ずつ運用しており、2023年度の運用収益は国内外の株式相場の上昇を追い風に45兆4153億円と過去最大の黒字を記録した。

株主欄にはカストディアンの名前が載る

ほかにもさまざまな年金基金や投資信託が存在するが、ボストン コンサルティング グループの調べでは、2023年末の運用資産残高は推計で日本国内が5・8兆ドル（前年比17％増、約870兆円、1ドル150円で換算）、世界全体では118兆ドル（同12％増、1京7700兆円）もあるというから驚く。

機関投資家は運用業務に専念するため、有価証券の保管・管理や配当金の代理受領などはカストディアンと呼ばれる資産管理銀行に委託している。そのため会社四季報の株主欄にはカストディアンの名前が載り、実際の資金の出し手（機関投資家）の名前がそのまま載ることはまずない。

株主欄に「日本マスター信託口」や「日本カストディ信託口」などとあったら、その裏にいるのが機関投資家だ。日本名か「日本○○信託口」と書かれていたら基本的にそれは日本の機関投資家であり、多くは年金か投資信託の資金だ。同様に「ＪＰモルガンチェース○×」や「バンク・オブ・ニューヨーク△○」など海外金融機関名のときは、その正体は海外の年金基金など海外機関投資家と考えてよいだろう。

海外の著名なカストディアンとしては、バンクオブニューヨークメロン、ＪＰモルガン・チェース・

アンド・カンパニー、シティバンク、エヌ・エイ、ステート・ストリート・バンク・アンド・トラスト・カンパニー、日本では日本マスタートラスト信託銀行（三菱ＵＦＪフィナンシャルグループ系列）、日本カストディ銀行（りそな銀行、三井住友トラストグループ、みずほフィナンシャルグループ系列）がある。

ソニーグループ（６７５８）の大株主欄を見ると、株主数は世界で31万人超を数え、大株主上位は4位の自社（自己株口）を除きすべて機関投資家となっている。ビール類で国内シェアトップのアサヒグループホールディングス（２５０２）はすべて機関投資家だし、意外にも、中京地区を地盤に「コメダ珈琲店」を全国にＦＣ展開するコメダホールディングス（３５４３）も9位の自己株口を除いてすべて機関投資家となっていて、それだけ注目されていることがわかる。

【株主】欄に機関投資家がずらり

【株主】㊫313,830名〈24.3〉 万株
日本マスター信託口
22,315(17.6)
シティバンクフォーデポジタリーRH 10,792(8.5)
日本カストディ信託口
8,307(6.5)
自社(自己株口) 3,978(3.1)
SSB・WT505234 2,661(2.1)
ノルウェー政府 2,377(1.8)
ＳＳＢＴＣ 2,054(1.6)
GIC・プライベート・リミテッドC 1,987(1.5)
JPMC385632 1,866(1.4)
JPMC385781 1,744(1.3)
〈外国〉58.5% 〈浮動株〉 8.1%
〈投信〉12.0% 〈特定株〉46.1%
【取締】㈹吉田憲一郎 十時裕樹 畑中好彦* W.ベッカー* 秋山咲恵* ⇨欄外
【執行】㈹執吉田憲一郎 十時裕樹 ㈨御供俊元 ⇨欄外
【連結】ソニー・アメリカ

●ソニーグループ（6758）
2024年3集夏号

なぜROEはかくも重視されるか

前章で、多くの機関投資家はＲＯＥと営業利益率の改善度合いを重視すると説明した。

ROEとは、株主の投下した資金（資本金や資本剰余金）と過去の利益の蓄積（利益剰余金）の合計で

ROEとは

$$\text{ROE}\ (\%) = \frac{\text{純利益}}{\text{自己資本}} \times 100$$

$$\text{A社}\quad 5\% = \frac{\text{純利益5億円}}{\text{自己資本100億円}}$$

$$\text{B社}\quad 10\% = \frac{\text{純利益5億円}}{\text{自己資本50億円}}$$

B社のほうが効率的な経営をしている

ある自己資本を使ってどれだけ効率的に利益を挙げているかを測るモノサシで、純利益を自己資本で割って計算する（純利益÷自己資本）。

税金などを支払ったあとに残る純利益が同じ5億円のA社とB社があったとしよう。A社の自己資本は100億円、B社は50億円とすると、A社のROEは5％（5億円÷100億円）、B社は10％（5億円÷50億円）となる。このことはA、Bどちらかに投資するとしたらB社のほうが2倍リターンがよいことを意味している。**リターンに厳しい外国人株主がROEを重視するのは当然だろう**。

ではこのROE、いくらなら合格といえるのか。

ROE論議の火付け役となったのは「伊藤レポート」と呼ばれる報告書である。一橋大学の伊藤邦雄教授（当時）を中心とした経済産業省のプロジェクトチームが2014年8月にまとめたもので、当時の安倍晋三政権の企業統治はこの伊藤レポートを基軸に進められたといっても過言ではない。この中で「ROE8％」が目標とされた。

伊藤レポートによれば、当時米国の主要企業の平均が22・6％、欧州でも15・0％あったのに対して日本企業は平均5・3％と桁違いの数値に甘んじていた。バブル崩壊後の1990年代と不良債権問題に苦しんだ2000年代のいわゆる「失われた20年」の間に、日本企業は世界市場での売り上げシェアを次々と失ったが、**その根底にあったものこそROEの低さ、稼ぐ力の脆弱さと断じたのだ**。

ISS提言で大騒ぎに

同じ年の2月には、リーマンショックの反省を受けて、金融庁を舞台にスチュワードシップ・コードが制定された。これは生命保険会社や損害保険会社、信託銀行、年金など機関投資家の行動指針を示したもので、株主総会での議決権行使に際し投資先の企業寄りだった彼らの姿勢に対し、「重視すべきは資金提供者（多くの場合、最終的には個人）の中長期的利益である」と規定するなど、投資先企業をガバナンスするよう求めた。

こうした流れを受け、議決権行使助言会社大手の米インスティテューショナル・シェアホルダー・サービシーズ（ISS）が、この年の助言方針の1つにROEを掲げ、「過去5年平均のROEが5％未満かつ改善傾向にない企業については、経営トップの選任（再任）議案に反対を奨励する」とした。**産業界は蜂の巣をつついたような騒ぎとなり、ROEを改善する動きがブームのように活発化した**。

ROEを改善するには、計算式（ROE＝純利益÷自己資本×100）を見てのとおり、**分子である純利益をさらに稼ぐか、自己資本を減らすのが手っ取り早い**。ROEの低い企業は投資先として敬遠され、株価低迷を余儀なくされたこともあって、過去の利益を再投資せず内部留保として貯め込んでいた会社は「株主還元」の名のもとに増配や自己株買いを実施し、分母の自己資本を減らそうという動きが堰を切ったように活発化した。

アマダショック

先陣を切ったのは、金属加工機械の総合メーカーで世界首位級のアマダ（６１１３）だ。２０１４年5月に、稼いだ利益の全額を配当や自己株買いを通じて株主に還元するという前代未聞の方針を発表した。

アマダショックは瞬く間に広がり、株式市場に大きなポジティブサプライズをもたらした。ついには紳士服首位の青山商事（８２１９）のように、なんと稼いだ利益を上回る１３０％の株主還元策を発表する会社も出現した。

実はこの2社にはある共通する理由があった。

ＲＯＥ改革（正確にはコーポレートガバナンス改革だが）のスタートとなったのは２０１３年、東証におけるＪＰＸ日経インデックス４００（ＪＰＸ日経

大胆な株主還元策が当時大きな話題に

6113 (株)アマダホールディングス （旧(株)アマダ 15・4）

【決算】3月 【設立】1948.5 【上場】1961.10

【特色】金属加工機械で国内首位級。特に板金機械はトップ。4月持株会社制に移行。株主還元重視

【連結事業】金属加工機械82(10)、金属工作機械17(10)、他1(38)【海外】55 〈15・3〉

【続 伸】旋盤事業譲渡分が剥落でも、主力の板金加工機は北米やアジアで好調、円安も追い風。国内も受注堅調。工場の製造効率化や人件費削減が進み、営業益続伸。為替差益縮小。事業整理特損消える。増配。

【株主還元】15年度自己株取得枠100億円、2年連続総還元性向100%。16年度以降は配当性向50%、機動的に自己株取得。成長分野のファイバーレーザー加工機強化。

年月	【資本異動】	万株
87. 5	無1：0.07	20,827
00. 4	合併	33,850
02.10	合併	33,874
03.10	合併	40,643
14. 6	消却	38,650

東証	高値	安値
61~13	**2270**(89)	**30**(65)
14	1143(6)	672(3)
15.1~5	1298(5)	988(1)

	高値	安値	出来万株
15. 3	1208	**1098**	4,771
4	1251	1121	3,610
#5	**1298**	1175	2,998

【会社業績修正】上方1 下方0
経常益÷期初会社予想 1.2倍
【格付】―

【業種】産業機械
時価総額順位 9／135社
【比較会社】6503 三菱電機, 6301 コマツ, 6118 アイダ

【株式】4/30 386,502千株
単位 100株 [貸借]
時価総額 4,889億円 [225]

【財務】〈連15.3〉	百万円
総資産	573,537
自己資本	423,319
自己資本比率	73.8%
資本金	54,768
利益剰余金	208,449
有利子負債	38,790

【指標等】	〈連15.3〉	
ROE	4.4%	予5.4%
ROA	3.2%	予4.0%
調整1株益	49.1円	
最高純益(08.3)	28,337	
設備投資	98億	予100億
減価償却	85億	予 85億
研究開発	83億	予 89億

【キャッシュフロー】	億円
営業CF	252(259)
投資CF	▲17(▲76)
財務CF	▲178(23)
現金同等物	963(885)

【株主】単30,185名〈15.3〉	万株
日本トラスティ信託口	4,392(11.3)
日本マスター信託口	2,254(5.8)
BNPパリバ(Lux)J.アバディーン・グローバル	2,020(5.2)
みずほ銀行	1,500(3.8)
自社(自己株口)	1,304(3.3)
公益財団法人天田財団	993(2.5)
資産管理サービス信託銀行信託口	968(2.5)
バンク・オブ・ニューヨーク・メロン140030	637(1.6)
日本生命保険	597(1.5)
ステート・ストリート・バンク&トラスト505217	579(1.4)

〈外国〉46.0% 〈浮動株〉6.9%
〈投信〉8.8% 〈特定株〉39.5%
【役員】(会)岡本満夫 (社)磯部任 (専)阿部敦茂 (取)山本浩司 中村一雄 川下康宏 ⇨巻末
【連結】アマダ・ノース・アメリカ, アマダマシンツール

【業績】(百万円)	売上高	営業利益	経常利益	純利益	1株益(円)	1株配(円)
連11. 3	163,153	4,353	6,757	2,716	7.1	10
連12. 3	185,539	9,148	10,440	4,643	12.2	12
連13. 3	190,018	4,625	9,074	4,126	10.8	12
連14. 3	256,482	16,225	20,680	12,184	31.9	20
連15. 3	286,527	27,694	33,277	18,423	49.2	26
連16. 3予	295,000	34,000	37,000	23,000	61.6	32
連17. 3予	300,000	37,000	40,000	23,000	61.6	32
中14. 9	129,556	9,332	11,509	6,221	16.6	13
中15. 9予	135,000	12,500	14,000	8,500	22.8	16
会16. 3予	295,000	34,000	37,000	23,000	(15.5.13発表)	

【配当】	配当金(円)
13. 3	4
13. 9	7
14. 3	13
14. 9	13
15. 3	13
15. 9予	16
16. 3予	16
予想配当利回り	2.53%
1株純資産(円)〈連15. 3〉	1,134 (1,083)

【本社】259-1196神奈川県伊勢原市石田200 ☎0463-96-1111
【主要子会社】アマダ☎0463-96-1111, アマダエンジニアリング☎0544-54-2111, アマダマシンツール☎0463-96-3351
【従業員】〈15.3〉連8,083名 単2,633名(43.4歳) 年698万円
【証券】上東京 幹みずほ, 野村, 大和, 日興 名三菱U信 監トーマツ【銀行】みずほ, 三井住友, りそな, 常陽, 三菱U信, 三菱U
【仕入先】ファナック, 日立金属
【販売先】日立製作所, 富士電機

●アマダHD（現アマダ、6113）2015年3集夏号

400）の公表だった。東証1部に限らず、当時の市場区分であるマザーズやJASDAQも含め東証に上場する3400社から投資家にとって魅力の高い銘柄400社を選ぶのだが、その選出基準の1つとなったのがROEだった。この選考に両社は漏れたのだ。

アマダは〝日本を代表する225社〟で構成される日経平均採用銘柄でありながらの落選。一方、業界草分けの青山商事にとっては、業界2位のAOKIホールディングス（8214）が採用されるなど、自分より格下とみていた会社が採用された現実に〝恥〟を感じたのだろう。

東証が2023年3月から取り組み始めた「資本コストと株価を意識した経営」は、言い換えれば〝PBR1倍割れ撲滅運動〟であり、ROE革命の総仕上げとなっている感がある。ROEとPERの掛け算で求められるPBRを引き上げるには、ROEを改善することが経営者にとっての命題であり、しかもその水準は年々切り上がっている。5大商社で唯一PBR1倍の壁に跳ね返されていた住友商事（8053）は、2027年

Dブロックで安全性と収益性をチェック

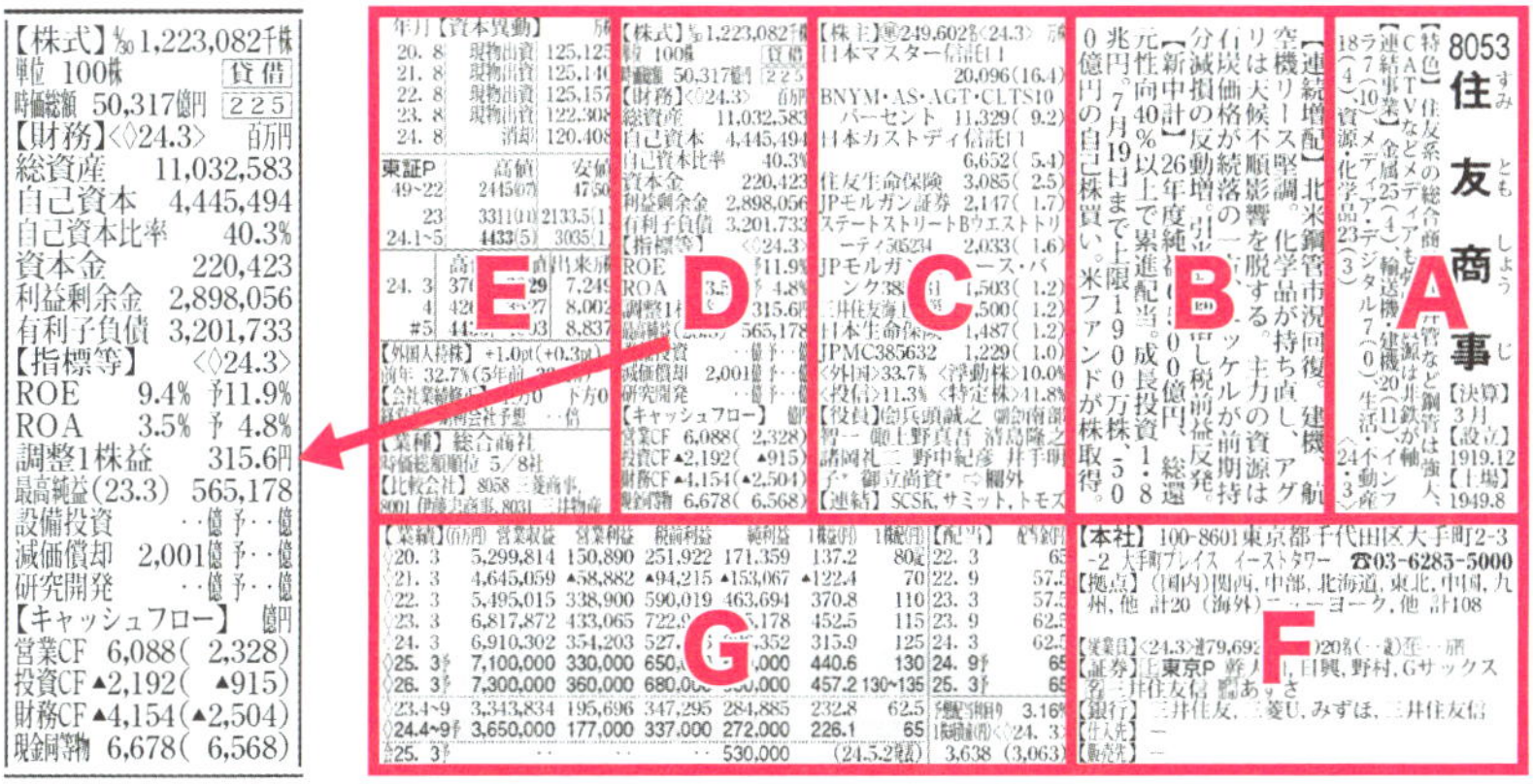

●住友商事（8053）2024年3集夏号

3月期を最終年度とする中期経営計画に「ＲＯＥ12％」を盛り込んだほどだ。**銘柄物色の際には高ＲＯＥの会社だけでなく、ＲＯＥがなお見劣りする会社やＲＯＥが再び低下傾向にある会社も、増配や自己株買いが期待できる銘柄としてマークしておきたい**。ＲＯＥは会社四季報Ｄブロックの【指標等】欄に掲載されている。

ＲＯＡと自己資本比率で真実を見抜く

【指標等】欄にはＲＯＥと並んでＲＯＡ（Return On Assets、総資産利益率）という指標も掲載されている。ＲＯＡは純利益を総資産で割ったものだ（純利益÷総資産）。ＲＯＥは分母が返済の必要のない自己資本なのに対し、ＲＯＡの分母は自己資本に負債を加えた点が大きく異なる。**ＲＯＡは業種による違いはあるものの、一般に5％以上あれば合格とされる**。

会社の中にはＲＯＥではなくＲＯＡを重視するところも少なくない。なぜＲＯＥではないのか。実はＲＯＥは、利益を挙げなくても自己資本を減らせば結果的によい数字になってしまう。配当や自己株買いで自己資本を減らし続けていくと、総資産に占める自己資本の割合がどんどん減り、いずれ財務的な危険水域に突入する。そういった〝欠点〟のある指標を掲げたくないということが1つあるのだろう。

総資産に占める自己資本の割合を自己資本比率といい、高いほど財務的には安全とされる。この数字も会社四季報Ｄブロックにある。教科書的にいえば50％以上なら良好、最低でも30％以上は必要、20％以下は危険水域とされるが、投資対象として見る場合には、そう神経質になる必要はないというのが経験則だ。

業績不振が原因で自己資本比率が10％を切ってくると、債務超過といって、負債が総資産を上回る状態が危惧され始める。債務超過とは、自己資本がマイナスとなり、すべての資産を売り払っても負債を返済できない状態をいう。会社四季報では自己資本に「▲」がつく。**こうなると、上場廃止猶予期間入りする可能性を警戒しなければならないが、あとでお話しするキャッシュフロー（CF）が黒字であればそう気にする必要はないだろう**。

ROEとROAの合わせワザ

やや小難しい話になるが、**純利益÷自己資本で求められるROEを分解すると、売上高純利益率（純利益÷売上高）、総資産回転率（売上高÷総資産）、財務レバレッジ（総資産÷自己資本）の掛け算になる**。

財務レバレッジのレバレッジとは英語でテコを意味する単語で、負債の活用度合いを測る指標だ。総資産が3000億円で、うち借金や社債といった他人資本が2000億円＋自己資本が1000億円という会社なら財務レバレッジは3倍、全部が自己資本なら1倍となる。

一方、純利益÷総資産で求められるROAは、売上高純利益率（純利益÷売上高）、総資産回転率（売上高÷総資産）に分けられる。

つまり、ROEとROAの違いは実に単純で、最後に財務レバレッジを掛け合わせるかどうかだけの差なのだ。

ROEとROAを比較してみると……

$$\text{ROE} = \frac{\text{純利益}}{\text{自己資本}}$$

$$\frac{\text{純利益}}{\text{売上高}} \times \frac{\text{売上高}}{\text{総資産}} \times \frac{\text{総資産}}{\text{自己資本}}$$

売上高純利益率　総資産回転率　財務レバレッジ

負債が多いほど財務レバレッジの数字が大きくなる
（例）
・総資産3000億円、負債2000億円、自己資本1000億円なら
3000÷1000で3倍
・総資産3000億円、負債ゼロ、自己資本3000億円なら
3000÷3000で１倍

$$\text{ROA} = \frac{\text{純利益}}{\text{総資産}}$$

$$\frac{\text{純利益}}{\text{売上高}} \times \frac{\text{売上高}}{\text{総資産}}$$

売上高純利益率　総資産回転率

ROAと自己資本比率の関係

$$\text{ROA} = \frac{\text{純利益}}{\text{総資産}}$$

$$\frac{\text{純利益}}{\text{売上高}} \times \frac{\text{売上高}}{\text{総資産}} \times \frac{\text{総資産}}{\text{自己資本}} \times \frac{\text{自己資本}}{\text{総資産}}$$

売上高純利益率　総資産回転率　財務レバレッジ　自己資本比率

ROE

財務レバレッジという一種の金融テクニックに頼ってＲＯＥを〝お化粧〟するのはいかがなものか、という考え方もあるだろう。先ほどお話しした、ＲＯＥよりＲＯＡを重視する会社のある財務責任者は、「テクニックの入る余地がないＲＯＡのほうが実際の経営の肌感覚に近い」という。資本が厚く財務体質が健全なら、仮にＲＯＥを上げる必要に迫られても、あとからいくらでも配当や自己株買いで数字をつくれるということなのかもしれない。

少し経営者目線の話になってしまったが、投資家である会社四季報読者にとってもこの分解式は十分役に立つ。具体的には、お目当ての銘柄がＲＯＥの異常に高い会社だった場合、【指標等】欄にあるＲＯＡと、5行ほど上にある自己資本比率をちらりと併せ見ることをおすすめしたい。というのは、先ほどの式を変形させると「ＲＯＡ＝ＲＯＥ×自己資本比率（＝財務レバレッジの逆数）」という関係式が成り立つからだ。

わかりやすくいうと、ＲＯＥが高い会社で自己資本比率が高ければＲＯＡもそこそこ高くなるが、自己資本比率が低いとＲＯＡは低くなるという関係にある。つまり、ＲＯＥの高さは真に収益力があってのことなのか、自己資本が薄く財務レバレッジが利いているだけの、いわば見かけ倒しのＲＯＥなのかが瞬時で判断できるのだ。

半導体製造装置で世界4位の東京エレクトロン（８０３５）の会社四季報２０２４年夏号を見ると、ＲＯＥは21・8％にも達し、自己資本比率も71・1％と厚い。結果、ＲＯＡも14・8％と文句のつけようのない収益体質となっている。

任天堂（7974）も同様にROEは20・1%、自己資本比率82・6%でROAは15・6%と鉄壁の効率性だ。逆にソフトバンクグループ（9984）が4兆9879億円もの過去最高純益をたたき出した2021年3月期を見ると、ROEは61・9%にも達し**（2022年新春号）**、東京エレクトロンや任天堂よりはるか上を行くが、ROAはROEの5分の1以下の10・9%とガクンと下がる。**自己資本比率が危険水域ギリギリの22・8%しかなく、収益力の高さというより財務レバレッジによるマジックであることがわかる。**

ROEはどちらも高いが……

【株式】4/30	471,632千株	
単位 100株		貸借
時価総額	16.8兆円	225
【財務】〈連24.3〉		百万円
総資産	2,456,462	
自己資本	1,746,834	
自己資本比率	71.1%	
資本金	54,961	
利益剰余金	1,480,306	
有利子負債	0	
【指標等】		〈連24.3〉
ROE	21.8%	予25.5%
ROA	14.8%	予18.1%
調整1株益	781.2円	
最高純益(23.3)	471,584	
設備投資	1,218億	予1,700億
減価償却	523億	予 630億
研究開発	2,028億	予2,500億
【キャッシュフロー】		億円
営業CF	4,347	(4,262)
投資CF	▲1,251	(▲417)
財務CF	▲3,250	(▲2,565)
現金同等物	4,616	(4,724)

●東京エレクトロン（8035）
2024年3集夏号

【株式】10/31	1,722,953千株	
単位 100株		貸借
時価総額	11.5兆円	225
【財務】〈◇21.9〉		百万円
総資産	46,220,788	
自己資本	10,548,562	
自己資本比率	22.8%	
資本金	238,772	
利益剰余金	6,642,298	
有利子負債	20,147,159	
【指標等】		〈◇21.3〉
ROE	61.9%	予12.3%
ROA	10.9%	予 2.8%
調整1株益	2,437円	
最高純益(21.3)	4,987,962	
設備投資	8,829億	予‥億
減価償却	8,513億	予‥億
研究開発	1,781億	予‥億
【キャッシュフロー】		億円
営業CF	5,572	(11,178)
投資CF	▲14,685	(▲42,869)
財務CF	21,940	(29,208)
現金同等物	46,627	(33,690)

●ソフトバンクグループ（9984）
2022年1集新春号

第9章

会社四季報「分解術」で大事なことが見えてくる

バラバラにするから見えてくる

会社四季報を活用するに当たってもう1つ、読者の皆さんにぜひ試してほしい重要な作業がある。**年4回発表される決算を3カ月ごとにバラして、前年同期や直前の四半期と比較してみてほしいのだ**。決算短信にも会社四季報にも四半期累計は掲載されているが、累計だけでは株価の動きが理解できなくなってしまうケースが多々ある。

ここで1つ問題をお出ししたい。

会社四季報には通期予想に加え、第2四半期の予想と実績が掲載されている。現在は決算発表シーズンまっただ中の2024年5月で、E社の決算があなたの目にとまったと仮定しよう。新たに始まった今2025年3月期（2024年4月〜2025年3月）の業績予想を見ると、通期の営業利益は50億円、第2四半期（2024年4〜9月、ここでは上期と呼ぶ）は30億円となっている。前2024年3月期実績は通期47億円、上期が22億円だった。はたしてこの銘柄は買いだろうか売りだろうか？

答えは「買うのはちょっと見合わせたい」という感じだろうか。今期の営業利益予想は前期比6・3％増益（50億円÷47億円－1）、上期に限れば36％（＝30億円÷22億円－1）もの大幅増益予想だ。ところが、下期（2024年10月〜2025年3月）だけを抽出してみると、通期50億円－上期30億円＝20億円となり、上期の30億円から急減速してしまう。しかも、前下期との下期同士の比較では、25億円（47億円－22億円）から20億円へと20％もの大幅減益となる計算だ。**足元はよくても半年後には悲惨なこ**

とになっている。

上方修正なのに売られたわけ

次からは実際にあった例だ。

建設機械で国内2位、世界でも3位の日立建機（6305）は、2023年10月26日に、2024年3月期の第2四半期決算（IFRS）と併せて通期業績予想の上方修正を発表した。同社の海外売上高比率は8割と高く、海外での影響を受けやすい。今期は北米でのインフラ投資の需要が強く、値上げが浸透したことで資材高を吸収できたうえに為替の円安も追い風となり、上期の営業利益は約823億円と前年同期に比べ58％もの大幅増益を記録した。

これを受けて、通期の営業利益を従来の1400億円（前期比3・2％増）から1600億円（前期比18％増）に上方修正し、最高益更新にも拍車がかかることになった。

額面どおりに受け取れば、この株に飛びついてしまうところである。ところが翌日の株価は下落となった。売り気配で取引がスタートしたあと、前日比5％安となって値がつき、一時は6・5％安まで売られてしまったのだ。

なぜこんなことになったのか。これは、先ほどのE社と同じく下期（9月～翌3月）に急減速が予想されたためだ。

従来予想と修正後の業績予想をまとめたのが次ページの上段の表だ。やはり、売られる理由はなさそうに見える。各利益とも14％から20％近い上振れだ。

次に、上期（4〜9月）の実績（③）と、修正後通期予想から上期分を差し引いた下期（10〜翌3月）の業績見通し（④）、および前年の下期実績（⑤）を並べてみる（下段）。するとどうだろう。③と④を比べると、上期に絶好調だった利益が下期に減速することがわかる（A）。さらに④と⑤で下期同士を比較してみると（B）、売上高と本業の儲けを示す営業利益がともに減る「減収減益」予想となっているではないか。

株式市場が重視するのは過去の数字ではなく足元のモメンタム（勢い）と将来予想である。その勢いがはっきりと削がれているのがわかる。

ここにあげた数字のうち、④と⑤は会社四季報や決算短信のどこを探しても出てこない。〝ト

日立建機（6305）の通期業績予想の変化

2024年3月期第2四半期決算発表

（億円）

	売上高	営業利益	税前利益	当期利益
前回予想（①）	13,000	1,400	1,310	820
修正予想（②）	13,600	1,600	1,510	980

日立建機（6305）の業績を分解してみると……

（億円）

	売上高	営業利益	税前利益	当期利益
上期実績（③）	6,741	823	847	575
下期予想（④）	6,859	777	663	405
上下（③④）比較＝A	2%	−6%	−22%	−30%
前年下期（⑤）	7,005	836	574	344
下下（④⑤）比較＝B	−2%	−7%	16%	18%

リック"を見抜くには、エクセルなどを使い自分で計算しなければならない。しかしこの作業こそがライバルに差をつけることになるのだ。

減益で買われ、増益で売られる!?

日立建機の例では上下6カ月に分解したが、**四半期で分解すればもっとよい。決算短信では、第2四半期、第3四半期、第4四半期はいずれも累計で発表されるので、これを細かく3カ月ごとにバラしていく作業になる。**すると、累計では増益が続いているように見えても、直近の3カ月では増益の勢いに急ブレーキがかかっていたり、逆に累計では減益でも直近3カ月だけを取り出すと急改善していたりすることがある。**会社四季報記者が見ている数字も実はこちらだ。**

日立建機についても、そのあとに発表された2024年3月期決算を3カ月ごとに分解し、各四半期営業利益の前年同期比を計算してみると、4～6月＝＋75・0％、7～9月＝＋42・0％、10～12月＝＋13・8％と増益ペースがガクンと落ち始め、1～3月はついに▲10・8％と2桁減益に転じてしまっている。インフレが進行する欧州での金利高止まりや、2024年6月に選挙を控えていたインド経済の不透明要因がしだいに色濃くなっていった。

トイレタリーで国内首位の花王（4452）の例も見てみよう。2023年11月8日、同社が発表した2023年12月期の第3四半期（1～9月）決算は、原材料高が一服し値上げが浸透したものの、中国での紙おむつ生産停止など構造改革費用が圧迫し、営業利益は前年同期比34％減の507億円、純利益も44%減の325億円と落ち込んだ。翌9日付『日本経済新聞』朝刊は「花王、23年1〜9月期の純利益44%減、構造改革費かさむ」の見出しで「23年12月期まで5期連続で最終減益を見込む」などと報じた。

このネガティブな記事を見たら普通の人は売りで対応するだろう。ところが翌日の株価は意外にも大きくマドをあけて上昇した。7・3%高で寄り付き、東証プライム市場値上がり率ランキングで上位に入る健闘ぶりを見せた。

四半期分解すれば答えがわかる

その理由を知るため、四半期ごとに分解してみたのが次ページの表だ。実は、直近の3カ月(7〜9月)に限ると、花王の営業利益は248億円(前年同期比6・6%増)と9四半期ぶりに増益に転じていたのだ。もともと下期のウェートが高い収益構造だけに、足元の勢いをテコに復活への期待が台頭したのだろうと思われる。

減益で買われた花王とは対照的に、増益にもかかわらず激しく売られるパターンもある。その一例は、第7章でも登場したVチュー

減益なのに買われる!?

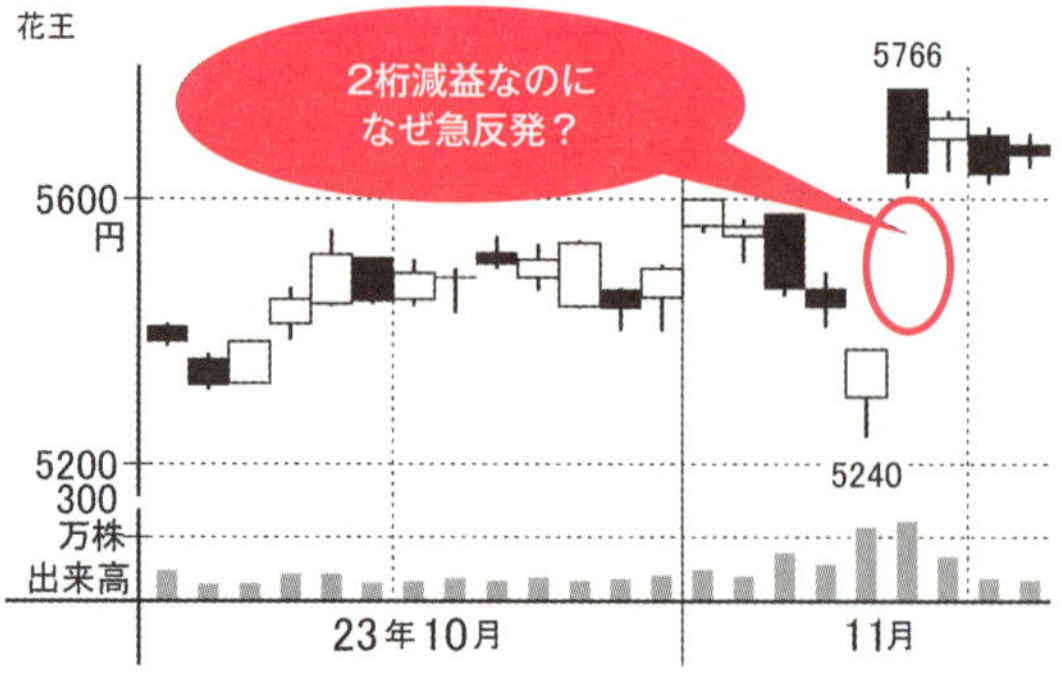

●花王(4452)日足

花王（4452）の業績を四半期分解してみると……

（百万円）

		売上高	営業利益	経常利益	純利益	発表日
2021年12月期	第2四半期（4～6月）	354,621	39,614	40,232	26,819	8/3/21
	前同比（前Q比）	7.6% （10.6%）	12.5% （28.0%）	10.3% （18.6%）	12.0% （4.2%）	
	第3四半期（7～9月）	345,780	38,443	39,376	29,532	11/2/21
	前同比（前Q比）	2.2% （−2.5%）	−15.7% （−3.0%）	−13.4% （−2.2%）	−16.5% （10.1%）	
	第4四半期（10～12月）	397,809	34,516	36,493	27,566	2/3/22
	前同比（前Q比）	5.5% （15.0%）	−37.9% （−10.3%）	−33.5% （−7.4%）	−31.5% （−6.7%）	
2022年12月期	第1四半期（1～3月）	346,795	22,952	25,654	18,244	5/11/22
	前同比（前Q比）	8.1% （−12.9%）	−25.9% （−33.6%）	−24.4% （−29.8%）	−29.1% （−33.9%）	
	第2四半期（4～6月）	387,106	30,709	34,818	20,644	8/3/22
	前同比（前Q比）	9.1% （11.6%）	−22.5% （33.7%）	−13.5% （35.7%）	−23.1% （13.1%）	
	第3四半期（7～9月）	393,809	23,256	24,623	19,432	11/1/22
	前同比（前Q比）	13.8% （1.7%）	−39.6% （−24.3%）	−37.5% （−29.3%）	−34.3% （−5.9%）	
	第4四半期（10～12月）	423,349	33,154	30,753	27,718	2/2/23
	前同比（前Q比）	6.4% （7.5%）	−4.0% （42.5%）	−15.8% （24.8%）	0.5% （42.6%）	
2023年12月期	第1四半期（1～3月）	347,794	7,287	8,439	4,817	5/10/23
	前同比（前Q比）	0.2% （−17.9%）	−68.3% （−78.1%）	−67.2% （−72.6%）	−73.6% （−82.7%）	
	第2四半期（4～6月）	390,734	18,613	20,200	11,807	8/3/23
	前同比（前Q比）	0.9% （12.3%）	−39.4% （155.4%）	−42.0% （139.3%）	−42.9% （145.1%）	
	第3四半期（7～9月）	387,355	24,805	25,943	15,918	11/8/23
	前同比（前Q比）	−1.7% （−0.9%）	6.6% （33.2%）	[illegible]	[illegible]	
	第4四半期（10～12月）	406,696	9,330	[illegible]	[illegible]	2/7/24
	前同比（前Q比）	−4.0% （4.9%）	−71.9% （−62.4%）	−69.9% （−64.4%）	−59.2% （−28.9%）	
2024年12月期	第1四半期（1～3月）	365,797	21,984	24,764	16,470	5/9/24
	前同比（前Q比）	5.1% （−10.1%）	201.6% （135.6%）	193.4% （167.4%）	241.9% （45.3%）	
	第2四半期（4～6月）	422,190	35,955	39,644	26,943	8/8/24
	前同比（前Q比）	8.0% （15.4%）	93.1% （63.5%）	96.2% （60.0%）	128.1% （63.5%）	

9四半期ぶりに増益転換

（注）前Q比は前四半期比較の意味

上場後初めての四半期減益が嫌気された
── ANYCOLOR（5032）の四半期分解表

（百万円）

	決算期	売上高	営業利益	経常利益	純利益	発表日
2022年4月期	第4四半期（11～4月）	4,005	1,056	1,018	734	2022/6/14
	前同比（前Q比）	109.7% （—）	— （—）	180.6% （—）	213.3% （—）	
2023年4月期	第1四半期（5～7月）	5,930	2,122	2,112	1,464	2022/9/14
	前同比（前Q比）	— （48.0%）	— （100.9%）	— （107.4%）	— （99.4%）	
	第2四半期（8～10月）	6,043	2,188	2,198	1,524	2022/12/15
	前同比（前Q比）	— （1.9%）	— （3.1%）	— （4.0%）	— （4.0%）	
	第3四半期（11～1月）	7,434	3,199	3,240	2,246	2023/3/15
	前同比（前Q比）	119.5% （23.0%）	206.1% （46.2%）	210.4% （47.4%）	227.2% （47.3%）	
	第4四半期（11～4月）	5,934	1,901	1,898	1,464	2023/6/14
	前同比（前Q比）	48.1% （▲20.2%）	80.0% （▲40.6%）	86.4% （▲41.5%）	99.4% （▲34.9%）	
2024年4月期	第1四半期（5～7月）	8,947	4,043	4,026	2,797	2023/9/14
	前同比（前Q比）	50.8% （50.7%）	90.5% （112.6%）	90.6% （112.1%）	91.0% （91.0%）	
	第2四半期（8～10月）	6,540	2,439	2,444	1,701	2023/12/14
	前同比（前Q比）	8.2% （▲27.0%）	11.4% （▲39.7%）	11.1% （▲39.3%）	11.6% （▲39.2%）	
	第3四半期（11～1月）	7,786	2,559	2,550	1,771	2024/3/14
	前同比（前Q比）	4.7% （19.0%）	▲20.1% （4.9%）	▲21.3% [illegible]	▲21.2% [illegible]	
	第4四半期（11～4月）	8,722	3,320	[illegible]	[illegible]	2024/6/12
	前同比（前Q比）	46.9% （12.0%）	74.6% （29.7%）	74.9% （30.2%）	67.7% （38.6%）	
2025年4月期	第1四半期（5～7月）	7,435	2,718	2,706	1,879	2024/9/11
	前同比（前Q比）	▲16.9% （▲14.8%）	▲32.8% （▲18.2%）	▲32.8% （▲18.6%）	▲32.9% （▲23.5%）	

上場後初の減益！

（注）前Q比は前四半期比較の意味

バーグループ運営のＡＮＹＣＯＬＯＲ（５０３２）だ。同社が２０２４年3月14日の取引終了後に発表した２０２４年４月期の第３四半期（２０２３年５月～２０２４年１月）決算は、売上高、営業利益とも約20％の成長だった。

お話ししたように、成長企業では売上高が20％伸びていれば合格だ。利益の伸びも十分に見える。しかし、翌日の株価はなんと制限値幅いっぱいとなる前日比７００円ストップ安水準まで売られ、東証プライム市場の値下がり率でトップになってしまったのだ。

これも、四半期分解すれば答えはわかる。第３四半期までの営業利益は累計で90億４１００万円（前年同期比20・４％増）と順調に見えるが、直近の３カ月（２０２３年11月～２０２４年１月）だけを切り出してみると25億５９００万円（前年同期比20・１％減）と、上場後初めて減益を喫していることがわかる。このことが嫌気されたのである。

ＡＮＹＣＯＬＯＲのケースを、成長企業ではありがちな話と片付けるわけにはいかない。モーター世界大手のニデック（６５９４）も、２０２４年４～９月期決算発表翌日の２０２３年10月24日に、東証プライム市場の下落率ランキングでトップになるまで売り込まれている。売上高で２兆円、時価総額で３兆円を超える会社の株価が10％を超えて値下がりしたのは〝一大事〟であり、同社にとってはリーマンショック以来のことでもあった。

こうしたことからも、会社の発表した累積決算だけでなく、３カ月ごとの決算にバラす分解作業はぜひ習慣にしておきたい。

四半期での「黒字転換」はチャンス

これまで見てきたように、足元3カ月の決算内容次第で株価は大きく動くが、中でも赤字が黒字転換したときはインパクトも大きい。**直近の四半期決算の赤字幅が前の四半期決算より縮小していれば、足元3カ月が黒字転換した証拠であり、買いの好機となることがある。**

メディアでよく「来期の黒字転換銘柄に注目」といった企画を見かける。**しかし、来期では遅い。四半期ベースで黒字転換したところで株価は織り込みを開始している。**

バッグや財布・雑貨類の小売り大手のサックスバーホールディングス（9990）を例に取ろう。聞いたことがないという人も旧社名の東京デリカと聞けばピンと来るかもしれない。2019年3月期までは30億〜40億円の営業利益を安定して計上して

7四半期ぶりの黒字転換

9990 (株)サックスバーホールディングス

【決算】3月　【設立】1974.8　【上場】1994.8

【特色】バッグや財布、雑貨の専門店。主力「サックスバー」はじめ店舗ブランド複数。出店はSC中心

【連結事業】ハンドバッグ5、カジュアルバッグ5、インポートバッグ5、財布・雑貨26、メンズ・トラベルバッグ42、PB・NPB18、他0〈24・3〉

【増勢】店舗純増2（前期純減19）。既存店は絶好調だったトラベル足踏みでも好採算のPBが引き続き好調。新札導入効果で財布も盛り返す。EC成長続く。人件費増こなし営業益増勢。税平常化で純益微減。

【EC】人手不足などで店舗数大幅増加見込まない一方で、EC売上拡大に尽力。Vチューバーとコラボして若年層にアピール。卸やECを通じて海外進出も急ぐ。

【株主】㈱10,699名〈24.3〉 万株

ディーアンドケー㈱	573(19.2)
日本マスター信託口	249(8.3)
㈱エムケー興産	200(6.7)
日本カストディ信託口	193(6.4)
三井住友銀行	104(3.5)
自社取引先持株会	89(3.0)
自社(自己株口)	80(2.6)
木山茂年	76(2.5)
木山昭栄	74(2.4)
自社従業員持株会	59(1.9)

〈外国〉4.9%　〈浮動株〉21.1%
〈投信〉9.1%　〈特定株〉59.4%

【役員】(会)木山茂年 (社)木山剛史 (常)山田陽 (取)田村純男 小島康弘 田代博泰 丸山文夫* 苅部世津子* (取監)嶋村毅 遠藤恭彦* 水野純*

【連結】東京デリカ，アイシン通商，ロジェールジャパン

【株式】6/30 29,859千株
単位 100株 貸借 優待
時価総額 233億円

【財務】〈連24.3〉 百万円

総資産	39,385
自己資本	27,825
自己資本比率	70.6%
資本金	2,986
利益剰余金	20,732
有利子負債	1,000

【指標等】〈連24.3〉

ROE	9.3%	予8.8%
ROA	6.3%	予6.2%
調整1株益		—円
最高純益(16.3)		2,982
設備投資	544	予645
減価償却	654	予676
研究開発	‥	予‥

【キャッシュフロー】 百万円

営業CF	4,949	(3,461)
投資CF	▲489	(▲484)
財務CF	▲2,728	(▲2,987)
現金同等物	4,139	(2,406)

【小売業】

年月	【資本異動】	万株
04. 8	公40万株(817円)	995
06. 7	分1→2	1,990
14.10	分1→1.5	2,985

東証P	高値	安値
94~22	**3100**(94)	**230**(08)
23	1066(5)	725(1)
24.1~5	924(2)	769(5)

	高値	安値	出来万株
24. 3	**923**	863	252
4	916	830	126
#5	855	**769**	93

↓前号比減額

【外国人持株】+0.3pt(▲11.5pt)
前年 4.6%(5年前 16.4%)
【会社業績修正】上方2 下方0
経常益÷期初会社予想 1.2倍

【業種】衣料小売り
時価総額順位 14／38社
【比較会社】2670 ABCマト，3174 ハピネスD，7829 サマンサ

【業績】(百万円)	売上高	営業利益	経常利益	純利益	1株益(円)	1株配(円)
連20. 3	52,523	2,670	2,762	1,668	57.1	30
連21. 3	34,836	▲2,036	▲1,839	▲1,847	▲63.6	15
連22. 3	36,798	▲903	▲776	▲888	▲30.6	15
連23. 3	47,236	2,484	2,666	1,291	44.4	22.5
連24. 3	52,093	3,764	3,848	2,487	85.6	30
連25. 3予	53,600	4,050	4,120	2,450	84.3	30
連26. 3予	55,200	4,300	4,370	2,580	88.8	30
連23.4~9	25,191	1,739	1,781	1,150	39.6	0
連24.4~9予	25,800	1,850	1,890	1,130	38.9	0
会25. 3予	53,654	4,056	4,128	2,455	(24.5.10発表)	

【配当】	配当金(円)
19. 3	30
20. 3	30
21. 3	15
22. 3	15
23. 3	22.5
24. 3	30
25. 3予	30

予想配当利回り 3.84%
1株純資産(円)〈連24. 3〉 957.7 (892.0)

【本社】124-0024東京都葛飾区新小岩1-48-14 ☎03-3654-5315
【東京デリカ店舗】福岡☎092-751-5045，他 計555 7.83万㎡
【従業員】〈24.3〉連572名 単478名(44.2歳)年515万円
【証券】上場東京P 幹(主)野村(副)みずほ，日興，東海東京，いちよし，SBI，三菱Uモル，岡三，BofA 名三菱U信 監あずさ
【銀行】三井住友，三菱U，千葉，みずほ，八十二
【仕入先】吉田
【販売先】—

●サックスバーHD (9990) 2024年3集夏号

7四半期ぶりの黒字転換 ——サックスバーHD（9990）の四半期分解表

（百万円）

	決算期	売上高	営業利益	経常利益	純利益
2020年3月期	第3四半期（10～12月）	12,924	506	529	308
	前同比（前Q比）	▲7.1%（▲8.5%）	▲43.3%（▲53.1%）	▲40.9%（▲51.6%）	▲44.5%（▲53.2%）
	第4四半期（1～3月）	12,491	343	356	203
	前同比（前Q比）	▲16.2%（▲3.4%）	▲69.1%（▲32.3%）	▲68.3%（▲32.8%）	▲64.6%（▲34.1%）
2021年3月期	第1四半期（4～6月）	5,467	▲750	▲725	▲728
	前同比（前Q比）	▲58.0%（▲56.3%）	—（—）	—（—）	—（—）
	第2四半期（7～9月）	9,463	▲598	▲528	▲367
	前同比（前Q比）	▲33.0%（73.0%）	—（—）	—（—）	—（—）
	第3四半期（10～12月）	10,012	▲297	[illegible]	▲389
	前同比（前Q比）	▲22.6%（5.8%）	—（—）	—（—）	—（—）
	第4四半期（1～3月）	9,894	▲391	▲331	▲363
	前同比（前Q比）	▲20.8%（▲1.2%）	—（—）	—（—）	—（—）
2022年3月期	第1四半期（4～6月）	7,667	▲642	▲615	▲566
	前同比（前Q比）	40.2%（▲22.6%）	—（—）	—（—）	—（—）
	第2四半期（7～9月）	8,077	▲681	▲644	▲535
	前同比（前Q比）	▲14.7%（5.3%）	—（—）	—（—）	—（—）
	第3四半期（10～12月）	10,192	104	142	93
	前同比（前Q比）	1.7%（26.1%）	—（—）	[illegible]	[illegible]
	第4四半期（1～3月）	10,862	316	[illegible]	[illegible]
	前同比（前Q比）	9.7%（6.5%）	—（203.8%）	—（140.1%）	—（29.0%）
2023年3月期	第1四半期（4～6月）	10,381	217	286	149
	前同比（前Q比）	35.3%（▲4.5%）	—（▲31.4%）	—（▲16.2%）	—（24.1%）

連続で営業赤字

ついに黒字化！

（注）前Q比は前四半期比較の意味

いた会社だが、ショッピングセンターを中心に出店していることもあって新型コロナの影響をもろに受け、2021年3月期から2年連続で赤字に沈んだ。

ただ、赤字2期目となった2022年3月期の営業赤字▲9億0300万円を四半期ごとにバラしてみるとどうだろう。それが191ページの図だ。ほかの多くの会社同様、コロナ禍で2020年4～6月（2021年第1四半期）から営業赤字に転落し、しばらく赤字が続いたが、2021年10～12月（2022年第3四半期）に1億0400万円の営業利益を計上し、7四半期ぶりに黒字転換していたことがわかる。

2022年1月31日の第3四半期（2022年4～12月）決算発表では営業損益▲12億1900万円となっているため、累計数字しか見ていないとこの段階ですでに黒字化していることに気づきにくい。サックスバーは、その約3カ月後の5月の本決算発表時に新年度の黒字化計画を発表した。低迷していた株価が底練りゾーンを上放れたのはこのときだ。**ここで仕込んでも決して遅くはないが、先回りするなら仕込み場は実はやはり1月だったといえる**。株価はそこから約1年で1000円を超えて上昇し、2倍になっている。

「株はグレーのときに買え」の教え

大阪など関西圏を地盤に直営展開してきた新興外食チェーン、きちりホールディングス（3082）も同様だ。客単価5000円弱の高級業態「KICHIRI」が主力だが、やはりコロナ影響と人件費の重みで2023年6月期まで4期連続で営業赤字を喫している。ただ、四半期分解すると、2023年2月10日発表の第2四半期（2022年7～12月）は累計で▲1億4500万円の赤字だが、10～12月の3カ月に限れば4800万円のプラスで、12四半期ぶりに黒字化していたことがわかる。

月足チャートを見ると、これより早い2022年11月に長い陽線を引いて上昇トレンド転換している。この大陽線は、外食株に投資する個人投資家お目当ての株主優待が変更されたこと（30％割引券2枚→1500円の金券2枚に、など）をハヤしたもので、出来高は上場来高値を付けた2018年6月以来に膨らんだ。

本格的な株価上昇は4カ月後の2023年3月から始まっているが、四半期黒字化に気づいていればこの上昇波動に余裕で乗れたことになる。会社側が2024年6月期の黒字化計画表明したのは半年後の2023年8月14日だが、それから仕込んだのでは時すでに遅しといった展開だ。

現在赤字が進行中の会社でいえば、楽天グループ（4755）が同様の展開になる可能性がある。会社四季報2024年夏号予想に

12四半期ぶりの黒字化に気づいていれば……

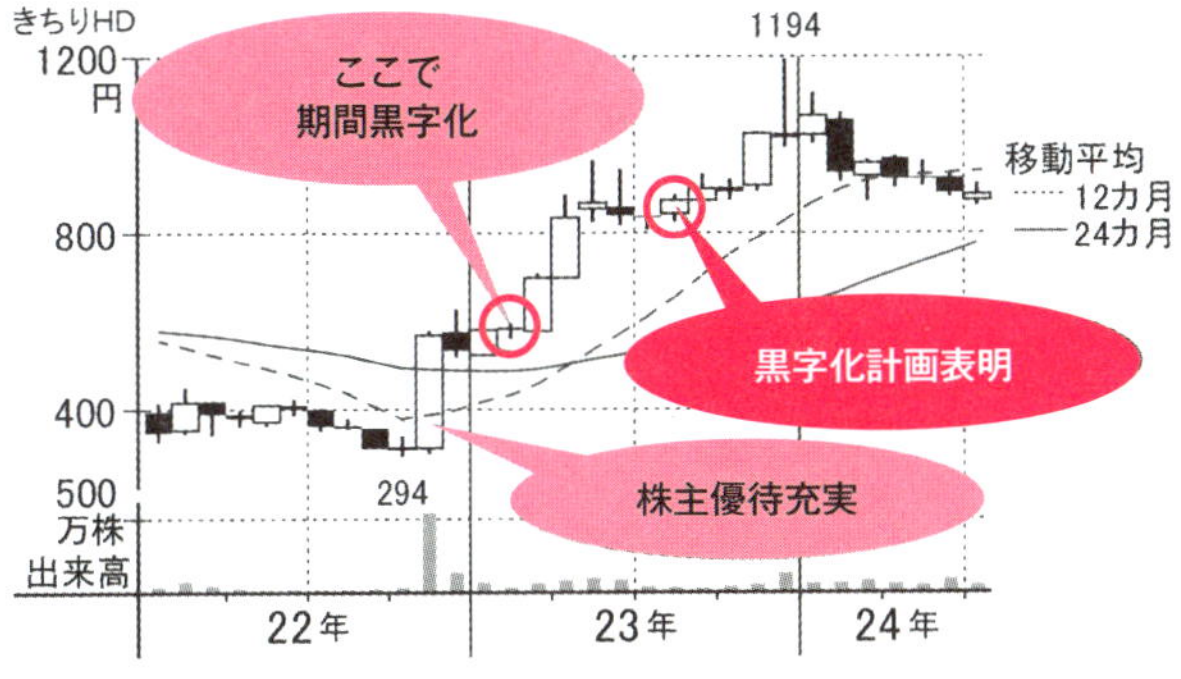

●きちりHD（3082）

よれば、2024年12月期は700億円の営業赤字予想だが、2025年12月期は500億円の黒字予想となっている。**四半期単位でウォッチしておいて、黒字転換に成功したらそこが買い場となるかもしれない**。

もちろん中にはいったん黒字化しても再び赤字に転落してしまう会社もあるため、黒字化したときが買いタイミングと一概には言い切れない。**ただ、株はグレーのときに買えという。白黒はっきりしてからでは大きな果実は得られないのも事実だ**。

なお、3カ月ごとにバラした数字は会社四季報オンラインで見ることができる。最大41四半期の実績と前年同期比、前四半期比、進捗率が掲載されており、業績の細かなピークやボトムなど足元の勢いがわかりやすい。一度のぞいてみる価値はある。

第10章

キャッシュフローでわかる儲けのウソ・ホント

キャッシュフローはウソをつかない

ここまで読んでいただいた皆さんは、業績の見方をかなりマスターされたことだろう。**ただ、落とし穴はこの先にある。業績がよいからといって本当に儲かっているとは限らないためだ。**

下図は２００８年６月発売の会社四季報夏号に掲載された、ある会社の会社四季報【業績】欄である。成長企業の見本のようなこの会社が上場したのは、同号が発売されるおよそ４カ月前の２００８年２月のことだった。上場ほやほやであることに加え、今期予想ＰＥＲ３・２倍、ＰＢＲは０・８倍という安さも魅力的で、一見、飛びつきたくなるような銘柄だ。

しかし、この会社はその３カ月後に経営破綻した。理由は資金繰りだ。

この会社は当時東証２部に上場していたモリモト（８８９９）という不動産デベロッパーである。賃貸物件の開発と分譲マンションの企画・販売を手がけ、２００８年夏号の記事は「賃貸開発は横浜など好立地物件多く順調。分譲も成城、川崎など富裕層向け中心に９４１戸の70％超契約済み」と威勢がよい。

ただ実は、会社四季報のある箇所には破綻の兆候が現れていた。それ

こんな業績ピカピカの会社が破綻!?

【業績】(百万円)	売上	営業利益	経常利益	利益	1株益(円)	1株配(円)	【配当】	配当金(円)
単03. 3	69,057	5,236	4,230	2,223	213.8	25	03. 3	25
単04. 3	60,626	4,258	3,148	1,784	171.9	25	04. 3	25
単05. 3	71,744	6,136	4,827	2,619	252.5	25	05. 3	25
連06. 3	77,959	9,429	7,458	3,939	384.8	25	06. 3	25
連07. 3	95,607	13,359	10,921	6,077	593.6	25	07. 3	25
連08. 3	117,636	18,383	18,336	9,852	935.9	60記	08. 3	60
連09. 3予	**155,700**	**23,800**	**20,200**	**11,000**	**828.7**	**90記**	**09. 3予**	**90**
連10. 3予	**172,000**	**26,000**	**22,000**	**12,000**	**904.0**	**90〜100**	予想配当利回り	3.35%
中07. 9	30,890	4,878	5,161	2,817	275.1	0	1株純資産(円)〈連08. 3〉	
中08. 9予	71,800	15,300	13,300	7,300	550.0	0	3,322 (2,714)	

が、Dブロックの下のほうにある【キャッシュフロー】欄である。

キャッシュフロー（CF）とは、会社が1年間活動した結果、おカネがどれくらい増減したかを表す。**損益計算書上の利益と実際に獲得したおカネ＝キャッシュは必ずしも一致しない**。決算セールで売上げは3月期末ぎりぎりに計上できたものの、代金が入金されたのは60日後の翌年度だったなんてことはよくある。会計上の売り上げ計上時期と実際の支払いにはどうしてもタイムラグが生じる。

バブル期には羽振りのよいビジネスマンが夜の銀座をはしごする姿をよく見かけた。週末ごとに銀座のクラブに入り浸り、勘定はボーナス一括払いという常連客もいたようだ。この例で説明すると、2人連れの常連客がクラブで派手に飲み一晩に10万円を使い、ボーナス払いのツケにして帰ったとしよう。この日の客はこの1組だけだったと仮定すると、お店の損益計算書には売上高10万円が計上されて、人件費、お酒やツマミの仕入れ代金、光熱費などの経費を差し引いた残りがこの日の利益となる。

「勘定合って銭足らず」の怖さ

しかし、現金の流れで見るとこの日、店には1円も入っていない。これがいわゆる「勘定合って銭足らず」の状態である。こんな状態が続くと、将来に向けた投資ができないばかりか、いずれ黒字倒産するはめになる。営業活動に必要なキャッシュ（現金）は人の体に例えるならば血液と同じで、血流がよければ元気に動き回れるが、血流が滞ると動けなくなるどころか場合によっては死に至る。

これは大企業でも同じだ。**現金は本来、利益の増加に伴って増えるものでなければならない。利益を出**

しているのに現金が残らないのは、何か問題があることを示している。

CFには3つの種類がある。1つ目は営業活動で獲得したおカネである「営業CF」、2つ目は投資活動で得た「投資CF」、3つ目は銀行借り入れやエクイティファイナンス（新株発行による資金調達）により得た「財務CF」である。会社四季報の【キャッシュフロー】欄には3種類のCFについて直近2期分が掲載されている。

3つのCFのうち、いちばん重要なのは営業CFだ。営業CFはプラスならおカネが獲得できている（流入している）証拠、マイナスは本業でおカネを失っている（流出している）証拠だ。当然、プラスであるに越したことはない。獲得した資金を借入金の返済に充てたり、設備投資に回したりして事業を拡大できる。

もっとも、マイナスだからといって必ずしも悪いわけではなく、成長途上の会社はむしろマイナスが普通の状態といってよい。事業規模が拡大している過程では、仕入れ代金や人件費といった支出のほうが先行する。とはいえ、営業CFのマイナスが続くようだと問題だ。事業継続のために銀行からの借り入れが膨らみ、いずれ負債が資産を上回る債務超過に陥ることになる。

CFでおカネの出入りを確認

【株式】4/30	16,314,987千株	
単位 100株		貸借
時価総額	54.4兆円	225
【財務】<◇24.3>		百万円
総資産	90,114,296	
自己資本	34,220,991	
自己資本比率	38.0%	
資本金	397,050	
利益剰余金	32,795,365	
有利子負債	36,561,780	
【指標等】		<◇24.3>
ROE	15.8%	予11.0%
ROA	5.5%	予 4.2%
調整1株益		一円
最高純益(24.3)	4,944,933	
設備投資	20,108億	予21,500億
減価償却	12,484億	予13,800億
研究開発	12,023億	予13,000億
【キャッシュフロー】		億円
営業CF	42,063	(29,550)
投資CF	▲49,987	(▲15,988)
財務CF	24,975	(▲561)
現金同等物	94,120	(75,169)

●トヨタ自動車（7203）
2024年3集夏号

損益計算書（P／L）上は黒字なのに営業CFがマイナス続きという会社は、売上債権の回収が滞っていたり在庫が膨らんでいたりなど、何かしら問題含みだと疑ってかかったほうがよいだろう。

投資CFは中身が重要

2つ目の投資CFは、投資活動によって生じたキャッシュの増減を指している。おカネを投資にどれだけ使ったか、あるいは投資によってどれだけおカネが入ってきたか。固定資産の取得・売却、有価証券の取得・売却、あるいは他社への資金の貸し付けや回収などがカウントされる。定期預金の預け入れや払い出しも、定期性預金という金融商品に投資したことになるので投資CFに区分される。

投資CFは設備投資など将来に向けたCFであるため、マイナスとなるのが普通だ。営業CFと違ってこうならよい、ああだとダメといった一律の見方ができないのも特徴で、中身が重要となる。**経営が苦しくて不動産を切り売りするのはバツだが、資産のスリム化が目的ならマルだ。**

投資CFは、基本的には営業CFで賄える範囲内にある状態が、無理をしておらず適正とされる。このことから、営業CFと投資CFを合計したものを「フリーキャッシュフロー（FCF）」といい、会社が自由に使えるおカネを意味している。

会社の最終目的は利益の最大化だといわれるが、実際にはFCFの最大化である。企業買収で相手企業の価格を算定する際に土台となるのがFCFであることからも、FCFの重要性がわかるだろう。

3つ目の財務CFは財務活動によって生じたおカネの増減のことを指す。資金の借り入れや返済によるＣＦであり、営業ＣＦと投資ＣＦの不足を調整するためのものだ。この数字を見れば、どれくらいキャッシュが足りなかったのか、またどういう手段で補充したのかがわかる。

本業で稼いだおカネでどんどん借入金を返済している優良企業は、財務ＣＦはマイナスとなる。プラスが毎年続いている会社は、有利子負債がどんどん膨らむ可能性が高いので注意したい。財務ＣＦには借入金の借り入れ・返済以外に、社債の発行・償還、株式の発行、配当金の支払いがカウントされる。

キャッシュリッチ企業の評価

最後に【キャッシュフロー】欄のいちばん下にある現金同等物についても説明しておこう。これはその名のとおり換金性が高い「現金と同等の価値を持つ資産」と「現金」とで構成される。

具体的には満期3カ月以内の定期預金、譲渡性預金（ＣＤ）・コマーシャルペーパー（ＣＰ）・公社債投信などが該当し、換金は容易であっても価値変動リスクの高い株式は含まれない。

現金同等物が潤沢な会社は「キャッシュリッチ企業」と呼ばれ、上位にはトヨタ自動車（７２０３）やホンダ（７２６７）などの自動車メーカーや、ソフトバンクグループ（９９８４）、三菱商事（８０５８）、ソニーグループ（６７５８）、セブン＆アイ・ホールディングス（３３８２）、リクルートホールディングス（６０９８）といった大手企業がずらりと並ぶ。

ただ、現金同等物がいくら多くても、有利子負債も多くては本当のキャッシュリッチとはいえない。楽天グループ（４７５５）は2024年3月末時点で5兆１２７６億円の現金同等物を保有していて金融機関を除けば3番目の多さだが、一方で携帯電話事業参入に伴う設備投資資金需要で有利子負債も5兆0977億円（会社四季報2024年夏号）を抱え、むしろこちらの返済能力のほうが問題となっているほどだ。**一見すると現金同等物が豊富だが、実は銀行から借り入れた現金が手つかずのまま残っていただけというケースも少なくない**。

リッチ度合いをより正確に測るには、現金同等物から有利子負債を差し引いた「ネットキャッシュ」という指標が使われる。ネットキャッシュは会社四季報には記載がないので気になる会社があったら自分で計算してみてほしい。

会社四季報2024年夏号のデータを元にしたキャッシュリッチのトップ5は、首位がリクルートホールディングス（6098）で唯一の1兆円超え。以下、任天堂（7974）、ファーストリテイリング（9983）、SUBARU（7270）、村田製作所（6981）の順となっている。

「キャッシュリッチ」のリスク

キャッシュリッチ企業は金融危機など不況時には頼もしいが、株価の冴えないキャッシュリッチ企業は、投資にも株主還元にも力を入れない怠慢企業と解釈されるケースもある。**株主から見れば「そんなに現金があるなら設備投資やM&Aに再投資してもっと利益を出すか、配当に回すか、もしくは自己株買いでもすべきだろう」という理屈になるからだ**。

筆者がかつて担当したある会社は、現金同等物が総資産の約半分を占めていた。同社の主力事業は液晶ディスプレイ関連で市場としては先細りつつあり、設備投資するほどの需要はない。おカネの使い途を尋ねると決まって「M&Aに……」と言うのだが、いつになっても一向に実現しない。どうやら、いざ〝縁談〟となると、相手としての魅力に欠けるのか、先方に断られてしまうようなのだ。そうこうするうちにこの会社は他社からTOB（敵対的買収）を仕掛けられてしまった。

現金同等物と、Dブロックの【財務】欄にある総資産とを比較し、現金同等物が総資産の半分以上を占める会社には、将来性に大なり小なり問題ありと考えてよいだろう。

東証プライム企業で現預金が総資産の50％以上を占める会社をリストアップすると、高い利益率を誇る一方で大型の設備投資を必要としない業種が上位に並ぶ。これは事業の特質上しかたがない面もあるだろう。製造業に限ると、業務用冷凍冷蔵庫大手の大和冷機工業（６４５９）、変速機やブレーキ部品などの自転車部品で世界首位のシマノ（７３０９）など4社が顔を出す。また、ネットキャッシュは豊富だがPBRが０・７倍以下の会社としては、日本テレビホールディングス（９４０４）やテレビ朝日ホールディングス（９４０９）などがある。

深刻なのは、時価総額に比べてネットキャッシュの多い会社だ。時価総額は本書でも何度か登場しているように、株価に発行済み株式数を掛けたもので、いわば「会社のお値段」。これがネットキャッシュより少ないと、アクティビストのターゲットになりやすい。

時価総額が１００億円のA社とB社があって、A社のネットキャッシュは80億円、B社が20億円の場合、A社が狙われる。1万円の財布を買ったら中に８０００円が入っていたのと同じ理屈だからだ。しかも実際には100億円を必要としない。株式の過半数を押さえればよいのだから50億円ちょっとで足りる。実に安い買い物だ。

中には時価総額がネットキャッシュより少ない会社もあり、会社四季報2024年春号時点では15社を数える。今の例でいえば、1万円の財布を買ったら中に1万円以上入っていたのと同じだ。こうした例はさすがにプライム市場の会社（金融を除く）にはないが、ネットキャッシュ時価総額比率が70％以上、つまり7割引の大バーゲンで買える会社は、スマホゲームアプリのコロプラ（3668）を筆頭に、半導体製造装置のテストウエハを再生加工するRS Technologies（3445）など5社ある。先ほど登場した大和冷機工業もその1社だ。

アクティビストがこうしたキャッシュリッチ企業の株を買い進み、会社に対し提案や要求をする動きに出ると、一般投資家がまねをして買う「ちょうちん買い」が入り、株価が意外高に発展することもある。日頃からチェックしておく価値はあるだろう。

RIZAPの利益の「質」の悪さ

ここまで理解してもらったところで、先ほど触れたモ

資金繰り悪化の果てに……

【上場廃止】マンション分譲は「クレッセント川崎タワー」など引き渡しは増勢。が、10月に入り、不動産流動化事業で契約済みだった31億円の大型オフィスビル（芝3丁目）に**キャンセルが発生。資金繰りが急悪化**。09年以降の収益の確実性を巡り監査法人との調整難航。同法人の意見表明得られず、11月28日に民事再生法申請。負債総額は約1615億円。12月28日上場廃止に。

【株式】10/31	13,273千株
単位 100株	
時価総額	49.1億円
【財務】<連08.3>	百万円
総資産	228,635
株主持分	44,094
株主持分比率	19.3%
資本金	5,771
利益剰余金	33,426
有利子負債	148,780
【指標等】	<連08.3>
ROE	22.3% 予 －%
ROA	4.3% 予 －%
調整1株益	－円
最高純益(08.3)	9,852
設備投資	‥ 予 ‥
減価償却	148 予 ‥
研究開発	‥ 予 ‥
【キャッシュフロー】	億円
営業CF	▲161(▲368)
投資CF	1(▲3)
財務CF	192(335)
現金同等物	187(154)

●モリモト2009年1集新春号

リモトのＣＦを改めて見てみたい。

モリモトの営業ＣＦは上場前から2年連続マイナスで、２００８年３月期が１６１億円の資金流出、その前年も３６８億円の資金流出が続いていた。そこにたたみ掛けたのが、「不動産流動化事業で契約済みだった31億円の大型オフィスビル（港区芝3丁目）」のキャンセル（会社四季報２００９年新春号）だった。これにより資金繰りが急悪化し、２００８年11月に民事再生法を申請することになる。負債総額は１６１５億円。ＣＦが示す苦しい台所事情と、株価指標のあまりの安さを疑わなかった投資家は大やけどをする羽目になった。

もう１つ象徴的な事例を紹介しよう。

１日５分の運動初心者向けちょいトレジム「ｃｈｏｃｏＺＡＰ」を急ピッチで出店しているＲＩＺＡＰグループ（２９２８）だ。会員数は２０２４年８月で１２７万人を超え、株価も２０２４年３月には５７９円まで上昇した。ｃｈｏｃｏＺＡＰを運営開始した２０２２年７月から１年３カ月で約２・５倍になった計算だ。

しかし、もっと長期で見るとどうだろう。２０１７年11月につけ

株価回復も上場来高値には遠く及ばず……

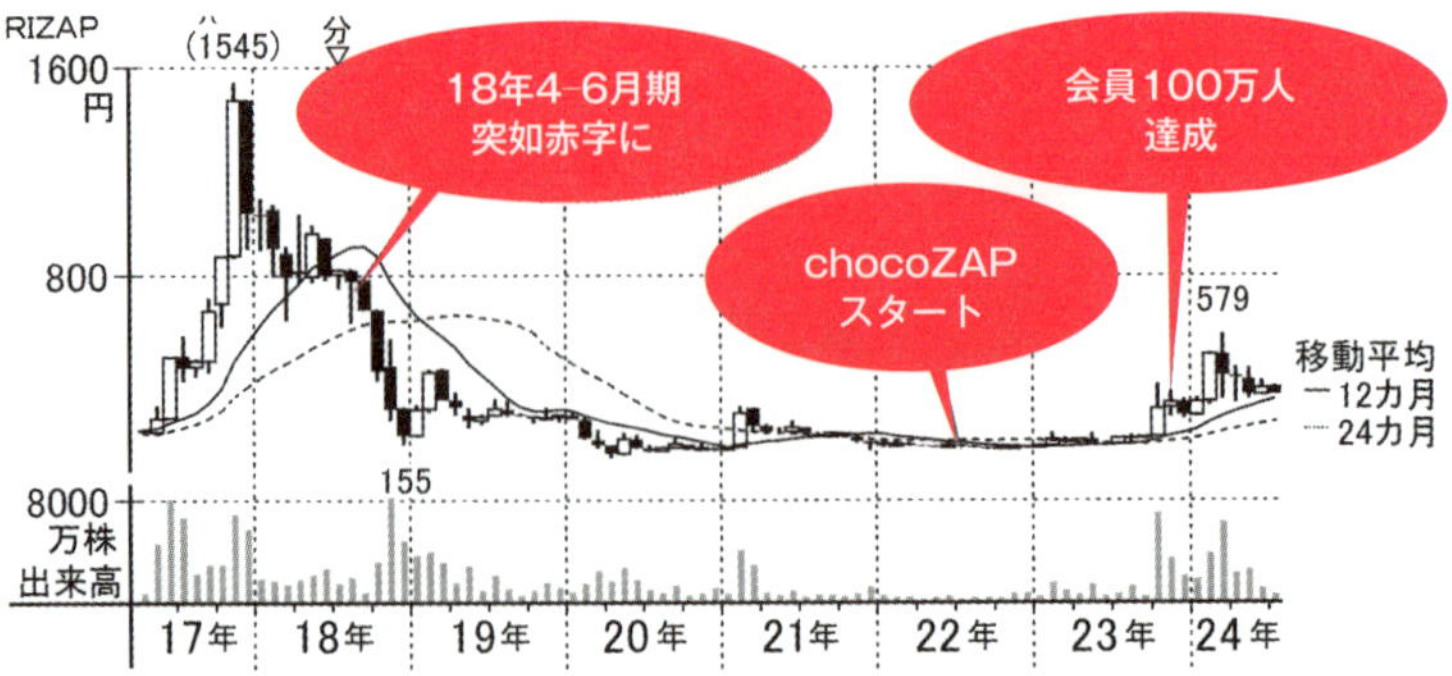

●RIZAPグループ（2928）

た上場来高値1545円からすればたった3分の1の水準にすぎない。実はここまで株価がつるべ落としになった原因は、同社の利益の「質」の悪さにあった。

下図はRIZAPグループの会社四季報2018年夏号だ。当時は、減量ジム「RIZAP」のプログラムを使いスリムになった〝太め芸能人のビフォアー・アフターCM〟が大きな話題となっていた。札幌証券取引所アンビシャス市場だけで取引する地方単独上場銘柄にもかかわらず、東証1部銘柄（当時）を押しのけて全国ブランド化し、株価も2017年4月の200円台からわずか約半年で7倍高となる急騰劇を演じた。

不自然なCF

RIZAPグループが最高益を記録したのは2018年3月期で、この期に稼いだ純利益は92億5000万円。前の期は76億7800万円を稼いでおり、2期連続で最高益を塗り替えた。CM人気で社会的にも話題となっていた時だけに、この絶好調ぶりもすんなりガッテンしてしまいそうだが、**会社四季報をよく見ると、おかしな点に気づく。そう、【キャッシュフロー】欄の営業CFの数字と最高純益**

最高益の年の現金収入はほぼゼロ

【株式】4/30		254,872千株
単位 100株		優待
時価総額	4,378億円	
【財務】<◇18.3>		百万円
総資産		174,375
自己資本		28,401
自己資本比率		16.3%
資本金		1,400
利益剰余金		21,406
有利子負債		76,784
【指標等】		<◇18.3>
ROE	40.7%	予56.0%
ROA	5.3%	予 9.1%
調整1株益		—円
最高純益(18.3)		9,250
設備投資	4,956	予 ‥
減価償却	2,533	予 ‥
研究開発	‥	予 ‥
【キャッシュフロー】		百万円
営業CF	87	(175)
投資CF	▲3,495	(2,914)
財務CF	22,725	(11,088)
現金同等物	43,630	(24,643)

●RIZAPグループ（2928）2018年3集夏号

の数字が2年連続であまりにかけ離れているのだ。

まずは２０１６年3月期。この期が始まったばかりの頃は「健康コーポレーション」と名乗り、美顔器や健康食品の通信販売をなりわいとしていた。ところが7月、社名をＲＩＺＡＰに変更し、若年女性向け衣料品ネット販売の夢展望（３１８５）、体型補整下着のマルコ（現ＭＲＫホールディングス、９９８０）、注文住宅メーカーを買収するなど、以前から前のめりだったＭ＆Ａにさらに拍車をかけた。**注意すべきはこの年から会計方式をＩＦＲＳ（国際会計基準）に変更している点だ。**この変更をテコに、3年前の過去最高純益（26億９８００万円）を大幅に更新する76億７８００万円という数字を作り上げた。しかし営業ＣＦはわずか1億７５００万円にとどまっている。

ちなみに会社四季報は２０１６年夏号から1年にわたり、コメント欄で必ず「ＩＦＲＳ移行で利益底上げ」（会計基準を変更したので利益が底上げされていますよ、という意味）と前置きしていた。

翌２０１８年3月期も前期6社に続き、中堅繊維問屋の堀田丸正（８１０５）、書籍やゲームソフト、ＣＤ販売のワンダーコーポレーションなど9社を買収して連結し最高純益を更新したものの、肝心の営業ＣＦは前年よりさらに少ない８７００万円しかなかった。**2年間の当期利益の合計が約１７０億円にも上るのに、営業ＣＦは3億円にも満たない。なぜこんなことが起きたのか。**

負ののれんで厚化粧

からくりは「負ののれん（益）」である。のれんとはブランド力や信用力、顧客とのつながりなど見えない資産価値のことで、お店の軒先に掲げられた屋号などの暖簾《のれん》に由来しているといわれる。

やや小難しい会計テクニックの話になるが、会社を買収する場合、一般にはこうした見えない資産価値の分だけ純資産額より高くなる（これを「正ののれん」、または単に「のれん」という）のが一般的だが、簿外債務が存在したり事業上のリスクを抱えたりしていると、純資産額より低い金額でＭ＆Ａが成立する場合があり、そのとき発生する会計上の利益が「負ののれん」となる。

正ののれんは日本では毎年償却するルールだが、米国会計基準やIFRSでは償却しない。一方、負ののれんが発生した場合は一括利益計上処理できる。これがミソだ。ＲＩＺＡＰは赤字会社をつぎつぎ買収し、負ののれんで最高益をこしらえていった。

ただ、買収したＨＡＰｉＮＳ（インテリア雑貨）、ジーンズメイト（カジュアル衣料）、ワンダーコーポレーションはいずれも、会社四季報巻末にある「『企業の継続性』にリスクがある会社一覧」の常連企業であり、買収後も業績が急回復することはなかった。**RIZAPはいわばツケを払う形で、2期連続最高益の翌年、2019年3月期に193億円の大赤字に転落し、RIZAP自身が2019年夏号から巻末のリスク企業リストに仲間入りしてしまった。**税前利益の赤字はその後3年続き、「継続企業の前提に関する重要事象等」の記載がようやく解消されたのは２０２４年6月とごく最近だ。

繰り返しになるが、会社の成長はまず売上高に表れる。売上高こそ利益の源泉だからだ。しかし、その利益もキャッシュを伴わないと次に向けた投資ができず、成長は止まる。のちに紹介するソニーグループ（６７５８）の復活劇も、背景にあったのはＣＦの急改善だった。エレクトロニクス事業とゲーム事業が安定的にキャッシュを生み出し、それを成長余地の大きい事業へと投下していったのだ。

「銭足らず企業」を見抜くアクルーアル

では、業績がよいのに実は儲かっていない「銭足らず企業」を見破るにはどうしたらよいか。実はとても簡単な方法がある。**純利益と営業CFを比べてどちらが大きいかチェックすればよいのだ。**

正確には、特別損益を除いた税引き後利益から営業CFを引いて算出するのだが、ここは簡易的に純利益で代用してよいだろう。**これを「アクルーアル（会計発生高）」といい、利益が現金を伴う〝質〟の高い利益か否かが検証できる。**

アクルーアルがマイナス、つまり営業CFのほうが多ければ現金収入の裏付けのある「質の高い利益」、プラスなら現金収入が伴わない「質の悪い利益」と判断する。ただ、プラスだったら即ダメというわけではない。**プラス傾向が続いている会社は投資対象からひとまず外すといった活用法がよいだろう。**

下表は花王（4452）の2018年12月期以降の当期利益と営業

花王（4452）のアクルーアル

決算期（年、各12月）	当期利益（億円）	営業CF（億円）	配当金総額（円）
2018	1,536	**1,956**	584
2019	1,482	**2,445**	626
2020	1,261	**2,147**	674
2021	1,096	**1,755**	683
2022	860	**1,309**	692
2023	438	**2,024**	698

CF、配当金総額の推移をまとめたものだ。純利益－営業CFでアクルーアルを計算すると一貫して大幅なマイナスとなっている。純利益は2019年度に10期ぶりに減益となり、以降、2023年度まで5期連続の減益を続けているが、アクルーアルがプラスになったことはなく、つねに現金収入を伴った質の高い利益を挙げている。

第6章で紹介したように、花王は連続配当の国内企業最長記録保持者だが、こうも連続減益が続くといつ連続配当がストップするかと気を揉む人がいるかもしれない。ただ、心配は無用だろう。**配当総額と営業CFを比べると、CFが余裕で勝っているのがわかる**。

また、同じく第6章で新型NISAの人気銘柄として登場した高配当利回りのJT（2914）やNTT（9432）も、〝大盤振る舞い〟の背景には、質の高い利益を挙げているという事実がある。下の表は両社の過去5年の純利益と営業CFを並べたものだが、つねに営業CFが純利益を大きく上回っているのがわかるだろう。とりわけNTTは例年純利益の約2倍から3倍近いキャッシュを稼いでいる点には驚く。

利回り狙いで長期投資する場合の最大のリスクは減配だ。累進配当

NTT (9432) とJT (2914) のアクルーアル

（億円）

	NTT		JT	
決算期（年）	当期利益	営業CF	当期利益	営業CF
2023	12,795	**23,741**	4,822	**5,670**
2022	12,131	**22,610**	4,427	**4,837**
2021	11,810	**30,102**	3,384	**5,989**
2020	9,161	**30,090**	3,102	**5,198**
2019	8,553	**29,952**	3,481	**5,404**

（注）決算期はNTTが3月期、JTは12月期

を表明している企業も減配はしないとはいえ、業績が悪化し何年も配当を据え置かれたのではたまったものではない。こうした銘柄に投資する時は必ず「利益の質」のチェックもしておきたい。

第11章

最高益企業を狙え！

業績にも旬がある

人間と同じように会社にもライフサイクルがあるといわれる。**株式投資では、お目当ての会社が〝一生〟のどのステージにあるか見極める視点が欠かせない**。

会社四季報で銘柄探しをしていると、業績が右肩上がりの会社が自然と目に入ってくる。しかし、同じ右肩上がりでも、まさに今が旬の会社もあれば、旬は過ぎたがたまたま景気の波に乗って増益が続いているだけの場合もある。

会社四季報に掲載されている業績は過去3期分から多くて6期分しかない。それより昔にもっと大きな業績の山があり、今は当時の5合目付近を登っているだけだとしたら、景気が後退すればたちまち息切れしてしまうかもしれない。

では、会社の旬を何で見分けるか。手がかりとなるのはDブロックの【指標等】欄にある「最高純益」だ。最高益はアスリートでいえば自己ベストに当たり、会社四季報は純利益ベースでの過去最高額と、それを記録した決算期を掲載している。（ ）内の決算期が前期なら自己ベスト更新中の伸び盛り、7、

最高純益で“旬”を見極める

【株式】4/30	16,314,987千株	
単位 100株		貸借
時価総額	54.4兆円	225
【財務】<◇24.3>		百万円
総資産	90,114,296	
自己資本	34,220,991	
自己資本比率	38.0%	
資本金	397,050	
利益剰余金	32,795,365	
有利子負債	36,561,780	
【指標等】		<◇24.3>
ROE	15.8%	予11.0%
ROA	5.5%	予 4.2%
調整1株益		―円
最高純益(24.3)	4,944,933	
設備投資	20,108億	予21,500億
減価償却	12,484億	予13,800億
研究開発	12,023億	予13,000億
【キャッシュフロー】		億円
営業CF	42,063	(29,550)
投資CF	▲49,987	(▲15,988)
財務CF	24,975	(▲561)
現金同等物	94,120	(75,169)

●トヨタ自動車（7203）
2024年3集夏号

8年以上前だったら旬は過ぎた、という感じで判断できる。

最高益更新が見込まれている銘柄は市場での注目も高く、投資信託にも最高益更新企業を集めた「日本最高益更新企業ファンド（愛称：自己ベスト）」という商品まである。会社四季報読者の皆さんには、過去最高益の更新パターンには大きく3つあり、株価の動き方にもそれぞれ特徴があるという点を知っておいていただきたい。

毎年のように最高益を更新するパターン

1つ目は毎年のように最高益を更新するパターンである。次ページの表では連続で最高純益を更新している会社を、今期予想を含んだ更新回数でランキングした（2024年7月18日時点）。

連続記録保持者は、埼玉県を中心に食品スーパーを展開するヤオコー（8279）で32回を誇る。1988年2月に店頭上場し、会社四季報には1988年春号でデビューした。当時の年商は200億円台半ば、当期利益は3億円。埼玉県中部の比企郡小川町という人口3万人の町に本社を置き、県内に22店舗を構えるローカルスーパーだった。上場2年後の4億8800万円を起点に増益を続け、2024年3月期の純利益は60倍の182億円に膨らんだ。業界トップを誇る営業利益率の高さも特徴だ。

ヤオコーの32期連続は別格であり、2位のグリーンクロスホールディングス（7533）は16期とかなり間が空く。福岡に本社を構え、福岡証券取引所単独上場のため知名度は高くないが、安全用品のレ

連続最高益更新ランキング

順位	証券コード	社名	業種	今期決算月	連続最高益更新回数
1	8279	ヤオコー	食品スーパー・小売り	3	32
2	7533	グリーンクロス	建設関連製品・設備	4	16
3	2175	エス・エム・エス	ヘルスケア製品・サービス	3	15
〃	4827	ビジネス・ワンHD	住宅賃貸・管理	3	15
5	3064	MonotaRO	工具	12	14
〃	4345	シーティーエス	仮設建物・ユニットハウス	3	14
〃	4716	日本オラクル	パッケージソフト（その他）	5	14
〃	7532	パンパシインターH	ディスカウントストア	6	14
〃	9069	センコーグループH	トラック運送	3	14
10	3844	コムチュア	システム開発	3	13
〃	7164	全国保証	金融保証会社	3	13
12	3003	ヒューリック	不動産賃貸	12	12
〃	3288	オープンハウスG	戸建て	9	12
〃	3901	マークラインズ	他産業サービス・製品	12	12
〃	4684	オービック	システム開発	3	12
〃	6099	エラン	介護医療用具	12	12
〃	8830	住友不動産	総合不動産	3	12
18	1414	ショーボンドHLD	建設・土木	6	11
〃	3916	デジタルインフォT	システム開発	6	11
〃	3925	ダブルスタンダード	システム開発	3	11
〃	4674	クレスコ	システム開発	3	11
〃	9037	ハマキョウレックス	3PL	3	11
〃	9682	DTS	システム開発	3	11
24	3539	JMホールディング	食品スーパー・小売り	7	10
〃	3939	カナミックネット	医療・福祉関連システム開発	9	10
〃	3969	エイトレッド	パッケージソフト（その他）	3	10
〃	4687	TDCソフト	システム開発	3	10
〃	6920	レーザーテック	半導体・FPD検査装置	6	10
〃	8088	岩谷産業	燃料商社	3	10
〃	9436	沖縄セルラー電話	携帯電話会社	3	10
〃	9746	TKC	システム運用	9	10

（注）2024年7月18日時点

ンタル・販売では大手3社の一角だ。3位には15期で2社が同時にランクインしている。エス・エム・エス（2175）は介護・医療業界向け人材紹介サービスの最大手、ビジネス・ワンホールディングス（4827）も福証Q-Board上場であまりなじみがないが、競売物件等の不動産再販売を軸にソフト販売なども手がけている。

1位と2位の間にはこれまで、2022年2月期まで23期連続で更新していた家具・インテリア製造小売りのニトリホールディングス（9843）や、2023年12月期まで26期連続の小林製薬（4967）がいた。しかし、ニトリは2023年3月期（決算期変更に伴い13カ月の変則決算）に円安に直撃されて脱落し、小林製薬も周知のように紅麹問題で2024年12月期の連続増益は微妙と見られている。

連続最高益企業は「買い」か？

ではこうした連続最高益企業は「買い」かというと、そう簡単な話ではない。

なにせ「来期もおそらく増益になるだろう」という市場の期待がすでに株価に織り込まれている。また、最高益が続くといっても毎期2桁のペースで更新するような例はめったにあるものではない。大抵は数%と、業績変化率は小さくなっている。**株式市場からするとサプライズにいまいち欠け、短期投資としてはあまり妙味ありとはいえない。むしろ、会社側が発表した業績見通しがアナリストの市場予想に届かないと激しく売られることもある**。もしあなたに成績優秀な子どもがいて、テストの結果が85点だったら褒めるだろうか。逆に「なぜ100点が取れなかったのか」と叱るかもしれない。優等生には優等生なりの高いハードルが控えているのだ。

ランキング10位に登場するコムチュア（3844）も、そうした洗礼を受けた1社だ。同社は1985年創業の独立系SI（システムインテグレーター）で、アマゾン、セールスフォース、マイクロソフトなどと連携したクラウドベースのシステム開発を主力としており、DX（デジタルトランスフォーメーション）の波に乗って業績を拡大している。同社は2024年5月の決算発表で、前年3月期の経常利益が前の期に比べ13・0％増の45・9億円となり、続く2025年3月期についても前期比6・6％増の49億円と14期連続で過去最高益を更新する見通しであることを公表した。しかし、増収増益予想を見越して数日前から上昇していた株価は発表翌日、突如下落に転じた。**コンセンサス予想（53億5000万円、前期比16・4％増）を下回った会社予想に、株式市場は成長鈍化の匂いを感じ取ったのだ。**

その前の期に23期で連続増益に終止符を打ち、仕切り直しを始め

優等生企業のハードルは高い

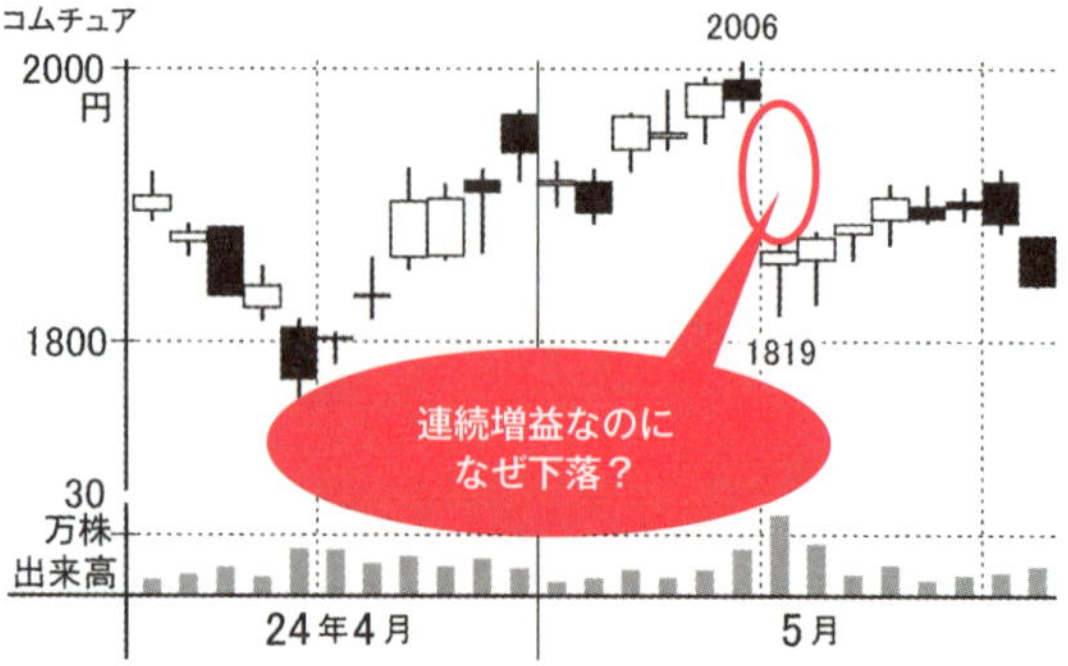

●コムチュア（3844）

たばかりのニトリも同様の洗礼を受けている。2024年5月14日の決算発表時に、次の2025年3月期は2期ぶりに増収増益に転じるシナリオを公表したものの、会社側が示した純益計画920億円（前期比6・3％増）はアナリスト予想の平均値1025億円を10％程度下回っていた。ニトリ株は翌15日、東証プライム市場の値下がり率ランキングで3位（値下がり率16・1％）となった。ニトリは21期連続で増配する方針も示していたのだが、焼け石に水だったようだ。

数年おきの最高益型

過去最高益の更新パターン2つ目は、景気や新製品サイクルなどに合わせて数年おきに最高益を更新するパターンである。半導体や、工作機械、産業用ロボットなど設備投資関連の会社に多い。

例えば産業用ロボットの累積出荷台数で世界有数を誇る安川電機（6506）は、決算期が2月で製造業では主要企業の先陣を切って決算を発表することから、市場での注目度が高い。**ただし、注目されるのは業績ではなく、同時に公表される受注額のほうだ。こうした会社の株価は、ビジネスの結果としての「業績」ではなく、これからの先行きを占う「受注の伸び」に左右されるのだ**。

ロボット業界の受注高の推移を見ると、2018年に最初のピークをつけ、その後は米中貿易摩擦のあおりやコロナ禍で低迷したあと、半導体やEV関連の旺盛な設備投資を追い風に回復し、2022年に過去最高となっている。安川電機もこれに呼応する形で2019年2月期、2023年2月期に過去最高益を更新している。

2024年1月31日にレーザーテック（6920）は2024年6月期業績の上方修正と配当の増額を発表したが、株価は下落した。理由としては、上方修正後の当期利益が市場予想を5％近く下回ったのもさることながら、同時に公表した10〜12月の半導体関連装置の受注が7〜9月比で34％減と大きく落ち込んでいたためと思われる。

数年おき最高益型の株価は、いったん動き出すと荒い値動きとなり、業績に比例して2倍高、3倍高となりやすい。投資妙味は絶大なのだが、投資格言にある「もうはまだ、まだはもうなり」を地で行くところがあり、株価のピークやボトムを見分けるのが極めて難しい。そのうえ、東証が最低投資単位50万円以下を要請しているにもかかわらず、高額な値ガサ株が依然として多いため、高値づかみをして急落しようものなら大きな痛手を負いやすい。

ちなみに「もうはまだ」とは、「ここまで上がればもうよいだろう」「ここまで下がればもう下がらないだろう」と思うとさらに上がったり下がったりすることが多々あるという教えだ。

「久しぶり最高益」は投資妙味大

最高益更新パターンの3つ目は、忘れ去られていたような会社が十数年あるいは何十年という月日を経て、久しぶりに最高益を更新するパターンだ。株価インパクトはこれがいちばん大きく、最も投資妙味がある。

中堅化学機械メーカーの巴工業（6309）が2023年12月に発表した決算で、2024年10月期

21年ぶり最高益に市場も湧いた

【卸売業】

8142 (株)トーホー

↓前号比減額

【特色】業務用食品卸最大手。西日本地盤。食材店「Aープライス」展開。ド期偏重。食品スーパー撤退へ

【連結事業】ディストリビューター69(2)、キャッシュアンドキャリー18(2)、食品スーパー7(▲5)、フードソリューション6(4)〈23・1〉

【決算】1月
【設立】1947.10
【上場】1983.9

【21期ぶり】年央に赤字の食品スーパー売却を前提に採算改善。柱の卸売りは外食・ホテル向けの需要回復が続く。Aープライス好調。電気代など吸収し営業増益。特損も減る。21期ぶり最高純益。連続増配。

【再開】コロナ禍で中断していたAープライスの出店を今期再開、新業態も投入へ。国内外で同業のM&Aを虎視眈々と狙う。5月末まで予定のスーパー売却は再延期。

年月	【資本異動】	万株
89. 3	無1:0.05	2,034
99.12	消却	2,640
06.11	分1→2	5,506
15. 8	併5→1	1,101

東証P	高値	安値
83~21	**3100**(17)	**211**(11)
22	1870(12)	973(1)
23.1~5	2500(5)	1535(1)

	高値	安値	出来万株
23. 3	2230	**1714**	280
4	2419	2137	159
#5	**2500**	2312	100

【外国人持株】▲1.0pt(▲1.5pt)
前年 2.3%(3年前 2.8%)
【会社業績修正】上方6 下方2
経常益÷期初会社予想 1.5倍

【業種】食品
時価総額順位 80/172社
【比較会社】9996 サトー商会, 7481 尾家産業, 2708 久世

【株式】4/30 11,012千株
単位 100株 貸借 優待
時価総額 268億円

【財務】〈連23.1〉 百万円
総資産 87,352
自己資本 22,408
自己資本比率 25.7%
資本金 5,344
利益剰余金 10,044
有利子負債 26,827

【指標等】〈連23.1〉
ROE 4.8% 予8.9%
ROA 1.2% 予2.3%
調整1株益 ー円
最高純益(03.1) 1,762
設備投資 1,051 予2,570
減価償却 2,060 予1,979
研究開発 0 予 0

【キャッシュフロー】百万円
営業CF 4,110(3,547)
投資CF ▲931(2,078)
財務CF ▲4,477(▲4,003)
現金同等物 7,511(8,596)

【株主】単9,776名〈23.1〉 万株

	万株	(%)
国分ホールディングス	97	(8.8)
日本マスター信託口	83	(7.5)
自社社員持株会	63	(5.7)
国分グループ本社	55	(5.0)
第一生命保険	30	(2.7)
前田玲子	29	(2.6)
西日本シティ銀行	26	(2.4)
自社(自己株口)	25	(2.3)
日本生命保険	18	(1.7)
福岡銀行	16	(1.4)

〈外国〉1.3% 〈浮動株〉32.6%
〈投信〉2.8% 〈特定株〉40.8%

【役員】(社)古賀裕之 (取)佐藤敏明 淡田利広 奥野邦治 土井弘光 中井康之* 佐藤尚文* 原田比呂志* 渡真利千恵* (常監)奥村卓哉 中島亨* (監)中川一之* 種谷有希子*

【連結】トーホーフードサービス, トーホーキャッシュアンドキャリー, トーホーストア

【業績】(百万円)	売上高	営業利益	経常利益	純利益	1株益(円)	1株配(円)
連19. 1	217,666	1,637	1,753	849	79.0	50
連20. 1	231,266	1,433	1,518	474	44.2	50
連21. 1	186,217	▲3,141	▲2,063	▲3,591	▲333.9	0
連22. 1	188,567	▲446	178	335	31.2	5
連23. 1	215,572	3,649	3,877	1,006	93.6	35
連24. 1予	215,500	3,800	3,900	2,000	185.9	60
連25. 1予	216,000	4,000	4,100	2,100	195.2	60~65
連22.2~7	100,350	1,240	1,439	631	58.7	10
連23.2~7予	105,000	1,250	1,300	650	60.4	30
会24. 1予	214,000	3,800	3,900	2,000	(23.3.10発表)	

【配当】	配当金(円)
20. 1	25
21. 1	0
22. 1	5
22. 7	10
23. 1	25
23. 7予	30
24. 1予	30

予想配当利回り 2.46%
1株純資産(円)〈連23. 1〉
2,083 (1,852)

【本社】658-0033神戸市東灘区向洋町西5-9
☎078-845-2400
【子会社事業所・店舗】(ディストリビューター)支店・営業所84, (キャッシュアンドキャリー)店舗92, (トーホーストア)食品スーパー34
【従業員】〈23.1〉連2,515名 単101名(44.1歳)年604万円
【証券】上東京P 幹みずほ, 大和 名三井住友信 監協立神明
【銀行】三井住友, 三菱U, 西日本シ, 福岡, 肥後
【仕入先】ニチレイ, 味の素, 雪印メグミルク
【販売先】ー

●トーホー (8142) 2023年3集夏号

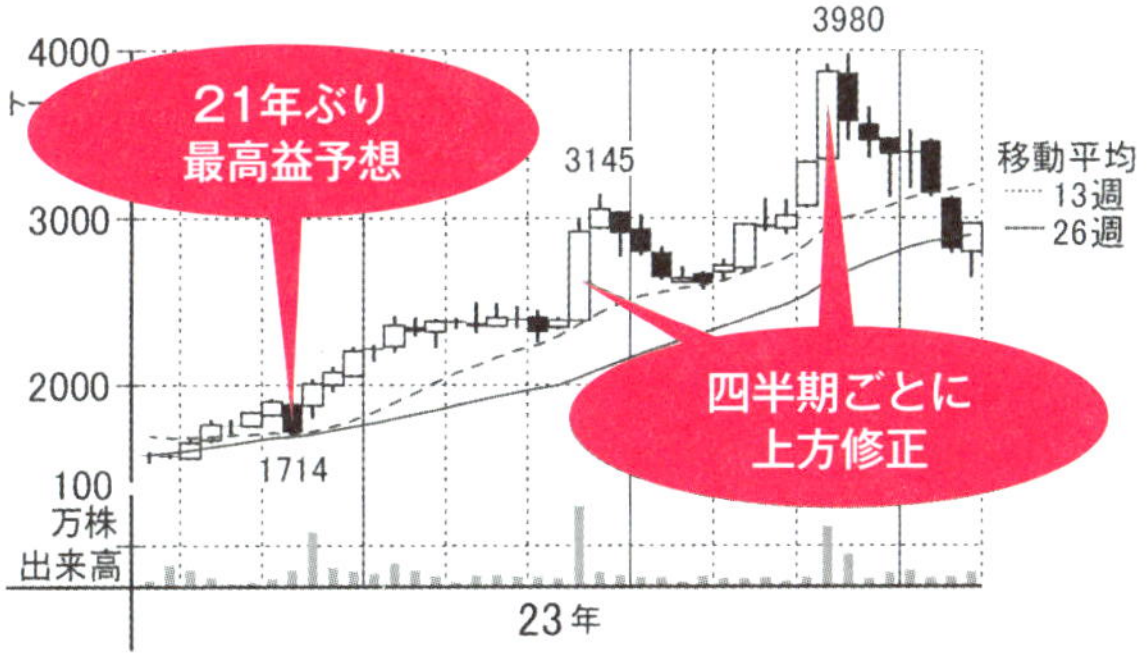

●トーホー (8142) 週足

は13期ぶりに最高益となる見通しであることが明らかになるや、株価はストップ高まで買われ、その後も連騰した。

神戸に本社を置く業務用食品卸で最大手のトーホー（８１４２）の勢いはもっとすごかった。前ページの図の会社四季報２０２３年夏号の見出しにあるように、２０２４年１月期は21年ぶりの最高益更新が予想されていた。それまでの最高益は２００３年１月期にマークした17億円強で、それを14％ほど上回る20億円となる計画だった。ただ、期初段階では株価はたいして動かなかった。

ところが、走り出してすぐの第１四半期に早くも上方修正を発表。続く第２四半期、さらには第３四半期でも上方修正を繰り返し、結果的には期初予想を８割オーバーする36億円で着地した。【特色】に書かれているように同社の業績は下期偏重型なこともあって、期末に向け尻上がりに加速していった感がある。期初に１８８０円だった株価も２倍以上の３９８０円まで値を飛ばしている。

こうした「久しぶり最高益パターン」はさらに２つの類型に分かれる。**１つは数年にわたる事業構造改革の断行によって成長事業の入れ替えに成功し、復活を遂げる「自己改革型」。もう１つは、会社自体はとくに変化したわけではないが、社会側の構造が大きく変化して、それが強烈な追い風となる、いわば「棚ぼた型」**だ。

「自己改革」で久々最高益となったソニー

自己改革型のパターンの代表例はなんといってもソニーグループ（６７５８）だろう。１９８０年代に「ウォークマン」「ハンディカム」などライフスタイルを一変する画期的製品を世に送り出し絶大なブランド力を築き上げ、2008年3月期には売上高8兆8714億円、当期純利益3694億円の過去最高益をたたき出した。

ところが、その翌年の2009年3月期に突如大赤字に転落する。世界トップシェアだったテレビが薄型化に出遅れ、ゲーム、デジタルカメラ、携帯電話、金融もすべて不振という状況で、天国から地獄とはこのことかという感じだった。

それ以降、2015年3月期まで1年を除きすべての年で最終赤字となり、かつての輝きは消え失せた。市場では上場廃止か、いや倒産もありうるなどと真顔でささやかれ始めた。凋落の理由は、2007年に発売された米アップルのiPhoneを引き合いに出すまでもなく、AV機器とITの融合に後れを取ったことや、韓国サムスン電子などアジア企業とのシェア争いに敗れたためだ。

そんなソニーが復活したのは2018年3月期。純利益ベースで10年ぶり、営業利益ベースでは実に23年ぶりに最高益を更新した。不採算事業の売却を進め、かつての屋台骨だったテレビやカメラは規模を追わず高価格帯に特化した。一方で、スマホ用カメラ向けなどで世界首位のCMOSイメージセンサーや、ゲーム、音楽、映像などエンターテインメント事業へ集中投資して磨きをかけ、ソフトコンテンツ、エレクトロニクス、半導体、金融で稼ぐ複合企業に転換を果たしたのだ。

「赤字のときに買って最高益で売れ」が現実に

株価の上昇ぶりもすさまじく、かつて772円まで売られた株価は2018年9月には6973円まで値上がりし、さらに2022年1月には1万5725円と底値から20倍へと値を伸ばした。超のつく国際優良株がこれほどの短期間でダブル・テンバガー（テンバガーは株価が10倍になる銘柄、別名「10倍株」）になった例はあまり聞かない。月足チャートを見ると2013年1月に過去最大の出来高を記録しており、現実に大儲けした人は大勢いる。**「株は赤字のときに買って最高益で売れ」の教えは本当だったのだ**。

第4章でも触れたサイゼリヤ（7581）も自己改革型最高益の例といえる。同社が最高益を記録したのは2010年の8月期（約78億4200万円）にさかのぼる。2025年8月期に15年ぶりに更新する見通しだが、前回の稼ぎの主役は国内、今回は海外が主役とまったく異なる。**国内が値上げ一色となる中、サイゼリヤは価格を据え置き「庶民の味方」戦略を打ち出しているが、実は海外ではしっかり値上げもしている**。会社四季報2024年夏号には「国内は店舗純減8（前

ソニーグループ（6758）の長期株価推移

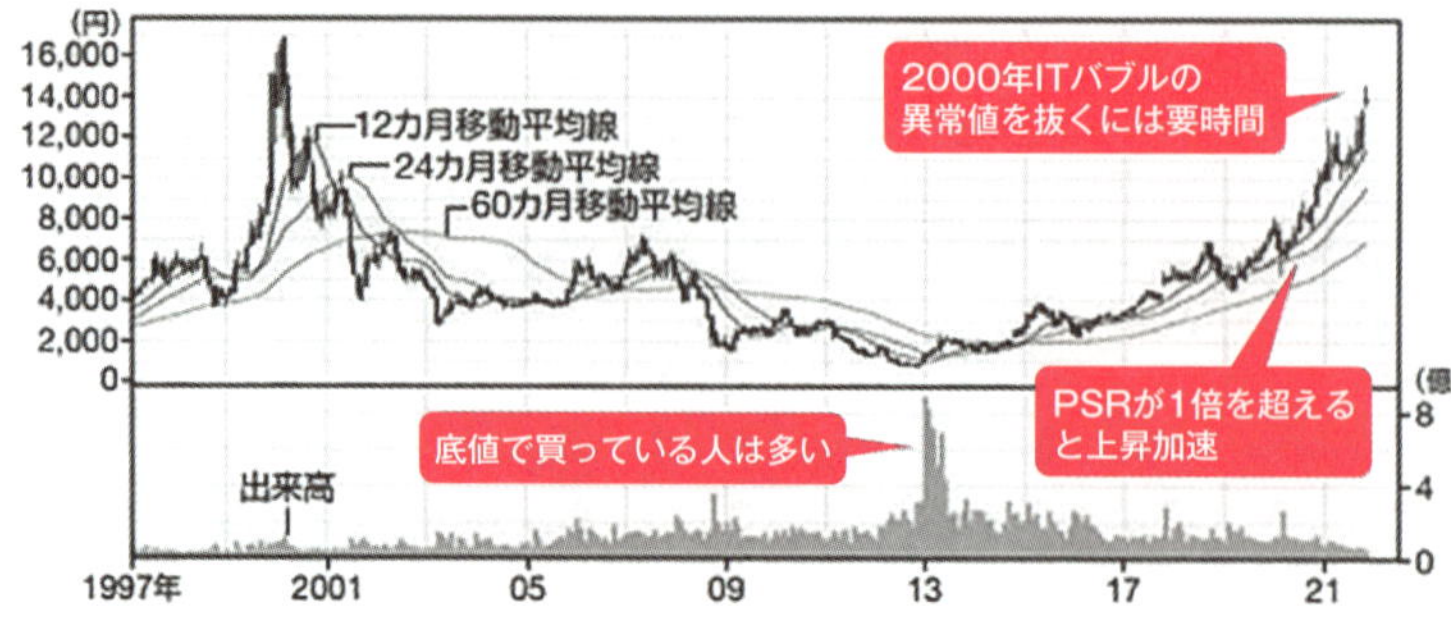

（出所）「週刊東洋経済Plus」2021年12月18日号

期間同14）。アジアは純増50（同7）」とあり、国内を純減ないし横ばいにとどめ海外を拡大する戦略ステージは、2015年以降のファーストリテイリングを彷彿とさせる。

急動意する「棚ぼた型最高益」

会社を取り巻く社会環境が変化して、棚ぼた的に久しぶり最高益となるパターンについても説明しよう。**2015年から2016年にかけては、まさにそんな事例が多発した。背景にあったのは、当時起きた空前のインバウンドブームである**。

この期間に、高級ホテルの代表格である帝国ホテル（9708）は28年ぶり、羽田空港旅客ターミナルビルのオーナーで免税店を展開する日本空港ビルデング（9706）も24年ぶりに最高益を更新した。「セロテープ」で有名なニチバン（4218）は、発売から25年以上経つ「ロイヒつぼ膏」が中国人観光客の間で人気となり、20年ぶりに最高益を更新している。相模ゴム工業（5194）は、超薄型コンドームの生産を1年間休止していた反動もあって外国人観光客に買いあさられ、2017年3月期にかつての記録の2倍となる最高益を更新。生産基地のマレーシアに第3工場の建設を決定したほどだ。

こうしたインバウンド銘柄は株価も爆上げで、2014年初からその後の高値までニチバン4・8倍、日本空港ビル3・5倍、相模ゴムに至っては9・4倍とテンバガーまであと一歩の水準まで上昇した。

足元で好業績を謳歌する百貨店業界も、インバウンドの追い風さまさまといったところだ。外国人旅行者の旺盛な消費意欲が、百貨店の得意とする高額商品の売れ行きを加速させている。東京日本橋、横浜、難波に旗艦店を持つ業界3位の髙島屋（8233）は、2023年2月期に先陣を切って16期ぶりに最高益を更新した。

これに続けとばかり、関西の雄・阪神、阪急百貨店を抱えるエイチ・ツー・オー リテイリング（8242）も同3月期に5期ぶりに最高益を更新した。業界首位の三越伊勢丹ホールディングス（3099）も2024年3月期に3度の上方修正を発表する好調ぶりで、営業利益ベースでは10年ぶりに最高益を更新した。

急動意する「社会環境変化型」

これと同じことが2019年からの新型コロナ禍でも起きた。2021年3月期に日本郵船（9101）と川崎汽船（9107）が13年ぶりに最高益を更新、翌年には商船三井（9104）も14年ぶりに更新した。

海運3社の業績に猛烈な追い風となったのは、巣ごもり消費の拡大による世界レベルでの輸送需要の急増だった。コンテナ船の運賃市況が高騰し、2020年から〝海運バブル〟と呼ぶべき状況が発生した。日本郵船は期初に200円としていた2022年3月期の配当を6倍の1200円に引き上げる大盤振る舞いだった。1000円前後をうろついていた商船三井の株価は2022年3月には4000円近くに急騰し、おまけに高利回りの配当も受け取れたのだから株主はほくほくだったろう。

もっとも、巨額の利益を稼ぎ出しているのは本体や子会社でなく、かつてお荷物扱いされていたコンテナ船事業の共同出資会社であるオーシャン ネットワーク エクスプレス ジャパン（ＯＮＥ、日本郵船38％、商船三井と川崎汽船が31％ずつ出資）だった。ＯＮＥは２０２１年度から２年連続で２兆円を超える利益を稼ぎ出している。**環境が変われば業績がこうも変わる典型例といってよい**。

各社の業績はその後ピークアウトしたものの、株価は２０２４年に入っても高値更新を続けている。背景にあるのは、イエメンの親イラン武装組織フーシ派による日本郵船のチャーター船拿捕《だほ》を皮切りにした中東情勢の緊迫化だ。襲撃リスクの高い紅海を迂回し喜望峰経由にルート変更するなど、一時的と見られていた措置が米英軍の報復攻撃などで長期化せざるをえなくなった。航海日数が延びた結果、船腹の需給が引き締まり、２０２３年12月以降、コンテナ船運賃は急上昇した。**こうした事情を、投資家たちの「夢よもう一度」の願望が後押ししている形だ**。

メガバンクも、日銀の金融政策変更という社会環境変化の風を受けている。２０２４年３月期に三井住友フィナンシャルグループ（８３１６）が10期ぶりに最高益を更新、続く２０２５年３月期はみずほフィナンシャルグループ（８４１１）が７７００億円の純利益計画で11期ぶりに最高を更新する見通しだ。各社の構造改革もあるが、２０２４年５月末に日本の10年物国債金利が一時13年ぶりとなる１・１％をつけるなど、「金利ある世界」への転換が背景にある。

「ぶり検索」の威力

自己改革型にせよ棚ぼた型にせよ、久しぶり最高益企業を発掘するうえでぜひおすすめしたいのは、会社四季報オンラインのスクリーニング機能を使った「ぶり検索」だ。

会社四季報オンラインのトップページ上段にある検索窓に「ぶり」と入力する。すると、「銘柄名」「四季報」「適時開示」などいくつかタブが表示される。その中から「四季報」をクリックすると、会社四季報オンラインの会社プロフィール（会社四季報の【特色】欄を200字程度に拡大したもの）か、または、会社四季報の業績記事の中で「ぶり」が使われた銘柄だけが抽出される。

試しに会社四季報2024年春号で検索すると、約60銘柄がヒットする。中部電力（9502）「8期ぶり最高純益」、メタウォーター（9551）「4期ぶりに最高純益更新」や、鉄人化ホールディングス（2404）「5期ぶり営業黒字浮上」、ジーエス・ユアサコーポレーション（6674）「9年ぶり増配」、田中化学研究所（4080）「【悲願】黒字定着で繰越欠損解消、13年ぶりに配当実施へ」といった具合に、いずれも業績のベクトル転換を示す記述が並ぶ。

ぶり検索をすると、業績についての「ぶり」のみならず、いろいろな「○○ぶり」の話題を拾ってくれるところもおもしろい。例えば、マツダ（7261）「ロータリーエンジン開発グループが約6年ぶりに復活」、日本郵政（6178）「【値上げ】今秋メド、消費増税分の上乗せ除けば30年ぶり」、大幸薬品（4574）「正露丸など約20年ぶりに国内出荷価格改定を計画」、象印マホービン（7965）「韓国・

ソウル支店開設。17年ぶりに進出」といった感じだ。いずれも、会社がなんらかの転換期にさしかかりつつある兆しと捉えることができる。

なお、自己変革型と棚ぼた型では、株価の動きに大きな違いがある点には注意しておきたい。**自己変革型はその後も数年にわたり株価が上昇を続ける可能性が高い**。代表格はソニーグループ（6758）だろう。同社は2018年3月期の最高益更新後も順調に業績を伸ばし、2020年3月期には、株高で儲けたソフトバンクグループ（9984）を例外とすれば、トヨタ自動車（7203）に次ぐ国内企業で2番目となる純利益1兆円超えを果たした。足元の株価も上昇基調を回復し、2024年6月時点で、時価総額ランキングにおいてキーエンス（6861）や東京エレクトロン（8035）などと3位グループ争いを続けている。

ソニーグループの会社四季報Fブロックにある【従業員】欄をバックナンバーでさかのぼってみると、2016年春号では一時859万円（平均年齢43・2歳）まで落ち込んだ年収も、その後3年で150万円強アップし、2018年夏号で1013万円（42・3歳）と1000万円の大台に乗せ、その後も緩やかに上昇を続けている。

一方、棚ぼた型の銘柄は動意づくと急角度で値を飛ばすため、短期投資ではこのうえない妙味なのだが、上昇期間は長くて数カ月あるかないか。出口が見えてくると一気に売られて、もとの居所に戻ってしまうことも多いため、どこで飛び降りるかが難しい。

第12章

「フル生産」の落とし穴

フル稼働、フル生産……繁忙企業の落とし穴

設備投資とは、会社が事業のために用いる設備に対して行う投資のことをいう。生産設備の新設、生産能力の増強、老朽化した設備の更新、省エネ化などのために行うもので、建物や機械設備、店舗といった有形固定資産だけでなく、ソフトウエアや特許、商標権といった無形資産への投資も含まれる。

会社が事業を発展させていくために設備投資は欠かせない。**稼いだ利益を生産設備に再投資し、売り上げを拡大していくことで事業は発展する。**会社四季報Dブロックの【指標等】の設備投資欄には左側に前期実績、右側に（予）として今期予定額を掲載している。

会社四季報Bブロックにある業績記事を読むと、業績好調な会社には「続伸」「絶好調」「活況」「満喫」「謳歌」など威勢のよい言葉が躍る。**しかし、中には一見するとすごそうだが、実は注意しなければならない言葉がある。それが「フル生産」や「フル稼働」「フル操業」、あるいはホテルや倉庫業で使われる「満床（満室）」といった表現だ。**

試しに2024年春号を会社四季報オンラインでスクリーニングすると、28銘柄でこの3つの言葉のいずれかが登場する。「【特　需】能登半島地震後に企業や個人の保存食購入が急増しフル生産で対応」（亀田製菓〈2220〉）、「積み上がった受注残こなすためコンプレッサーや発電機のフル生産続く」（北越工業〈6364〉）、「新設したかにかま専用工場もほぼフル稼働と順調推移」（一正蒲鉾〈2904〉）、「スーツ、カフェ堅調のうえ、式場が通期フル稼働」（AOKIホールディングス〈8214〉）、「倉庫

稼働率は高水準で推移し満床近づく」（丸八倉庫〈9313〉）といった具合だ。

本稿執筆時は半導体やスマホ周辺機器の需給が依然として弱く、在庫調整が長引いている時期のため、この程度の銘柄数にとどまっている。多い号では50銘柄を超えることもある。

もうこれ以上作れない！

ではなぜフル生産、フル稼働、満床（満室）がいけないのか。

答えを先に言うと、フル生産は「もう無理、これ以上は作れません」ということに等しく、満床・満室も「もういっぱいで入りません」ということにほかならないからだ。

この状態からさらに売上高を増やすには、値上げをするか、増産投資や増床投資をするかしかない。

下図は、温泉施設を運営するエコナックホールディ

「フル稼働」は威勢のいい言葉だが……

3521 エコナックホールディングス
【特色】旧日本レース。祖業の繊維業は廃止し不動産も縮小。温浴施設が事業の柱に成長し2店舗展開
【連結事業】温浴97(16)、不動産3(35)
【決算】3月 【設立】1926.12 【上場】1949.6
〈24・3〉

【初期赤字一巡】主力の温浴新宿店は24時間営業のフル稼働続き、来館者数、利益とも高原商状。前期開業した宿泊施設併設の西麻布店が立ち上がり費用一巡し黒字転換。来館者数の小幅増も奏功。西麻布ビル住居部分の賃収は安定的。営業増益続く。
【手直し】西麻布店のレストラン稼働率伸び悩みで、メニューや店内改装等のテコ入れ検討。新宿店は季節ごとのフェアを開催。

【東京本社】107-0062東京都港区南青山7-8-4 高樹ハイツ ☎03-6418-4391
【事業所】不動産（東京都港区）
【従業員】〈24.3〉連30名 単6名(47.2歳)[年]525万円
【証券】[上]東京S [幹]ー [名]三井住友信 [監]やまぶき
【銀行】東日本，りそな，三井住友信
【仕入先】ー
【販売先】一般消費者

【サービス】

年月	【資本異動】	万株
17.10	併2→1	4,272
22. 3	渚1020万株(87円)	5,293
22. 8	減資	5,293
23.10	併2→1	2,646

東証S	高値	安値
49~22	**1840**(90)	**17**(97)
23	166(9)	71(9)
24.1~5	167(1)	125(4)

	高値	安値	出来万株
24. 3	**161**	135	170
4	141	**125**	124
#5	132	125	74

【外国人持株】+0.3pt(▲0.6pt) 前年 1.4%(5年前 2.3%)
【会社業績修正】上方0 下方2 経常益÷期初会社予想 0.3倍
【業種】外食・娯楽サービス 時価総額順位 143／161社
【比較会社】8836 RISE，9636 きんえい，2340 極楽湯HD

➡前号並み

【株式】%30 26,466千株
単位 100株 [貸借] [優待]
時価総額 33.3億円
【財務】〈連24.3〉 百万円
総資産 6,008
自己資本 4,728
自己資本比率 78.7%
資本金 100
利益剰余金 376
有利子負債 793
【指標等】〈連24.3〉
ROE 2.1% 予2.7%
ROA 1.6% 予2.2%
調整1株益 ー円
最高純益(85.9) 630
設備投資 68 予‥
減価償却 306 予‥
研究開発 ‥ 予‥
【キャッシュフロー】百万円
営業CF 505(▲25)
投資CF ▲140(▲778)
財務CF ▲146(▲118)
現金同等物 1,228(1,009)

【株主】[単]5,980名〈24.3〉 万株
(株)ウェブ 255(9.6)
(株)船橋カントリー倶楽部 182(6.8)
ロイヤル観光(有) 177(6.7)
NFKHLD 153(5.7)
(株)トーテム 128(4.8)
(株)広共コーポレーション 118(4.4)
伊豆シャボテンリゾ 102(3.8)
(有)ＭＢＬ 65(2.4)
日本マスター信託口 64(2.4)
(株)広共 45(1.7)
〈外国〉1.7% 〈浮動株〉12.7%
〈投信〉0.9% 〈特定株〉48.8%
【役員】(社)鈴木隆太 (副)奥村英夫 加藤祐蔵 萩野谷敏裕* 布村洋一* (常監)岩崎周也* (監)小田島章* 小林明隆*
【連結】テルマー湯，エレナ

【業績】(百万円)	売上高	営業利益	経常利益	純利益	1株益(円)	1株配(円)
連20. 3*	1,685	319	309	174	8.2	0
連21. 3*	599	▲177	▲186	▲158	▲7.4	0
連22. 3*	751	▲115	▲131	▲22	▲1.0	0
連23. 3*	1,407	0	▲7	51	1.9	0
連24. 3	1,892	188	183	96	3.6	0
連25. 3予	1,900	240	235	130	4.9	0
連26. 3予	1,910	245	240	135	5.1	0
連23.4~9*	903	36	33	▲8	▲0.3	0
連24.4~9予	910	105	100	55	2.1	0
会25. 3予	1,900	240	235	130	(24.5.14発表)	

【配当】	配当金(円)
19. 3	0
20. 3	0
21. 3	0
22. 3	0
23. 3	0
24. 3	0
25. 3予	0
予想配当利回り	ー%
1株純資産(円)〈連24. 3〉	178.7 (175.1)

●エコナックHD（3521）2024年3集夏号

ングス（3521）の2024年夏号で、「主力の温浴新宿店は24時間営業のフル稼働続き、来館者数、利益とも高原商状」とある。高原とは、良好な状態が継続することを指す〝会社四季報用語〟だ。ただ、新宿店はこれ以上キャパが増やせないということなのだろう、営業利益は今期も来期も頭打ちと予想している。

記者の原稿を編集していると、今期にフル生産といっておきながら、2期目の売上高予想を平気で増やす記者がいる。文中に「2交代を3交代シフトにしてしのぐ」とか「工場の増強を検討中」などなんらかの対応策が示されていれば原稿を通すが、来期増収の根拠に触れていない場合は「来期の数字を見直すように」と突っ返していた。

投資家が会社四季報を読んで注意しなければならないポイントもここだ。下図はRS Technologies（3445）の2021年秋号誌面である。同社の

生産増と売り上げ拡大の好循環が続く

3445
(株)RS Technologies
【決算】12月
【設立】2010.12
【上場】2015.3

【特色】半導体製造装置の調整に用いるテストウエハの再生加工受託大手。中国で新品ウエハ製造参入
【連結事業】ウェーハ再生45(35)、プライムシリコンウェーハ製造販売30(12)、半導体関連装置・部材等25(3)、他0(81)【海外】75 〈20・12〉

【増益幅拡大】主力の再生ウエハは絶好調でフル稼働継続。新品ウエハも需要旺盛、中国新工場立ち上げが想定より高進捗。半導体関連部材も新工場寄与。償却増を吸収。営業外に中国の補助金。株式報酬費用特損。22年12月期は増産の再生ウエハが牽引。
【生産量増】再生ウエハは日本、中国、台湾で逐次増産、台湾拠点は一部前倒しで増強。新品の新工場は人員確保につれて生産増。

【株主】㊖3,459名〈21.6〉 万株
RSテック(香港) 396(30.6)
日本カストディ信託口 151(11.7)
日本マスター信託口 85(6.5)
方 永 義 80(6.2)
JPモルガン・チェース・バンク380621 57(4.4)
那須マテリアル 34(2.6)
フューチャーエナジー㈱ 34(2.6)
ノルウェー政府 31(2.4)
BBH(ルクス)フィデリティFパシフィックファンド 30(2.3)
鈴 木 正 行 21(1.6)
〈外国〉50.1% 〈浮動株〉 8.1%
〈投信〉 6.5% 〈特定株〉73.8%
【役員】㈳方永義 ㈹本郷邦夫 鈴木正行 近藤淳行 遠藤智 蔵本誠 渡邉泰紀* 内海忠* 重本彰子* ㈸片岡義隆* ㈼金森浩之* 小幡朋弘*
【連結】北京有研RS半導体科技

【株式】7/31 12,928千株
単位 100株 貸借
時価総額 756億円
【財務】〈連21.6〉 百万円
総資産 71,014
自己資本 24,719
自己資本比率 34.8%
資本金 5,438
利益剰余金 13,653
有利子負債 8,624
【指標等】〈連20.12〉
ROE 12.7% 予12.5%
ROA 4.8% 予 4.4%
調整1株益 215.4円
最高純益(18.12) 3,620
設備投資 124億 予87億
減価償却 16億 予18億
研究開発 9億 予 4億
【キャッシュフロー】百万円
営業CF 6,377(9,015)
投資CF ▲9,188(▲5,571)
財務CF ▲776(4,206)
現金同等物 17,910(21,899)

年月	【資本異動】	万株
17. 7	分1→2	1,113
18. 3	公122万株(7110円)	1,240
18. 4	三者13万株(OA)	1,254

東証	高値	安値
15~19	10050(17)	1831(15)
20	5730(12)	1732(3)
21.1~8	7520(4)	5020(8)

	高値	安値	出来万株
21. 6	6690	5280	122
7	6670	5570	63
#8	6320	5020	91

【四半期増益率】21.5%(4.9%)
過去平均17.4% 増収率37.2%
【進捗率】3期平均51.5%
今期40.4%(▲11.1pt)
【業種】電子部品・産業用電子機器
時価総額順位 61/240社
【比較会社】8155 三益半導体, 3436 SUMCO, 4063 信越化学

【業績】(百万円)	売上高	営業利益	経常利益	純利益	1株益(円)	1株配(円)
連16.12*	8,864	1,585	1,444	861	79.2	5記
連17.12	10,932	2,982	3,159	2,113	190.6	5
連18.12	25,478	5,751	6,141	3,620	294.8	10
連19.12	24,501	4,717	5,416	3,035	237.0	15
連20.12	25,561	4,530	5,252	2,824	219.2	20
連21.12予	31,600	6,100	7,300	3,100	239.8	20~25
連22.12予	35,200	6,900	7,000	4,000	309.4	20~30
連21.1~6	15,559	2,464	3,662	630	48.8	0
連22.1~6予	17,300	3,100	3,200	1,800	139.2	0
会21.12予	31,600	6,100	7,300	3,100		(21.8.4発表)

【配当】	配当金(円)
16.12	10
17.12	5
18.12	10
19.12	15
20.12	20
21.12予	20~25
22.12予	20~30
予想配当利回り	0.34%
1株純資産(円)〈連21. 6〉	1,912 (1,838)

【本社】140-0014東京都品川区大井1-47-1 NTビル ☎03-5709-7685
【工場】宮城, 台湾, 中国
【従業員】〈20.12〉連1,172名 単261名(38.5歳)年519万円
【証券】上東京 幹(主)SBI(副)野村, 日興, 東海東京 名三菱U信 監あずさ
【銀行】三菱U, 三井住友, りそな, みずほ, 横浜, 仙台
【仕入先】日立パワーソリューションズ
【販売先】キオクシア, SONY, TSMC

●RS Technologies（3445）2021年4集秋号

主力事業はラサ工業（4022）から承継したテストウエハの再生加工で、半導体メーカーから預かった使用済みテストウエハを加工し、再び使用可能な新品同様の状態にして戻す。半導体製造には数百から2000もの工程があるが、どこか1カ所で不良が生じたまま気づかず製品化してしまったりしたら一大事だ。そこでテストウエハを製品用のプライムウエハ（新品のウエハ）と一緒に流し、最終工程前に抜き取って不良箇所をチェックする。

よいフル稼働のケース

RS Technologiesの業績を見ると、2020年12月期までの3年間の売上高は250億円前後で足踏み状態、営業利益は減益基調だったが、2021年12月期に転換期を迎えステップアップしたことがわかる。記事の業績欄にも「再生ウエハは絶好調でフル稼働継続」とある。問題はその先どうやって売り上げを増やすかだが、材料欄に「台湾拠点は一部前倒しで増強」と書かれていることから、**生産設備増強→売り上げ拡大（増収）の連鎖が切れ目なく続いていると判断できる**。

設備投資の欄でも、その流れはしっかり確認できる。今期予定額は87億円で前期の124億円より減るが、前期は中国に建設したプライムウエハ工場の投資が膨らみ、飛び抜けて投資額が多かった。1年前の会社四季報をめくると、その前の期は37億円だったので、87億円でもかなりの高水準といえる。

その後、同社の業績はどうなっただろうか。2023年12月期は売上高518億円、営業利益118億円と、どちらもわずか3年で倍増した。第7章でお話しした「4年で2倍」の条件もクリアしている。2024年春号の業績欄には「再生ウエハは需要活況でフル稼働、生産能力増も加勢し伸び続く」と、今なおフル稼働の文字が躍る。

もちろん、必ずしも設備投資を増やせば正解というわけではない。**経営判断としてあえて売り上げ拡大には動かず、選別受注を進めて利益だけを増やそうとするケースもある。**

画像処理半導体の設計や車載向け組み込みソフトに強い独立系SIの中堅、NSW(9739)の2024年春号に「フル稼働の半導体設計は選別営業進め粗利改善へ」とあるのがまさにそうしたパターンといえる。同社にとって今は、人員は増やさず採算のよい仕事に傾斜する時期なのだろう。ただ、これとていずれ投資に踏み切らないと成長は止まることになる。

【仕入先】に思わぬヒントが

もう1社、増産投資→業績拡大→株価上昇の好循環が続いている例を紹介しよう。半導体や液晶工場に導入されるウエハ、ガラス基板の搬送装置メーカー、ローツェ(6323)だ。

2021年3月発売の会社四季報春号は、2022年2月期の業績について、前期行った増産投資が奏功し「好採算の半導体関連装置は台湾ファウンドリー、米国、中国製造装置メーカーの投資活発化を追い風に大幅増」と予想した。材料欄では、「【一段落】工場建設など大型案件が続いた設備投資は一段落」と紹介している。

【本社】601-8501京都市南区上鳥羽鉾立町11-1 ☎075-662-9600
【東京支店】111-0053東京都台東区浅草橋5-21-5
【工場】宇治☎0774-21-3191
【従業員】〈18.3〉連5,501名 単2,191名(・・歳)年・・万円
【証券】上東京 幹(主)野村(副)日興, みずほ 名三井住友信 監PwC京都
【銀行】京都, 三菱U, りそな
【仕入先】ホシデン, ミネベアミツミ, NVIDIA
【販売先】—

●任天堂(7974)2018年3集夏号

余談になるが、ここに登場する台湾ファウンドリーというのは、半導体の受託生産で世界シェア6割を占める最大手台湾セミコンダクター・マニュファクチャリング・カンパニー（TSMC）のことである。なぜ断言できるかというと、会社四季報Fブロックいちばん下の【販売先】欄にTSMCと書いてあるからだ。

会社四季報の【販売先】とその上の【仕入先】は、2014年秋号から新設された比較的新しい欄である。実はここにも意外な投資ヒントが転がっていることがある。前ページの図は任天堂（7974）のFブロックだが、2018年夏号の【仕入先】欄にこれまでとは違う、ある会社の名前が突如登場した。今をときめくNVIDIA（エヌビディア）だ。それまで任天堂の仕入先といえばホシデン、ミツミ電機、メガチップスの指定席だったため、急な〝席替え〟に気づいたときは非常に驚いたのを今でも鮮明に覚えている。

試しに、【販売先】にTSMCがある会社を会社四季報オンラインで検索すると、RS Technologies（3445）、レーザーテック（6920）、SCREENホールディングス（7735）、そしてローツェ（6323）の4社がヒットする（2024年夏号）。こうした検索方法でお目当ての銘柄を見つけるのもおもしろいだろう。

受注拡大と増産投資の好循環が続く

話をローツェの設備投資に戻そう。問題はこの先、さらに受注が増えた場合にどうするかだ。先ほどの2021年春号から3カ月後に発売された2021年夏号は、「好採算の半導体関連装置が米中の製造装置メーカーや台湾ファウンドリー向けに絶好調」「半導体関連装置は期初受注残177億円（前期比70％増）と過去最高」と伝え、繁忙ぶりがさらに加速していることがわかる。

同社はその対応策として、「19年増設のベトナム工場で増員進め全力対応」と、まずは人海戦術に走ったことがわかる。続く秋号の記事では、高水準の受注高が来期も続く見通しの中、主力のベトナム工場で人員増強ペースを加速するとし、それでも追いつかなくなったときは「暫時様子見」（夏号）してきた大型投資にいよいよ踏み切ることを匂わせている。

その後、満を持して「【拡大】ベトナム既存工場近隣に新工場建設、22年8月竣工」（2022年新春号）に踏み切った。しかし、約2年後にはそこも

需要増に盤石の体制

6323 ローツェ
【決算】2月【設立】1985.3【上場】1997.12

【特色】半導体や液晶工場に導入されるウエハ、ガラス基板の搬送装置を製造。台湾や米国に大口顧客
【連結事業】半導体関連装置66、FPD関連装置24、モータ制御機器0、部品・修理他8、ライフサイエンス2【海外】89〈21・2〉

【連続最高益】ガラス基板搬送装置は前期の韓国大型案件が剥落。ただ好採算の半導体関連装置が米中の製造装置メーカーや台湾ファウンドリー向けに絶好調。輸送費高止まりや償却費増を吸収。最高純益。増配。
【繁忙】半導体関連装置は期初受注残177億円(前期比70%増)と過去最高。19年増設のベトナム工場で増員進め全力対応。大型設備投資は前期で一巡、暫時様子見。

年月	【資本異動】	万株
95. 9	合併	303
97.12	公38万株（1700円）	441
00.10	分1→2	882
07. 3	分1→2	1,764

東証	高値	安値
97~19	5800(00)	99(08)
20	6780(12)	2320(3)
21.1~5	10380(4)	6510(1)

	高値	安値	出来万株
21. 3	7920	6510	230
4	10380	7990	488
5	10130	8420	210

【外国人持株】+6.9pt(+12.7pt)
前年 10.5%(3年前 4.7%)
【会社業績修正】上方2 下方0
経常益÷期初会社予想 1.2倍
【業種】電子デバイス製造装置
時価総額順位 12／55社
【比較会社】6507 シンフォテ

【株式】⅚₀ 17,640千株
単位 100株
時価総額 1,746億円
【財務】〈連21.2〉 百万円

総資産	59,531
自己資本	30,848
自己資本比率	51.8%
資本金	982
利益剰余金	29,200
有利子負債	16,765

【指標等】〈連21.2〉

ROE	23.0%	予25.6%
ROA	10.9%	予13.3%
調整1株益		373.8円
最高純益(21.2)		6,470
設備投資	2,154	予1,495
減価償却	1,293	予1,489
研究開発	418	予 426

【キャッシュフロー】百万円

営業CF	8,157	(6,659)
投資CF	▲2,658	(▲5,703)
財務CF	▲1,449	(434)
現金同等物	16,825	(12,838)

【株主】㊥4,394名〈21.2〉 万株

崎谷文雄	627(35.5)
日本カストディ信託口	92(5.2)
日本マスター信託口	90(5.1)
藤代祥之	73(4.1)
BNPパリバ(Lux)J.FIMルクF.UCITS	55(3.1)
自社(自己株口)	35(2.0)
日本カストディ信託口9	33(1.9)
中国銀行	32(1.8)
ノルウェー政府	26(1.5)
JPモルガン・バンク・ルクセンブルグ380578	26(1.5)

〈外国〉17.4% 〈浮動株〉9.7%
〈投信〉8.5% 〈特定株〉62.5%

【役員】(社)藤代祥之 (取)中村秀春 早﨑克志 岩瀬好啓 (取相)崎谷文雄 (取)藤井修逸* 羽森寛* (常監)下出一益* (監)栗巣普揮* 金浦東祐*
【連結】RORZE ROBOTECH

【業績】(百万円)	売上高	営業利益	経常利益	純利益	1株益(円)	1株配(円)
連17. 2	24,738	4,572	4,581	3,055	176.8	23記
連18. 2	52,248	4,236	4,404	2,743	158.7	20
連19. 2	31,368	5,812	5,976	4,397	254.5	25
連20. 2	37,103	7,743	7,517	5,470	316.6	30
連21. 2	50,803	9,314	8,487	6,470	374.4	30
連22. 2予	60,400	10,200	10,100	7,900	457.1	45
連23. 2予	64,000	11,000	11,000	8,600	497.6	45~50
連20.3~8	24,719	4,747	4,502	3,290	190.4	0
連21.3~8予	29,600	5,400	5,300	4,250	245.9	0
会22. 2予	60,344	10,208	10,066	7,909	(21.4.12発表)	

【配当】	配当金(円)
16. 2	15
17. 2	23
18. 2	20
19. 2	25
20. 2	30
21. 2	30
22. 2予	45

予想配当利回り 0.45%
1株純資産(円)〈連21. 2〉
1,785 (1,464)

【本社】720-2104広島県福山市神辺町字道上1588-2 ☎084-960-0001
【工場】本社, 九州
【事業所】横浜
【従業員】〈21.2〉連2,473名 単218名(43.6歳)年848万円
【証券】上東京 幹(主)野村(副)日興, 大和, みずほ, BofA, いちよし, ひろぎん, 三菱Uモル 名三井住友信 監太陽【銀行】中国, みずほ, 三菱U, 三井住友, 広島, もみじ
【仕入先】THK
【販売先】TSMC

●ローツェ（6323）2021年3集夏号

手いっぱいとなる繁忙ぶりで、2024年夏号に「半導体関連装置のベトナム工場は今後の拡張余地限定的で、新工場用地取得検討進める」とあるように、**受注拡大と増産投資の好循環は今も休みなく続いている**。2021年2月期に売上高508億円、営業利益93億円だったローツェの業績は、2024年2月期には売上高932億円、営業利益241億円に、時価総額は1746億円から5424億円（2024年夏号）へと3年で3倍に膨らんでいる。

歴史が証明！ 設備投資の失敗は命取り

ただ、設備投資はタイミングを一つ間違えば、会社の屋台骨を揺るがしかねない。8000億円超の大型投資を敢行した直後に、液晶パネルの想像を超えた価格下落に見舞われた、かつてのシャープ（6753）を覚えている人も多いだろう。

東証スタンダードに上場する東京ボード工業（7815）もそんな1社だ。木くずを材料とした建材ボードの製造大手で、首都圏で木質廃棄物処理を独占し、マンションの二重床の床下地材などに使われるパーティクルボードを中心に手がけている。会社四季報の【業績】欄には真っ赤っ赤の数字が縦横に並び、継続企業の前提に関する重要な疑義を生じさせるような状況にある。

実は同社は2017年3月期までは地味ながらも安定して黒字を計上する、東証2部（当時）によくある〝いぶし銀〟企業だった。それが一転して赤字まみれになったのは、2017年に売上高を超える規模の設備投資を行い、新工場を建設したあとだ。**操業が安定せず、一時は有利子負債が売上高の2倍**

大規模な設備投資があだに

7815 東京《とうきょう》ボード工業《こうぎょう》

【決算】3月 【設立】1947.5 【上場】2014.12

【特色】木くずを材料とした建材ボードの製造大手。集合住宅向けが主。首都圏で木質廃棄物処理を独占

【連結事業】木材環境ソリューション93(12)、ファシリティ7(49) 〈17・3〉

【費用増】床材等のパーティクルボードが数量増。需要先である新築マンション市場は低水準ながら回復するうえ営業深耕の効果出る。だが下期稼働する千葉工場の人員負担や償却費で営業赤字。配当継続か。

【新工場】110億円で佐倉市に建設中、製品ラインナップの拡充も図る。有利子負債は140億円と膨らむが、業績向上や資金効率高め10年程度で投資分は返済予定。

【本社】136-0082東京都江東区新木場2-11-1 ☎03-3522-4138

【工場】東京, 埼玉, 横浜

【従業員】〈17.3〉連204名 単112名(40.1歳)年504万円

【証券】上東京② 幹東海東京 名三菱U信 監赤坂

【銀行】みずほ, 三菱U, 三井住友

【仕入先】東北接着剤

【販売先】SMB建材

年月	【資本異動】	万株
14. 1	消却	366

東証②	高値	安値
14~15	**2060**(14)	1150(15)
16	1274(1)	**825**(6)
17.1~5	1038(2)	944(1)

	高値	安値	出来万株
17. 3	**1028**	980	1
4	980	**947**	0.8
#5	1009	961	1

【会社業績修正】上方0 下方1
経常益÷期初会社予想 0.9倍
【格付】—

【業種】住宅設備・機器
時価総額順位 46／57社
【比較会社】7822 永大産業, 7879 ノダ, 5387 チヨダウテ

【株式】6/30 3,660千株
単位 100株
時価総額 36.2億円

【財務】〈連17.3〉	百万円
総資産	24,950
自己資本	5,197
自己資本比率	20.8%
資本金	221
利益剰余金	6,295
有利子負債	14,086

【指標等】	〈連17.3〉	
ROE	4.3%	予▲19.0%
ROA	0.9%	予▲4.0%
調整1株益		—円
最高純益(13.3)		673
設備投資	7,448	予4,352
減価償却	372	予2,404
研究開発	48	予48

【キャッシュフロー】	百万円
営業CF	872(776)
投資CF	▲5,818(▲444)
財務CF	11,288(▲549)
現金同等物	8,240(1,898)

【株主】単945名〈17.3〉	万株
自社(自己株口)	101(27.7)
井上弘之	74(20.3)
セイホク	27(7.3)
T・B・H(株)	23(6.4)
日本マスタートラスト(役員報酬BIP75843口)	8(2.2)
JKホールディング	7(2.1)
吉野石膏	5(1.6)
自社従業員持株会	5(1.6)
鈴木吉助	5(1.5)
みずほ銀行	5(1.3)

〈外国〉0.1% 〈浮動株〉7.9%
〈投信〉1.3% 〈特定株〉73.2%

【役員】(社)井上弘之 (取)石毛正広 尾股拓彦 井上守* 只腰由紀夫* (常監)石毛哲男 (監)小堀優* 芳木亮介* (6. 20予)

【連結】横浜エコロジー

【業績】(百万円)	売上高	営業利益	経常利益	純利益	1株益(円)	1株配(円)
連13. 3	5,956	842	822	673	291.5	17
連14. 3	5,905	848	811	568	240.7	12
連15. 3	6,043	754	707	595	239.4	30記
連16. 3	5,620	536	516	507	198.2	20
連17. 3	5,950	653	485	217	84.9	20
連18. 3予	6,200	▲730	▲810	▲990	▲386.3	0~20
連19. 3予	8,300	▲400	▲450	▲500	▲195.1	0~20
中16. 9	2,714	252	120	43	17.2	0
中17. 9予	2,750	250	120	60	23.4	0
会18. 3予	6,206	▲733	▲813	▲991	(17.5.12発表)	

【配当】	配当金(円)
13. 3	17
14. 3	12
15. 3	30
16. 3	20
17. 3	20
18. 3予	0~20
予想配当利回り	—%
1株純資産(円)〈連17. 3〉	2,029 (1,962)

●東京ボード工業（7815）2017年3集夏号

7815 東京《とうきょう》ボード工業《こうぎょう》

【決算】3月 【設立】1947.5 【上場】2014.12

【特色】木くずを材料とした建材ボードの製造大手。集合住宅向けが主。首都圏で木質廃棄物処理を独占

【連結事業】木材環境ソリューション95、他5 〈21・3〉

【赤字続く】廃材利用のマンション床板用パーティクルボードはウッドショックで需要好転。ただ、佐倉工場の本格稼働遅れ、供給追いつかず。壁構造材も寄与拡大が遅い。償却負担大きく、営業赤字続く。23年3月期も償却漸減だがなお営業赤字。

【合　意】借入金の財務制限条項に9月末抵触。が、金融機関は権利未行使で合意、再建支援続ける。継続前提に疑義注記。

【本社】136-0082東京都江東区新木場2-11-1 ☎03-3522-4138

【工場】東京, 埼玉, 佐倉

【従業員】〈21.3〉連267名 単155名(44.8歳)年477万円

【証券】上東京② 幹東海東京 名三菱U信 監赤坂

【銀行】三菱U, みずほ, 三井住友, 商中, りそな

【仕入先】東北接着剤

【販売先】SMB建材

年月	【資本異動】	万株
14. 1	消却	366

東証②	高値	安値
14~19	**2060**(14)	762(19)
20	811(1)	**405**(3)
21.1~11	761(4)	451(11)

	高値	安値	出来万株
21. 9	561	490	5
10	**627**	455	27
#11	545	**451**	13

【配当性向】0.0%(3期平均8.9%)
【増減配回数】増1 減3 据2 無2
【四半期進捗率】3期平均—%
今期—%(—pt)

【業種】住宅設備・機器
時価総額順位 54／56社
【比較会社】7822 永大産業, 7879 ノダ, 5387 チヨダウテ

【株式】10/31 3,660千株
単位 100株
時価総額 18.4億円

【財務】〈連21.9〉	百万円
総資産	13,765
自己資本	2,804
自己資本比率	20.4%
資本金	221
利益剰余金	3,841
有利子負債	7,918

【指標等】	〈連21.3〉	
ROE	▲33.2%	予▲57.1%
ROA	▲10.3%	予▲11.6%
調整1株益		—円
最高純益(20.3)		1,667
設備投資	434	予‥
減価償却	1,946	予‥
研究開発	17	予‥

【キャッシュフロー】	百万円
営業CF	▲1,846(▲2,040)
投資CF	▲489(9,264)
財務CF	▲85(▲6,809)
現金同等物	1,505(3,926)

【株主】単860名〈21.9〉	万株
自社(自己株口)	98(26.9)
井上弘之	74(20.3)
セイホク	27(7.3)
T・B・H(株)	23(6.4)
吉岡裕之	13(3.6)
日本マスタートラスト(役員報酬BIP75843口)	8(2.2)
JKホールディング	7(2.1)
自社従業員持株会	6(1.8)
吉野石膏	5(1.6)
みずほ銀行	5(1.3)

〈外国〉0.1% 〈浮動株〉9.2%
〈投信〉‥% 〈特定株〉76.2%

【役員】(社)井上弘之 (取)尾股拓彦 藤原典明 只腰由紀夫* (常監)大矢宣之 (監)小堀優* 芳木亮介*

【連結】ティー・ビー・ロジスティックス

【業績】(百万円)	売上高	営業利益	経常利益	純利益	1株益(円)	1株配(円)
連16. 3	5,620	536	516	507	198.2	20
連17. 3	5,950	653	485	217	84.9	20
連18. 3	5,921	▲877	▲972	▲1,402	▲547.5	20
連19. 3	6,717	▲2,719	▲2,821	95	37.4	10
連20. 3	7,755	▲3,294	▲3,342	1,667	644.8	0
連21. 3	7,211	▲2,536	▲2,310	▲1,558	▲601.3	0
連22. 3予	7,600	▲1,600	▲1,600	▲1,600	▲617.3	0
連23. 3予	7,900	▲1,200	▲1,200	▲1,200	▲463.0	0
連21.4~9	3,572	▲893	▲921	▲1,122	▲433.2	0
連22.4~9予	3,700	▲700	▲730	▲750	▲289.4	0

【配当】	配当金(円)
17. 3	20
18. 3	20
19. 3	10
20. 3	0
21. 3	0
22. 3予	0
23. 3予	0
予想配当利回り	—%
1株純資産(円)〈連21. 9〉	1,082 (1,512)

●東京ボード工業（7815）2022年1集新春号

以上の額に膨らんでしまった。

当時、売上高を超える規模で設備投資をしていた会社（ゼネコンなど建設、不動産を除く）がもう1社あった。リチウムイオン電池セパレーター専業メーカーのダブル・スコープ（6619）である。セパレーターは正極・負極材料を隔ててショートを防ぐ絶縁材で、電池の安全性を確保する重要部材である。同社は東京に本社を置くが、開発・生産機能は韓国にある。ここで大増産に着手したのだ。株価は2次電池のテーマ性がハヤされ、2016年5月には3675円とわずか1年で6倍高を演じた。

ところが2017年12月期、売上高95億円に対し143億円の設備投資を実施したその年に、主要仕向け先である中国が、自動車用電池事業への政府の助成金制度を見直す動きに出た。その影響で業績が急降下し、営業赤字は翌年から3期連続、前年から赤字化していた当期損失に至っては5期連続と茨の道が始まった。

減損ショックのインパクト

タイミングを誤った設備投資は会社のバランスシート（B／S、貸借対照表）を傷つけ、下手をすると償却を飛び越していきなり減損を強いられることもある。減損とは、資産の収益性が低下して投資額の回収が見込めなくなった場合、回収可能額まで帳簿価額を引き下げることをいう。**評価損は特別損失として処理され、巨額になると「減損ショック」として市場を驚かす**。

大幸薬品（4574）の〝クレベリンショック〟は比較的記憶に新しい。大幸薬品と聞くと年配の人は「ラッパのマークの正露丸」をイメージするだろうが、2020年に株価を上場来高値2928円まで押し上げたのは「クレベリン」という衛生管理製品だった。二酸化塩素が主成分で、「簡単、置くだけ」「空間に浮遊するウイルス・菌を除去」をうたい文句にした製品群は、コロナ禍への恐怖心から高まっていた除菌ニーズにがっちりとはまった。店頭では品薄状態が続き、株価も沸騰した。

会社四季報2020年秋号の材料欄は「【イケイケ】大阪・茨木の貸倉庫に製造ライン導入、総額約25億円投じて『クレベリン』の生産能力を20年末までに10倍増強」と、当時の人気ぶりが伝わってくる。

ところがこれに消費者庁が異を唱えた。2022年1月20日、「空間に浮遊するウイルス・菌を除去」などの表示に合理的根拠がなく、消費者に誤解を与えるおそれがあるとして、景品表示法に基づく措置

このあとに「クレベリンショック」が発生

【医薬品】

4574 大《たい》幸《こう》薬《やく》品《ひん》

【決算】12月 【設立】1946.11 【上場】2009.3

【特色】止瀉薬「正露丸」で知名度高い。海外も展開。感染管理の「クレベリン」が成長牽引、第2の柱に

【連結事業】医薬品38(30)、感染管理62(37)、他0(▲467)【海外】13 〈20・3〉

【上振れ】9カ月変則決算。正露丸は訪日客、旅行時の携帯需要減で大打撃。が、感染管理「クレベリン」はコロナ禍が追い風、販促効き数量想定を凌駕。期末かさむ広告・販促費軽くこなし営業益大幅増額。21年12月期もクレベリン堅調続き利益高水準。

【イケイケ】大阪・茨木の貸倉庫に製造ライン導入、総額約25億円投じて「クレベリン」の生産能力を20年末までに10倍増強。

【本社】550-0005大阪市西区西本町1-4-1 オリックス本町ビル ☎06-4391-1110
【オフィス】東京☎03-5425-1141, 名古屋
【支店】台湾
【工場】吹田, 京都, 小国
【従業員】〈20.6〉連250名 単221名(40.5歳)年816万円
【証券】上東京 幹野村, 日興, 三菱Uモル, みずほ, SBI, ドイツ, いちよし, 極東 名三井住友信 監あずさ【銀行】三菱U, 三井住友, みずほ
【仕入先】ルミカ, 日本粉末薬品
【販売先】アルフレッサヘルスケア

年月【資本異動】		万株
07. 8	三者1.3万株(3367円)	106
08. 7	分1→4	425
09. 8	分1→3	1,275
20. 4	分1→3	4,370

東証	高値	安値
09~18	**6990**(09)	**592**(12)
19	3450(11)	1672(2)
20.1~8	6500(2)	1511(4)

	高値	安値	出来万株
20. 6	2681	2114	1,854
7	2637	**2111**	1,134
8	**2928**	2282	2,494

【四半期利益率】47.8%(37.6pt) 過去平均10.2% 増収率307.7%
【進捗率】3期平均5.8% 今期—%(—pt)
【業種】医薬品 時価総額順位 23／37社
【比較会社】2540 養命酒製造, 4517 ビオフェル, 4527 ロート製薬

【株式】7/31 43,987千株 単位 100株 貸借 時価総額 1,117億円
【財務】〈連20.6〉百万円
総資産 27,205
自己資本 20,656
自己資本比率 75.9%
資本金 1,035
利益剰余金 18,831
有利子負債 0
【指標等】〈連20.3〉
ROE 13.3% 予‥%
ROA 9.6% 予‥%
調整1株益 57.3円
最高純益(20.3) 2,453
設備投資 228 予‥
減価償却 495 予‥
研究開発 449 予‥
【キャッシュフロー】百万円
営業CF 3,493(1,748)
投資CF ▲448(▲746)
財務CF ▲581(▲338)
現金同等物 9,645(7,192)

【株主】単7,289名〈20.3〉 万株
UBS(香港) 162(11.1)
柴田仁 102(7.0)
柴田高 100(6.9)
アース製薬 79(5.4)
NSL・DTTクライアント・アカウント1 78(5.4)
ノムラインターナショナル・アカント・ジャパンフロウ 63(4.3)
柴田晃宏 63(4.3)
ノムラノミニーズ・オムニバスマージンキャッシュPB 46(3.1)
日本マスター信託口 41(2.8)
インタラクティブブローカーズ 41(2.8)
〈外国〉32.0% 〈浮動株〉13.2%
〈投信〉2.2% 〈特定株〉55.3%
【役員】(会)柴田仁 (社)柴田高 (専)中澤一雄 (取監)堀川真 二木芳人* 橋本昌司*
【連結】大幸TEC, 大幸薬品(亞洲太平洋), 大幸環保科技(上海)

【業績】(百万円)	売上高	営業利益	経常利益	純利益	1株益(円)	1株配(円)
連18. 3*	9,459	1,857	1,567	1,094	25.8	8.33特
連19. 3*	10,418	2,029	1,885	1,415	33.0	11.7特
連20. 3*	14,966	3,824	3,633	2,453	57.6	16.7特
連20.12予変	18,000	5,500	5,300	3,800	87.8	17~20
連21.12予	22,000	7,000	6,800	4,500	103.9	17~22
連19.4~9*	4,385	980	882	641	15.1	3.33
連20.4~9予	12,000	4,000	3,800	2,500	57.7	7
連19.4~6*	1,416	180	127	103	2.4	
連20.4~6	5,773	2,757	2,702	1,870	43.6	
会20.12予変	18,000	5,500	5,300	3,800	(20.8.12発表)	

【配当】	配当金(円)
18. 3	25
18. 9	10
19. 3	25
19. 9	10
20. 3	40
20. 9予	7
20.12予	10~13
予想配当利回り	‥%
1株純資産(円)〈連20. 6〉	481.0 (450.9)

●大幸薬品（4574）2020年4集秋号

命令を下したのだ。

実はクレベリンは、それ以前から「前年春先の特需剝落、（略）足踏み」（2021年春号）し、「膨らんだ在庫管理が重荷」「生産停止し在庫圧縮」（同夏号）するような状況になっていた。前期は9カ月の変則決算にもかかわらず過去最高益を記録する勢いだったが、2021年12月期は一転して営業損失49億円、純損失は95億円の大赤字に転落する。**この赤字の中には大増産投資をしたものの、生産を行わないままに終わった茨城工場の減損損失21億円が含まれていた**。

そこへ持ってきての措置命令だったからたまらない。2022年度も「クレベリンは上期壊滅」（2022年秋号）となり、連続赤字となった。壊滅というのは会社四季報でもめったに使わない表現だ。2024年夏号時点でも注意を促す「継続前提に重要事象」の文字が残る。

設備投資と減価償却でわかる成長余力

設備投資とはつくづく難しいものだと思う。前のめりすぎて過剰投資になることもあるし、石橋をたたいてばかりいると競争にたちまち置いていかれてしまう。そんな中で、積極的な設備投資を続け、成長につなげている会社もある。では「積極的」とは、どういう状態を指すのだろう。

2023年度に2兆円以上の設備投資を実施した日本企業は、2兆0631億円の日本電信電話（NTT、9432）と、2兆0108億円のトヨタ自動車（7203）の2社である。2社の投資額はぶっちぎりに大きく、3位のソニーグループ（6758）8826億円に大きく水をあけている。

もちろん金額が大きいだけでは必ずしも積極的とはいえない。事業規模が大きければ設備投資も大きくて当然だからだ。投資雑誌や投資サイトなどで単に金額の大小を比べる設備投資額ランキングを見るときは注意が必要だろう。

その点、会社四季報を使えば、設備投資に積極的で攻めの経営をしている会社を一発で見抜くことができる。**設備投資額と減価償却費を比べて、設備投資のほうが大きく上回っているかどうかチェックすればよいのだ。**

会社四季報Dブロックには設備投資と減価償却が上下に並んでいるので、まずは前期の実施額を比べ、つぎに今期予定額についても比べてみよう。**どちらも設備投資のほうが多ければ、事業拡大意欲が旺盛と判断できる。**

会社四季報記者が取材で相手の会社に「来年の設備投資はどうなりますか」と尋ねると、結構な確率で「ウチは償却の範囲が基本ですから」という答えが返ってくる。当面の設備投資は減価償却とほぼ同額か、それより少ない額しか行わないと言っているのだが、このタイプの会社は上昇飛行を終え、巡航速度に移行してしまった会社だ。

減価償却費は利益を減らす

減価償却とは、機械や設備など1年以上使い続ける固定資産を取得した場合に、かかった金額を取得した年の費用とせず、耐用年数に応じて配分し、数期に分けて費用計上していくときに使う勘定科目である。

毎年同じ割合で償却する「定率法」と、毎年同じ額ずつ償却する「定額法」がある。どちらかを選択するかは会社の自由で、多くは定率法を使っている。定率法だと投資してから当初の3年は負担（計上額）が大きいが、3年を過ぎれば楽になる。**嫌いな食べ物が出たら先にパクリと食べて片付けてしまうか、ちびちび食べていくかの違いといえようか**。

経営に余裕がなくなると定率法から定額法に変える会社もある。東京ディズニーランドや東京ディズニーシーを運営するオリエンタルランド（4661）は、コロナ禍で厳しい経営を迫られる中、2022年3月期から定額法に変更している。

減価償却費は、売り上げの増減に関わりなく発生する固定費であり、期間利益に対してはマイナスの影響となる。会社四季報の業績記事でも「償却負担が圧迫」とか、逆に「減価償却費増をこなし」といったように、利益の増減要因として随所に登場する。もっとも現金の流れで見ると、設備投資に要した資金は取得した時点で払い終わっているので、翌年の損益計算書に「減価償却費○○億円」とあっても実際は支払いを伴うものではない。

いずれにせよ、設備投資をすると減価償却費が増え利益を圧迫する。減益は避けたいという狙いで償却費を抑えようとすると、おのずと設備投資を抑えることになる。これでは成長はおぼつかない。**理想的なのは、償却を超える設備投資を毎年続け、かつ償却費増をこなして増益を続ける会社だ**。

先ほどのトヨタ自動車はその好例で、ここ3年の数字を見ると、2022年3月期は設備投資1兆

3430億円＞減価償却費1兆0072億円で設備投資の勝ち、2023年3月期も設備投資1兆6058億円＞減価償却費1兆1850億円で設備投資の勝ちとなっている。2024年3月期も設備投資2兆0108億円＞減価償却1兆2484億円と、やはり設備投資が勝っているうえ、設備投資の金額も年々右肩上がりとなっている。純利益4兆円を狙う2025年3月も減価償却1兆3800億円を上回る2兆1500億円の設備投資を計画するなど、攻めの経営が続く。

同業のホンダ（7267）はというと、2024年3月期までの過去7年で設備投資が勝っていたのは2023年3月期の1期しかない。ただ、2025年3月期は償却予定額4400億円を大幅に上回る6700億円の設備投資を計画しており、復活への意気込みが注目される。

設備投資額の調達方法にも注目

設備投資額が減価償却を超過する場合は、手元資金で充当するか、借入金や社債などによる借り入れ、あるいは増資や転換社債（CB）発行によって金融市場から直接調達する必要がある。**こうした捻出手段も、投資家にとっては注視しておかなければならないポイントだ。**

半導体用シリコンウエハで世界トップクラスのSUMCO（3436）の例を見てみよう。2021年から世界的な半導体不足が起きたことは記憶に新しい。会社四季報は「**【フル稼働】**すでに300㎜はフル稼働状態で、需給逼迫感強まる。新規の土地取得を伴う設備投資の検討着手も」（2021年夏号）、「逐次増産の余地が徐々に限られ、建屋増設の検討が本格化」（2021年秋号）と資金調達の可能性を匂わせていた。

ＳＵＭＣＯは秋号発売から2週間後の9月30日に公募増資（一般の投資家を対象に、新たに株式を発行し資金を調達すること）によって最大１２７９億円余りを調達すると発表し、翌日の株価はドスンと下げた。**増資によって発行済み株式数が最大で約20％も増え、1株利益が希薄化するのを嫌ったためである**。

予想1株利益が１００円、ＰＥＲが10倍の会社があったとしよう。改めてＰＥＲを説明すると、株価が1株当たり利益（ＥＰＳ）の何倍まで買われているかを示す投資尺度で株価収益率という。計算式で表すと「株価＝1株当たり利益×ＰＥＲ（倍）」となる。

この式に当てはめると、この会社の現在の株価は１０００円（１００円×10倍）だ。ところが増資によって1株当たり利益が20％希薄化されると、理論上の株価は８００円（80円×10倍）に下がる。ＳＵＭＣＯの株価が増資発表の翌日に下落したのはこういうからくりだ。

しかし、理論的にはそうであっても、獲得した資金を元手にして事業が順調に拡大すれば、予想1株当たり利益は希薄化分をこなして元の100円、いやそれ以上になるかもしれないと読む投資家もいる。この日のＳＵＭＣＯも朝方の売り一巡後は、こうした投資家との綱引きとなり、株価はしだいに下げ幅を縮めた。

２０２４年４月に１０００億円の転換社債の発行を発表したレゾナック・ホールディングス（４００４、旧昭和電工）も、翌日の株価は一時、東証プライム市場の値下がり率4位となり、チャート上に大きなマドをあけたが、半導体素材回復の期待から13営業日後にはひとまずマドを埋め戻している。**このように、今後の業績見通しが強気だと比較的早く反発することがあるので、拾うタイミングを逃さないようにしたい**。

最近は東証が主導する「株価を意識した経営」が広がる中、「【株主還元】ＣＢ発行を反省、希薄化懸念払拭に25年5月末まで４０００万株、８００億円上限に自己株取得、消却」（関西ペイント〈４６１３〉、２０２４年夏号）といった具合に、株価下落に対し会社側の配慮が見られるようになってきたのは投資家としてはありがたい変化だろう。

成長のカギ握る研究開発費

設備投資や減価償却費と同じＤブロックに掲載されている研究開発費についても説明しておこう。**研究開発費も設備投資と同様に、会社の成長力や競争力を左右する重要な要素となる**。

２０２３年度に研究開発費を１０００億円以上投じた上場企業は44社ある。このうちトップ10を業種別にくくってみると、研究開発費が国内企業で唯一１兆円を超えるトヨタ自動車（７２０３）を頂点に、ホンダ（７２６７）、日産自動車（７２０１）、自動車部品の国内最大手であるデンソー（６９０２）の自動車セクター４社が真ん中の席にでんと座り、その左側の席には武田薬品工業（４５０２）、第一三共（４５６８）、大塚ホールディングス（４５７８）の医薬品３社が、右側の席にはソニーグループ、パナソニック ホールディングス（６７５２）、キヤノン（７７５１）の電気機器３社が座っている構図

研究開発費率ランキング

順位	証券コード	社名	業種	決算期	売上高研究開発費比率（%）
1	4565	ネクセラファーマ	バイオベンチャー	12	78.9
2	4506	住友ファーマ	医薬品	3	35.8
3	9697	カプコン	ゲームソフト・玩具	3	28.2
4	4552	JCRファーマ	医薬品	3	26.2
5	6526	ソシオネクスト	LSI・IC開発	3	24.1
6	4507	塩野義製薬	医薬品	3	23.6
7	4523	エーザイ	医薬品	3	22.8
〃	4568	第一三共	医薬品	3	22.8
9	4528	小野薬品工業	医薬品	3	22.3
10	4516	日本新薬	医薬品	3	21.4
11	6460	セガサミーHLD	パチンコ・パチスロ	3	21
12	4548	生化学工業	医薬品	3	20.7
13	4974	タカラバイオ	バイオベンチャー	3	19.1
14	4503	アステラス製薬	医薬品	3	18.3
15	4521	科研製薬	医薬品	3	17.4
16	4502	武田薬品工業	医薬品	3	17.1
17	4151	協和キリン	医薬品	12	16.3
18	6723	ルネサスエレクトロ	半導体製造	12	15.9
19	4519	中外製薬	医薬品	12	15.7
20	4578	大塚ホールディング	医薬品	12	15.2
21	9766	コナミグループ	ゲームソフト・玩具	3	15
22	3446	ジェイテックコーポ	光学部品	6	13.8
23	6707	サンケン電気	半導体製造	3	13.5
〃	6857	アドバンテスト	半導体検査装置	3	13.5
25	6947	図研	CAD／CAMソフト	3	12.8
26	6871	日本マイクロニクス	半導体検査用プローブカード	12	12.6
27	4547	キッセイ薬品工業	医薬品	3	12.5
28	4534	持田製薬	医薬品	3	12.2
29	4180	AppierGrp	AI	12	11.9
〃	4432	ウイングアーク	システム開発	2	11.9

（注）東証プライムベース、2024年7月時点

だ。

しかし、一般に「研究開発主導型企業」と呼ばれるかどうかは、絶対額ではなく売上高に対する割合で決まる。売上高対比だと上位陣の顔ぶれはがらりと変わり、金額でトップだったトヨタは2％台で上位100位どころか200位圏外へと弾き飛ばされる。前ページの表はそのランキングである。

東証プライム企業に限ると、売上高研究開発費比率が10％以上あるのは37社しかない。その中で1位は創薬ベンチャーの老舗ネクセラファーマ（旧そーせいグループ、4565）で、売上高研究開発費比率は78％超にも達する。このほか、富士通とパナソニックのロジック半導体部門が統合したソシオネクスト（6526）や家庭用ゲーム開発大手のカプコン（9697）を除けば、トップ10は医薬品セクターの独壇場となっている。

医薬品は研究開発費がすべてといってもよい業界だ。開発において候補物質が新薬になる確率はわずか約3万分の1しかない。開発期間は9～17年と長く、1つの新薬が生まれるまでにかかる費用は約500億円ともいわれている。

その代わり、新薬は特許を出願した日から特許権で20年間守られる。開発・審査期間を差し引くと独占販売できるのは実質5～10年とされるが、それでも金脈に当たれば利益が莫大だ。株価も大化けしやすい業種の代表格となっている。

研究開発費の「正体」

このランキングには、パチンコ・パチスロ関連企業も顔を出す。傘下にパチスロ大手のサミーやゲームソフト大手のセガを持つセガサミーホールディングス（6460）が11位、家庭・携帯用ゲームソフトを中心にスポーツクラブのほか、カジノ機を米・豪・アジアで、パチスロを国内で販売しているコナミグループ（9766）が21位にランクインしている。パチンコ・パチスロ機の開発費も巨額に上ることは知る人ぞ知る話らしい。

意外なところでは、32位のサカタのタネ（1377）だろうか。研究開発費比率は11・7％（2023年5月期実績）に達している。海外で28％、国内では35％という利益率の高さの源泉はどうやらここにありそうだ。

研究開発費には、会計上の扱いとしては、研究開発のために要した人件費、原材料費、設備などが該当するのだが、**投資家の目線で見るならその正体はズバリ「研究員の人件費」と考えておくとよい**。

一口に人件費といっても損益計算書上での仕分け先はさまざまで、生産現場で働く人たちの人件費は「製造原価」に、営業や事務部門は「販売費および一般管理費」になる。そして、研究所に勤務する社員の人件費やそこから発生した委託研究費などは「研究費」として処理される。**つまり、研究開発費が多いということはそれだけ多くの研究者を抱えているということにほかならない**。

製薬会社の売上高研究開発費比率が高いのは、全社員に占める研究者数の割合が高いためだ。

なお、売上高研究開発費比率は業界内のライバル会社と比較するとおもしろい。先ほどの自動車産業では、最も比率が高いのはデンソー（６９０２）で７％台。完成車メーカーでは日産自動車（７２０１）、三菱自動車（７２１１）、スズキ（７２６９）、ホンダが４％台で並び、トヨタを凌駕する。

第13章

年収の変化は一大ヒントなのだ

地方本社企業には金の卵がいっぱい

ここからは、会社四季報記事の右下にあるFブロックに注目したい。

Fブロックには本社所在地、電話番号、従業員数、平均年齢、給与などが掲載されており、ビジネスパーソンが電話帳代わりに使ったり、就職活動中の学生が給与水準を調べたりするのに重宝されている。一方で、投資家にとってはあまり重要ではないと思っている人もいるかもしれない。

その認識は大きな間違いだ。**私はどこかの会社を調べる際、Aブロックで特色、連結事業、海外売上比率を一通りチェックしたあと、このFブロックに必ず目を通す**。どんな地域に、何人が働いていて、給料がいくらでどんな仕事をしているのか……。仮にテレビでその会社を紹介する番組があったときの"オープニング映像"のようなものが、頭の中にイ

Fブロックでは住所、従業員データなどがわかる

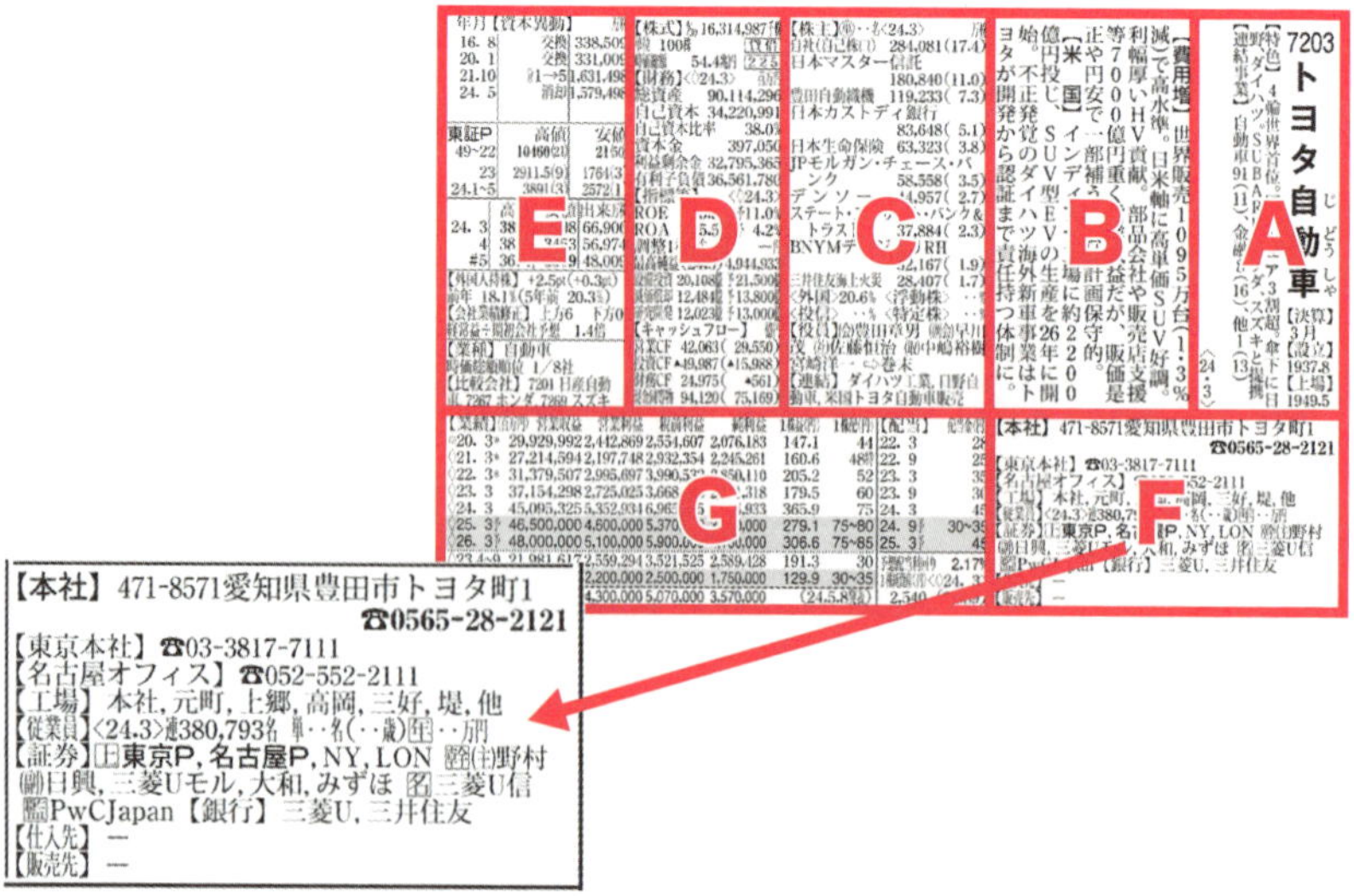

●トヨタ自動車（7203）2024年3集夏号

メージされていく。

もし本社が地方なら、私の場合、がぜん興味が湧いてくる。**というのも地方には成長企業が意外に多いからだ**。

『会社四季報プロ500』や『週刊東洋経済』が折に触れて特集する「トップの通信簿」という企画をご存じだろうか。上場企業各社の代表者が現在の役職に就いてから直近までに、自社の株価をどこまで上げたかを時価総額倍率として計算しランキングする。ここでは2024年6月27日終値を使って最新の通信簿を作ってみた。

首位のレーザーテック（6920）はぶっちぎりの158倍だ。岡林理社長（2024年9月付で会長に異動）が就任した2003年9月初の株価は、今からは想像できない安さの218円80銭（分割調整後）だった。それが2024年5月の上場来高値では4万5500円までぶっ飛んだのだから文字どおり夢のような株だ。2位は、パチンコ、ホール業者などアミューズメント業界向けの貸金業と、ホール、事業会社や商業・物流施設向けの不動産賃貸事業を2本柱とするJALCOホールディングス（6625）、3位はここまでに何度か登場したローツェ（6323）となっている。

“非東京本社企業”が奮闘

ローツェは本社を広島県福山市に置く地方企業である。時価総額を71倍に増やした藤代祥之氏は、2015年5月に35歳で社長に就任した1980年生まれの経営者だ。

代表者が現役職に就いてから直近までの株式時価総額倍率

順位	証券コード	社名	時価総額倍率（倍）	代表者役職	代表者名
1	6920	レーザーテック	158.5	会長	岡林　理
2	6625	JALCO HD	85.12	社長	田辺　順一
3	6323	ローツェ	71.03	社長	藤代　祥之
4	2222	寿スピリッツ	57.07	社長	河越　誠剛
5	3038	神戸物産	54.37	社長	沼田　博和
6	7148	FPG	50.99	社長	谷村　尚永
7	2160	ジーエヌアイグループ	44.7	代表執行役	Y．ルオ
8	4345	シーティーエス	43.31	社長	横島　泰蔵
9	7419	ノジマ	42.59	代表執行役	野島　廣司
10	2930	北の達人コーポレーション	41.36	社長	木下　勝寿
11	8892	日本エスコン	41	社長	伊藤　貴俊
12	6055	ジャパンマテリアル	35.56	社長	田中　久男
13	2384	SBS HD	33.89	社長	鎌田　正彦
14	2752	フジオフードグループ本社	30.42	社長	藤尾　政弘
15	4970	東洋合成工業	27.87	社長	木村　有仁
16	6315	TOWA	24.81	社長	岡田　博和
17	7747	朝日インテック	23.97	社長	宮田　昌彦
18	5273	三谷セキサン	23.71	社長	三谷　進治
19	8704	トレイダーズHD	23.66	会長・社長	金丸　貴行
20	6544	ジャパンエレベーターサービスHD	23.64	会長・社長	石田　克史
21	6620	宮越HD	22.73	会長・社長	宮越　邦正
22	2928	RIZAPグループ	22.55	社長	瀬戸　健
23	2326	デジタルアーツ	22.29	社長	道具　登志夫
24	6532	ベイカレント・コンサルティング	21.42	社長	阿部　義之
25	4816	東映アニメーション	21.31	社長	高木　勝裕
26	3150	グリムス	20.75	社長	田中　政臣
27	7593	VT HD	20.59	社長	高橋　一穂
〃	8871	ゴールドクレスト	20.59	社長	安川　秀俊
29	4923	コタ	20.55	社長	小田　博英

（出所）2024年6月27日時点

4位は「ルタオ」「フランセ」など地域限定のお土産菓子で有名な寿スピリッツ（2222）。鳥取県米子市が本社で、オーナーの河越誠剛社長が同社を上場させた1994年11月9日の初値は38円30銭（分割調整後）と、これまた信じられない価格だった。2023年9月にはインバウンドと経済再開の波に乗り、2518円をつけている。

5位は「業務スーパー」を全国にFC展開する神戸物産（3038）で、本社は兵庫県加古川市。8位のシーティーエス（4345）は建設ICT（情報通信技術）の専門会社で、本社は長野県上田市にある。10位の北の達人コーポレーション（2930）は化粧品や健康食品のネット通販を手がけるオーナー会社で、札幌市が本社だ。

トップ10入りはならなかったが、時価総額35倍のジャパンマテリアル（6055）は半導体・液晶工場向けの特殊ガス供給装置と特殊ガス販売を手がける会社で本社は三重県三重郡、循環器治療のPCI（経皮的冠動脈形成術）ガイドワイヤなど精密医療機器メーカーの朝日インテック（7747）は愛知県瀬戸市に本社がある。

このほか、18位でパイル（基礎工事用の杭）や電柱などコンクリート二次製品の三谷セキサン（5273）は福井市が本社と、上位20社中9社が地方企業となっている。トップのレーザーテックや、大衆セルフ食堂「まいどおおきに食堂」を全国展開するフジオフードグループ本社（2752）など、**本社が横浜や大阪にある会社まで含めると、〝非東京本社企業〟が意外にも12社と過半を占める**。**地方本社企業は自らの商圏で地盤を固めたあと、商圏を広げる企業が多い**。山口のファーストリテイリング（９９８３）、北海道のニトリホールディングス（９８４３）などのトップブランドもそうした道を歩んできたことは説明するまでもないだろう。

「40歳で700万円」が合否ライン

Fブロックでもう1つ、意外なヒントが隠されているのが【従業員】欄の社員数と平均年収だ。

ここで質問だが、日本で社員の年収が高い会社のトップスリーはどこだろうか。

会社四季報オンラインで従業員１００人以上の会社をスクリーニングしてみると、２０２２年度ランキングのトップは、ＦＡセンサーなど検出・計測制御機器大手のファブレス企業キーエンス（６８６１）で、平均年収２２７９万円（平均年齢35・8歳）となっている。2位は三菱商事（８０５８）の１９３９万円（同42・9歳）、3位は旧富士銀行系の銀行店舗ビルの管理から出発し、東京23区の駅近ビルを中心に好物件を数多く所有する不動産会社ヒューリック（３００３）の１９０４万円（39・8歳）という順だ。ちなみにトップ10企業のうち半分は、バフェット買いで名を馳せた大手総合商社5社で占める。

首位のキーエンスは第1章でも触れたように、日本企業の時価総額ランキングで4位に入るほどの企業価値を誇る。高収益を土台に「人」への投資を続けてきたことでも定評があり、２０２４年3月期までの10年で営業利益を3・8倍に伸ばし、その間に連結従業員数も３９８９人から1万２２８６人へ約3倍に増加、平均年収はピーク時でなんと８３９万円も増えている。

【従業員】欄をつぶさに見る投資家はあまりいないようだが、私は銘柄を選ぶときは最後にこの平均年収をチェックするようにしている。あくまでも会社四季報を読み続けてきた経験則だが、基準にする合格ラインは「40歳で700万円」だ。

もちろん平均年齢は会社ごとに違うため、38歳なら670万円とか42歳なら730万円といった具合にざっくりと引き直して合否を判定する。年収が見劣りする会社はそもそも儲かっていないか、人を「人財」と考えていない証拠だ。それではよい人材が集まらず、定着も難しい。やる気を引き出せなければ長期的な成長はおぼつかない。

もう1つ重要なのは、平均年収が1年前、あるいは5年、10年前と比較してどう変化しているかという点だ。キーエンスの例で説明したように、社員数や平均年収の増加は成長企業の特徴でもあるからだ。

年収が1年で100万円アップ！

私がこのことに最初に気づいたのは、地方企業のくだりでも登場した北の達人コーポレーションの年収の増加ピッチと、それと歩調を合わせるように急騰していく株価を目の当たりにしたときだった。

北の達人は2002年の設立で上場は2012年。業績は2016年2月期以降の伸びが顕著で、その後3年で純利益は5倍増、株価はさらにすさまじく2018年4月までの1年ちょっとで20倍に上昇した。

北の達人の平均年収を次ページの図にまとめてみた。いちばん左の数字は会社四季報2017年春号に掲載されたもので、従業員の平均年齢は31・3歳、平均年収は394万円だった。国税庁の民間給与実態統計調査（平成29年分）によると当時の30代前半の平均給与は男性461万円、女性315万円、平均が407万円だったので、北の達人の平均年収はむしろ10万円ほど安い。

ところが翌年の2018年春号では429万円に昇給して平均を追い越し、3カ月後の2018年夏号であっと驚かされる。なんと平均年収が102万円（23・8％）アップの531万円に急上昇しているのだ。

こうした変化は毎号継続して1つの銘柄を研究していないと気づきにくい。531万円にアップした2018年夏号の業績記事に「18年4月入社から総合職の初任給を大幅引き上げ」とあるように、北の達人はこの年、24万円だった初任給を34万円に一気に引き上げている。オーナー企業でなければできない芸当だ。株価が1年で20倍に高騰したのはまさにこの時期だった。**年収急増の年は、買いのチャンスなのだ**。

平均年収の変化に気づけば先回りできた？

2017年春号		2018年春号		2018年夏号		2019年夏号
394万円（31.3歳）	⇒	**429万円**（31.5歳）	⇒	**531万円**（32.5歳）	⇒	**544万円**（32.5歳）

2018年3集夏号

【絶好調】効果の高いネット広告の積極投入で高水準の新規客獲得が続く。定期購入も順調増。主力のオリゴ着実。目元クリームやつめケア商品が拡大。新商品は5～6（前期6）投入。増収効果で広告宣伝費増や人件費増を吸収。連続最高益。増配続く。
【採用対策】18年4月入社から総合職の初任給を大幅引き上げ。国内EC優先し海外ECや国内ドラッグ店向け卸は現状維持。

●北の達人コーポレーション（2930）2019年4集秋号

2930 (株)北の達人コーポレーション 【決算】2月 【設立】2002.5 【上場】2012.5

【特色】化粧品や健康食品のネット通販。小ジワ対策のヒアルロン酸化粧品や粉末オリゴ糖が主力商品 【単独事業】Eコマース100 〈19・2〉

【成長続く】効果的なネット広告投入で新規客獲得続き、定期購入も積み上げ。小ジワ対策品が受注急増で上期に発送遅延発生だが、生産追いつき年間ではカバー。増収効果で宣伝費や人件費増吸収。連続最高益。
【増 強】札幌と東京合計で今期に人員5割増計画、広告宣伝部門を一段強化。数年後にはアジア向けも本格展開へ。機能性表示食品は3品に拡充。配当性向3割メド。

年月	【資本異動】	万株
15. 6	分1→2	1,103
17. 4	分1→2	2,216
17.11	分1→2	4,433
18. 2	分1→3	13,300

東証	高値	安値
12~17	**4280**(13)	422(16)
18	3065(1)	**315**(12)
19.1~8	783(8)	341(1)

	高値	安値	出来万株
19. 6	630	**543**	3,189
7	723	555	4,881
#8	**783**	658	4,027

【トップの実績】(社)木下勝寿(2002.5) 時価総額167.71倍(2.05倍) 営業益6.53倍
【四半期進捗率】3期平均17.6% 今期20.5%(+2.9pt)
【業種】他消費財小売り 時価総額順位 12／122社
【比較会社】2931 ユーグレナ，4921 ファンケル

【株式】7/31 141,072千株 単位 100株 貸借 優待 時価総額 1,035億円

【財務】〈単19.5〉	百万円
総資産	4,037
自己資本	3,049
自己資本比率	75.5%
資本金	273
利益剰余金	2,957
有利子負債	41

【指標等】	〈単19.2〉	
ROE	48.9%	予62.3%
ROA	30.5%	予47.1%
調整1株益		9.3円
最高純益(19.2)		1,293
設備投資	10	予108
減価償却	13	予 21
研究開発	0	予 0

【キャッシュフロー】	百万円
営業CF	1,193(1,035)
投資CF	▲184(▲2)
財務CF	▲829(▲281)
現金同等物	2,687(2,508)

【株主】単47,758名〈19.2〉	万株
木下勝寿	7,265(51.5)
日本トラスティ信託	575(4.0)
自社(自己株口)	210(1.4)
木下浩子	175(1.2)
日本マスター信託口	135(0.9)
野村証券	93(0.6)
SSBTC・クライアント・オムニバス・アカウント	91(0.6)
清水重厚	88(0.6)
平山正義	71(0.5)
堀川麻子	56(0.3)

〈外国〉4.0% 〈浮動株〉17.3%
〈投信〉1.4% 〈特定株〉62.1%

【役員】(社)木下勝寿 (専)堀川麻子 清水重厚 (取)高岡幸生・(常監)定登・(監)甚野章吾・小林隆一・

【業績】(百万円)	売上高	営業利益	経常利益	純利益	1株益(円)	1株配(円)
単17. 2*	2,696	542	538	356	2.7	0.833
単18. 2*	5,292	1,403	1,403	948	7.2	2.18
単19. 2	8,312	1,861	1,861	1,293	9.3	3.6
単20. 2予	10,900	2,700	2,700	1,900	13.7	4.1
単21. 2予	13,000	3,200	3,200	2,250	16.2	4.9
単18.3~8	3,950	953	954	663	4.8	1.6
単19.3~8予	5,100	1,250	1,250	870	6.3	2
単18.3~5	1,907	452	453	315	2.3	
単19.3~5	2,387	553	553	385	2.8	
会20. 2予	10,939	2,702	2,703	1,890	(19.4.12発表)	

【配当】	配当金(円)
17. 2	6.5
17. 8	3.5
18. 2	1.6
18. 8	1.6
19. 2	2
19. 8予	2
20. 2予	2.1

予想配当利回り 0.56%
1株純資産(円)〈単19. 5〉 21.9 (21.2)

【本社】060-0001札幌市中央区北一条西1-6 さっぽろ創世スクエア ☎0570-099-062
【支社】東京(103-0027東京都中央区日本橋2-16-11 日本橋セントラルスクエア)，台湾
【事務所】韓国
【従業員】〈19.5〉138名(32.5歳)年544万円
【証券】上東京，札幌 幹大和 名三井住友信 監清明
【銀行】みずほ，北洋，北海道，三菱U
【仕入先】明治フードマテリア
【販売先】個人

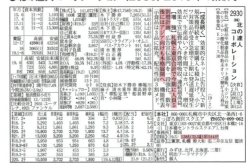

会社四季報に掲載されている平均年収は、残業料と賞与が含まれている点がミソである。つまりこの数字には会社の繁忙ぶりが如実に表れているといえる。新しい会社四季報が発売されるたびに年収が増えている会社があったら要マークである。そうした会社は業績も好調なので見つけるのはそう難しいことではない。

17倍に化けた銘柄

私が次に北の達人と同じパターンの会社を見つけたのは、2019年夏号に掲載されたITコンサルティング会社のベイカレント・コンサルティング（現ベイカレント、6532）だった。株価は当時3000円台後半（2022年10月末付の10分割調整後価格、以下同）だったが、2021年9月には約20倍の6340円をつけた。

ベイカレントの成長を牽引するのはDX関連のコンサル業務だ。2024年3月期の業績は売上高939億円、営業利益342億円だが、私が目を留めた2019年2月期当時は売上高329億円、営業利益は44億円にすぎなかった。ただ、社員の年収の伸びには目を見張るものがあった。それを示したのが次ページの図だ。

とくに顕著だったのは2017年春号から夏号にかけてと、2019年春号から夏号にかけてで、最初は65万円、次が35万円のアップとなっている。**株価チャートと併せて見ると、株価もこのタイミングで大きく上昇しているのがわかる。**その後、年収は2020年夏号で1031万円（平均年齢32・6歳）

とついに大台に乗せ、社員数も２０２１年夏号で２１６１人と５年間で１・８倍に増えている。会社四季報２０１９年秋号の材料欄には「採用３００人強と強気」と書かれている。**記事にあえて採用計画が書かれているときは、その後の株価のヒントとなることが多い。**

株価高騰が続く半導体検査装置の開発型企業、レーザーテック（６９２０）もよい例だろう。２０１５年６月期に年収１０００万円の大台に乗せた同社だが、２０２０年６月期に１３００万円台まで増えたあとは、株価と同様しばらく伸び悩み、２０２３年６月期に再び大きく増加し１５００万円に乗せた。生成ＡＩブームに乗って株価も好調だ。この間に社員数（単独ベース）も１９０人から４２５人へ実に２・２倍に増えている。

1人当たり指標が悪化したら見切り売り

ただ、拡大路線を突っ走る会社もいつつまずくかはわからない。**転機を早めに察知するためにも、1人当たり**

積極採用といった攻めの戦略は、経営者の自信の表れ

2017年春号	⇒	2017年夏号	⇒	2019年春号	⇒	2019年夏号
810万円（32.2歳）		**875万円**（32.2歳）		**898万円**（32.2歳）		**933万円**（32.0歳）
1,189人		1,194人		1,358人		1,531人

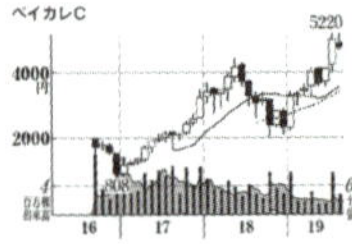

【株価指標】
予想PER（倍）
〈20.2〉 18.5
〈21.2〉 16.4
実績PER
高値平均 18.7
安値平均 7.2
PBR 4.23
株価(8/29) 4740円
最低購入額 47万4000円

6532 (株)ベイカレント・コンサルティング
【決算】2月【設立】2014.4【上場】2016.9

【特色】98年設立のITコンサルが前身。経営戦略からITまで高い専門性が強みの総合コンサル会社
【単独事業】戦略・ビジネスプロセスコンサルティング34、ITコンサルティング53、システムインテグレーション13〈19・2〉

【独自増額】自動車、電力向けにデジタル化の需要拡大し、好採算の戦略・ビジネスコンサル快走。5G関連コンサルも引き合い増え伸長。前号比増益幅拡大。会社計画は採用人員戦力化を慎重視。60円配は上乗せも。
【戦力集中】IoT、RPA(業務自動化)等デジタル化コンサルに急傾斜。RPAシステムに強い米国ペガシステムズ社日本法人と業務提携。採用300人強と強気。

【本社】105-6309東京都港区虎ノ門1-23-1 虎ノ門ヒルズ森タワー ☎03-5501-0151
【従業員】〈19.2〉1,531名(32.0歳)[年]933万円
【証券】[上]東京 [幹](主)日興[副]野村，三菱Uモル，SBI [名]三井住友信 [監]太陽
【銀行】三井住友
【仕入先】―
【販売先】NTTコミュニケーションズ

【サービス】
⬆前号比増額 ☺会社比強気

年月	【資本異動】	万株
14. 7	減資	68
16. 4	分1→20	1,542
16. 9	公5万株(2100円)	1,547
18. 7	現物出資	1,554

東証	高値	安値
16~17	3445(17)	808(16)
18	4440(5)	1940(10)
19.1~8	5220(8)	2205(1)

	高値	安値	出来万株
19. 6	4175	3530	145
7	5200	4010	574
#8	5220	4670	273

【トップの実績】(社)阿部義之(2016.12) 時価総額3.11倍(1.01倍) 営業益1.40倍
【四半期進捗率】3期平均23.9% 今期32.2%(+8.3pt)
【業種】他産業サービス・製品 時価総額順位 40／238社
【比較会社】6088 シグマクシ，4307 NRI

【株式】⅝ 15,541千株 単位 100株 時価総額 736億円
【財務】〈□19.5〉百万円
総資産 29,573
自己資本 16,939
自己資本比率 57.3%
資本金 282
利益剰余金 10,217
有利子負債 7,288
【指標等】〈□19.2〉
ROE 19.7% 予23.0%
ROA 11.1% 予13.2%
調整1株益 201.2円
最高純益(19.2) 3,103
設備投資 ‥ 予 ‥
減価償却 238 予 ‥
研究開発 ‥ 予 ‥
【キャッシュフロー】百万円
営業CF 2,509(3,229)
投資CF ▲117(▲372)
財務CF ▲2,543(▲2,199)
現金同等物 2,985(3,135)

【株主】[単]4,556名〈19.2〉万株
日本マスター信託口 214(13.8)
日本トラスティ信託口 202(13.0)
江口新 155(10.0)
ステート・ストリート・バンク&トラスト505019 83(5.3)
BNPパリバ(Lux)J.FIMルクF.UCITS 55(3.5)
JPモルガン・チェース・バンク380055 46(2.9)
JPモルガン・チェース・バンク380072 37(2.4)
自社(自己株口) 34(2.2)
BNYM・BNYGCMクライアントM・LSCBRD 31(2.0)
ノルウェー政府 29(1.9)
〈外国〉32.1% 〈浮動株〉10.6%
〈投信〉22.8% 〈特定株〉58.7%
【役員】(社)阿部義之 (取)池平謙太郎 中村公亮 関口諭 小路敏宗* 佐藤真太郎* (常監)奥山芳貴 (監)糟谷祐一郎* 藤本哲也*

【業績】(百万円)	売上高	営業利益	税前利益	純利益	1株益(円)	1株配(円)
□17. 2	17,188	3,221	3,097	2,096	135.8	30
□18. 2	20,438	4,150	4,053	2,865	188.4	40
□19. 2	24,294	4,489	4,386	3,103	202.7	55
□20. 2予	30,000	6,000	5,900	3,900	256.6	60~70
□21. 2予	34,000	6,900	6,800	4,400	289.5	60~80
□18.3~8	11,336	1,497	1,426	997	65.2	25
□19.3~8予	15,000	3,000	2,950	2,000	131.6	30~35
□18.3~5	5,810	770	716	504	33.0	
□19.3~5	7,820	1,641	1,625	1,102	72.8	
会20. 2予	28,000	5,100	5,000	3,300	(19.4.12発表)	

【配当】	配当金(円)
16. 2	0
17. 2	30
18. 2	40
18. 8	25
19. 2	30
19. 8予	30~35
20. 2予	30~35
予想配当利回り	1.27%
1株純資産(円)〈□19. 5〉	1,121 (1,091)

1151

●ベイカレント・コンサルティング（現ベイカレント、6532）2019年４集秋号

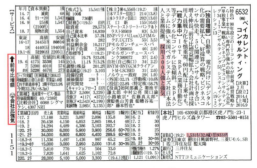

の売上高や営業利益が減っていないかつねに検証しておく必要がある。1人当たり売上高や営業利益は、エクセルなどで売上高や営業利益を従業員数で割って簡単に求められるので、時系列でウォッチしておこう。

ベイカレントの場合は社員数×平均給与で計算される総人件費は2023年2月期までの3年で95%増えたが、売上高と営業利益はそれをはるかに上回って伸びた。1人当たり売上高は2298万円に28%増加、1人当たり営業利益は903万円に倍増した。つまり生産性が向上し、だからこそ株価も上昇基調を維持できた。ただ、2024年2月期は1人当たり売上高が2173万円、同営業利益791万円と、前期比でそれぞれ5・4%減、12・4%減とピークアウトしている。年収が2021年2月期以降は1100万円前後で頭打ちとなっているのと符合して、株価も2021年9月高値をピークに基調転換し、高値圏でもみ合い続けている。**ソフト開発やコンサルのように人員増が売り上げの拡大に直結しやすい労働集約型の業種では、1人当たり売上高の減少はなんらかの警告と考えてよい**。

北の達人の生産性低下はさらにはっきりしている。社員数は今なお増加基調にあるが、1人当たり売上高は絶好調だった2019年2月期の9554万円から2023年2月期までの4年で4615万円へと半減し、同営業利益に至っては2139万円から239万円まで9割減という惨状だ。これでは株価がピークの6分の1となったのもうなずける。

逆に、よい方向への転機も早めに察知しておきたい。会社四季報2024年夏号で見つけた例を1つ紹介しよう。神奈川県厚木市にある超純水装置メーカーの野村マイクロ・サイエンス（6254）だ。

ライバルの栗田工業（６３７０）やオルガノ（６３６８）に比べて専業色が濃く、後発ながらも韓国、台湾企業向け開拓で先駆し、韓国サムスンと取引が多いのが特徴で、４期連続増収増益を続け、２０２４年３月期も最高益更新を狙う絶好調企業の１つだ。

前期実績の平均年収は９２７万円（平均年齢42・３歳）だが、過去の推移を見ると、２０２２年３月期までの５年間は平均年齢が42〜43歳くらいで年収は６００万円台と、先ほどの基準では不合格だった。ところが、２０２３年３月期に８４１万円と一気に合格点に達し、今や１０００万円台を狙う状況にある。

中でも1人当たりの指標の伸びには目を見張る。２０２４年３月期を５年前と比べると、１人当たり売上高は５６２２万円から１億３３９８万円に倍増、同営業利益は２７１万円から１９５３万円へと７・２倍に増えている。

野村マイクロ・サイエンス（6254）の1人当たり指標は右肩上がり

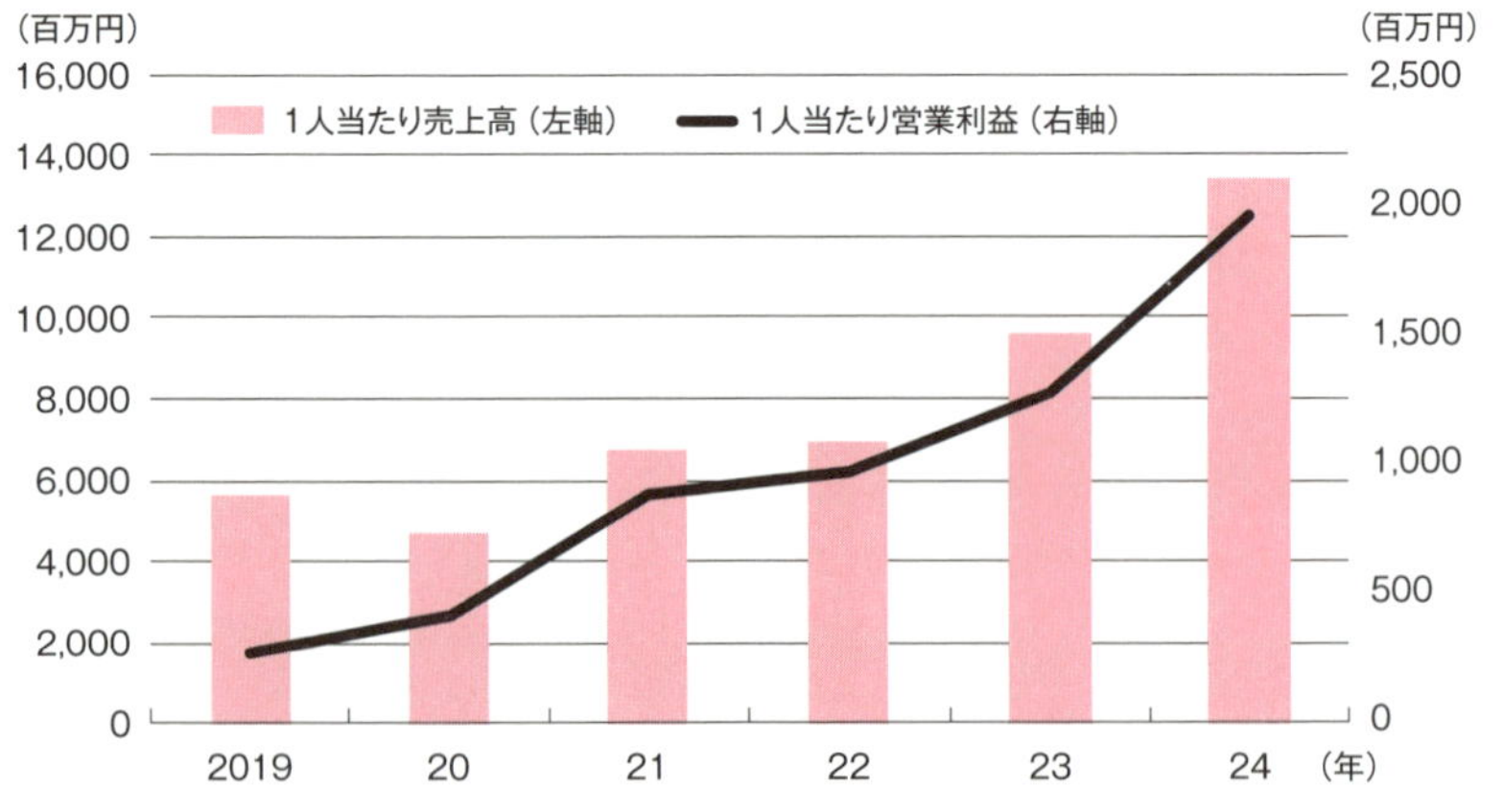

（注）各3月期

第14章

売上高には不思議がいっぱい

売上高を超えた借金はもう返せない

企業分析において数字はもちろん重要な要素だが、ある数字が単独で意味をなすことはほとんどない。**売上高や営業利益は過去の推移と照らし合わせて初めて意味を持つ**。営業利益率のように、売上高と営業利益の関係を見ることでより深い意味が出てくる指標もある。会社四季報Dブロックにはこうした数字が多く、漠然と眺めているだけでは会社四季報は絶対におもしろくならない。

例えば有利子負債は借入金と社債の合計だが、この数字が単独で意味をなすのは有利子負債がゼロである無借金の場合しかない。

会社四季報2024年夏号では、トヨタ自動車（7203）の有利子負債は36兆5617億8000万円となっている。実はトヨタは、あのソフトバンクグループ（9984）をもしのぐ日本一の借金王なのだが、だからトヨタが危ないと考える人は世界中どこにもいない。

銀行が会社に融資する際、限度額の目安とするのはフリーキャッシュフロー（FCF）の7年分、個人の住宅ローンは年収の5〜7年分が限界などと一応はいわれている。ただ、FCFや年収は会社や人によって違う。**つまり、借金はいくらまでは安全だとか、いくら以上になると危険だとかはっきりした数字があるわけではない**。

トヨタの有利子負債の中身のほとんどは、トヨタの信用力によって市場で調達した低コストの資金を、自動車ローンやリースなどの顧客に融資し利ザヤを稼ぐ金融事業によるものであって、本体自体は実質無借金である。

では、有利子負債は何と組み合わせると意味を持つかといえば、ズバリ売上高だ。すでに有利子負債額が危険水位に達していれば材料欄に「疑義注記」と書かれていたり、自己資本比率が1桁だったりするのですぐに気づく。一方、そこまで深刻ではないがその一歩手前にある会社を見抜くには、有利子負債と売上高を見比べるとよい。

あくまで経験則だが、売上高を超える借金はまず返せない。売上高を超える有利子負債のある会社は借金過多、あるいは超えていなくとも売上高に迫るような会社は銘柄候補から外しておいたほうが無難だろう。ただし、大型投資を長期間かけて回収する不動産やゼネコン、鉄道、海運、電力といったセクターは例外である。

売上高が勝つか時価総額が勝つか

前置きが少々長くなったが、ここで言いたいのは、売上高とは実に不思議な数字だということだ。

株式投資では利益が重要ではあるものの、売上高も意外なヒントを教えてくれる。会社四季報を読み込むときには、売上高とほかの数字を比較してみると意外な事実が見えてきて、がぜんおもしろくなる。

その最たるものは、Dブロックの【株式】欄にある時価総額だろう。かつて、ある有名企業の社長に「自社の株価についてどう考えていますか」と聞いたところ、「少なくとも売上高を超える時価総額があっておかしくないと思う」という答えが返ってきたことがある。本書にも何度か登場しているが、時価総額は「発行済み株式数×株価」で求める、いわば会社の値段である。時価総額を増やすということは株価を上げることにほかならない。しかし、この社長はなぜ売上高と比べたのか。

時価総額を年間の売上高で割った数字は「ＰＳＲ（株価売上高倍率、Price Sales Ratio）」と呼ばれ、倍率が高いほど割高とされる。ただし、この指標は主に利益の少ない、あるいは赤字の新興企業の株価水準を測る場合に使われ、かつ多くは売上高が同程度の2つの会社を比較するときに使われる。

会社四季報をぱらぱらめくってみるとわかるが、新興企業は総じて売上高が１００億円以下の小さな会社が多く、ＰＳＲが1倍を下回る会社はあまりない。むしろ1倍を割る会社はそれだけ不人気という意味で投資候補から外したほうがよいくらいだろう。

意外に少ないＰＳＲ1倍超え企業

新興市場では1倍超が当然のＰＳＲだが、東証プライム上場企業となると、株価が堅調な相場環境の中でも、時価総額が売上高を超える企業は半数以下しかない。時価総額ランキング１００位までの人気

Dブロックの時価総額に注目

【株式】4/30	16,314,987千株	
単位 100株		貸借
時価総額	54.4兆円	225
【財務】<◇24.3>		百万円
総資産	90,114,296	
自己資本	34,220,991	
自己資本比率	38.0%	
資本金	397,050	
利益剰余金	32,795,365	
有利子負債	36,561,780	
【指標等】	<◇24.3>	
ROE	15.8%	予11.0%
ROA	5.5%	予 4.2%
調整1株益		一円
最高純益(24.3)	4,944,933	
設備投資	20,108億	予21,500億
減価償却	12,484億	予13,800億
研究開発	12,023億	予13,000億
【キャッシュフロー】		億円
営業CF	42,063	(29,550)
投資CF	▲49,987	(▲15,988)
財務CF	24,975	(▲561)
現金同等物	94,120	(75,169)

●トヨタ自動車（7203）
2024年3集夏号

企業はさすがに約7割がＰＳＲ1倍以上をキープしているが、**誰もが知る会社が意外と1倍割れしているケースも少なくない**。

トヨタを除くホンダ（７２６７）や日産自動車（７２０１）などの自動車各社や、日本製鉄（５４０１）、パナソニック ホールディングス（６７５２）、ＥＮＥＯＳホールディングス（５０２０）といった主力銘柄をはじめ、小売業界の両雄とされるセブン＆アイ・ホールディングス（３３８２）やイオン（８２６７）であっても、時価総額が売上高に遠く及ばない（２０２４年7月24日時点）。なお、総合商社は仕入れ価格が大きく売り上げが膨張しがちなため、ＰＳＲはあまり意味をなさない。

一方、成熟産業でもＰＳＲが余裕で1倍を上回る会社がある。キッコーマン（２８０１）は売上高約４７００億円に対し時価総額は約1兆８２００億円だし、インスタントラーメン「マルちゃん」の東洋水産（２８７５）も売上高４９００億円に対し時価総額１兆円だ。ワコールホールディングス（３５９１）のように2期連続赤字企業であるにもかかわらず1倍を超える会社もある。

ＢtoＢ企業のようにあまり派手ではなくても、時価総額が売上高を大きく超える会社も多い。業務用厨房機器大手のホシザキ（６４６５）は売上高３７５０億円 vs 時価総額約７５００億円、マテハン（マテリアルハンドリング）で世界首位級のダイフク（６３８３）も売上高６１００億円 vs 時価総額約１兆１５００億円と、いずれもＰＳＲ２～３倍をキープする。

オンリーワンか、そうでないか

ではＰＳＲ１倍を超える会社と超えられない会社の差ははたしてなんなのか。

あくまで私見だが、成長性や利益改善が顕著な会社に加え、**独自のビジネスモデルを確立していたり、その製品がないと困る、その製品やサービスでないと代替が利かない……といった、何かしらオンリーワンの地位を築いたりしている会社は1倍を超えるケースが多いように思う**。

一方、なかなか1倍を超えられない会社は、たとえ増収増益が続いていても、提供している製品やサービスが汎用化していたり、価格競争にさらされて高い利益率を確保できなかったり、あるいはビジネスそのものが下請け型であったりする。

先ほど登場したセブン＆アイは、売上高約11兆５０００億円に対し時価総額はその半分以下の5兆円強とＰＳＲ１倍にはほど遠い。コンビニは日本においては社会インフラの一部となっており、なくては困る地域も多い。それなのになぜ1倍割れなのか。理由は時価総額ではなく売上高の側にある。

売上高に当たる２０２4年2月期の営業収益は11兆４７１７億円だが、第4章でも触れたようにこのうち8兆５１６９億円はガソリン販売が中心の海外コンビニの売上高だ。国内のコンビニ事業の売上高だけだと９２１７億円。もしこれを母数にすればＰＳＲは実は余裕で1倍をクリアしている。逆に言えば、だからこそ海外事業の収益性改善や非コンビニ事業の再編が急務なのだ。カナダの流通大手アリマンタシォン・クシュタールの買収ターゲットになった理由もこのあたりにありそうだ。

このように考えていくと、ＰＳＲ１倍は勝ち組銘柄への通過点であり、見方を変えれば**時価総額が売上高に追いついたとき、あるいは背中が見えたときは市場人気が本格化するシグナルであり、買いタイミングといえそうだ**。イメージ的には、テクニカル分析で買いシグナルとされる「ゴールデンクロス」に似ている。

抜いた瞬間が買いチャンス!?

国際優良株と呼ばれる主力大型株も、さかのぼってみると売上高と時価総額が抜きつ抜かれつを繰り返して現在に至っているものが少なくない。ソニーグループ（６７５８）は２０２４年7月時点で時価総額約17兆２５００億円＞売上高13兆円だが、直近でＰＳＲが１倍を超えたのは２０２０年初（会社四季報２０２０年春号から）であり、月足チャートでもそこから上昇トレンドが鋭角に立ち上がっている。

今ではすっかり人気離散してしまったものの、２０２０年半ばまでは株式市場で話題の中心にいたワークマン（７５６４）でも検証してみよう。ワークマンはＦＣを中心に全国展開する作業服や関連用品の専門チェーンだ。２０２４年６月末で店舗数は１０２０店舗にのぼり、ユニクロの７９８店（２０２４年5月末）より多い。現場や工場の作業員だけでなく、手頃な価格と実用性やファッション性から、ライダーやアウトドアを趣味とする女性からも支持を得て人気化した。

次ページの図は２００９年３月期から13年間の売上高と時価総額、ＰＳＲの推移を示している。ワークマンのPSRが1倍を超えたのは2012年3月期だ。会社四季報は初っぱなの2011年夏号から会社予想（営業利益49億6000万円）より強気の独自予想（52億円）を打っていた。「震災復旧需要追い風に好採算の作業着が出足好調。既存店が3・6％増想定上回る」（業績欄）のが根拠だった。

次に出た秋号はもっと強気で、60億円に再増額し「作業服が絶好調」と最上級の扱いだ。その次の2012年新春号も66億円に増額、さらに次の春号も67億円に増額と、結局この期に出た会社四季報はすべて増額し続けた。

そのあとにワークマンが発表した決算は、それをさらに上回る68億8300万円となった。**一連の増額の繰り返しがトリガーとなって人気化し「PSR1倍超」の勝ち組になっていったと思われる**。

大化け候補を見つける楽しみ

月足チャートで当時のワークマンの株価を見ると、なぎ状

ワークマン（7564）13年間の業績とPSRの推移

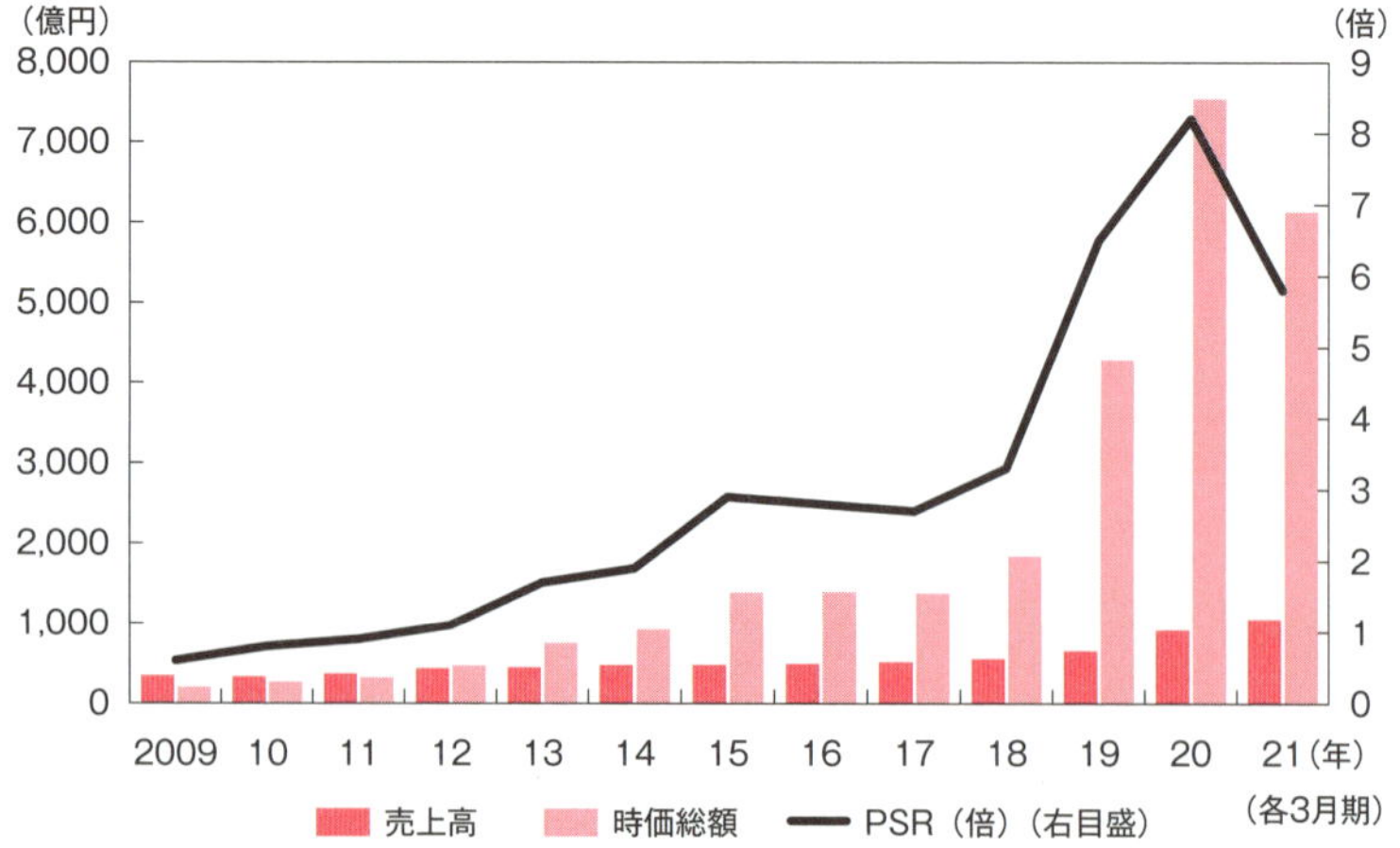

態、いやむしろ地面にはいつくばった冴えない動きに見える。ただこれはその後の山が高すぎるためであり、実際の株価は2012年安値が489円、翌2013年高値が1045円と1年足らずで2倍強に値上がりしている。

さらに会社四季報バックナンバーをたどってみよう。「5年間で社員給与を100万円アップ、小売業界では高水準に」(2015年新春号)など注目すべき記事がいくつかあるが、基本的には「建設需要」「防寒着」「PB製品」などいつも同じようなキーワードしか登場しなかった。それが、2015年春号になってその後のワークマン人気を決定づける「2月以降、新店は女性や家族客が入りやすい外観に転換」という記事が登場する。

2016年夏号には「スポーツやアウトドア、女性向け商品の開発加速」、2017年新春号に「【イメチェン】若年男性など新たな顧客開拓へ」の記事が出て、PSRは3倍、6倍、8倍へと跳ね上がっていった。**株価は、時価総額が売上高に追いついた最初の会社四季報(2011年春号)から約8年半で24倍となっていた。**

半導体向け純水装置のオルガノ(6368)も同じような例といえる。2022年夏号で時価総額と売上高が〝ゴールデンクロス〟してから株価が勢いづき、2022年夏号掲載時に2485円(分割調整後)だった株価は2024年6月末時点では8940円と3・6倍高している。2021年夏号で〝ゴールデンクロス〟したランニングシューズ世界大手のアシックス(7936)も同様にその後3年で4倍高と人気化した。

「PSR1倍超え=買い」の法則がすべての大化け株候補に通じるとは思わない。**ただ、少なくとも会社四季報を読んでいくうえでは、時価総額と売上高を関連づけて見ることで、なんらかの気づきを得るはずだ**。漠然と増益だの減益だのと平面的に見ていた数字が株式市場とつながって立体感を帯び、銘柄選びがぜんおもしろくなるだろう。

「青天井企業」の株価はいくら?

この考え方を一歩進めると、**上場来高値を更新し、上値が青天井となった成長企業の目標株価を設定するときにも活用できそうだ**。

第5章で「政策に売りなし」という相場格言を紹介したが、この金言どおりに2020年から2023年にかけてひと相場を演じた銘柄の1つにAbalance(3856)がある。同社は企業向けソフト開発・販売で創業したが、債務超過に転落して経営が迷走。現在は、中国製太陽光パネルを使用したメガソーラーの建設・販売を主力事業としている東証スタンダード企業だ。

会社四季報2020年秋号まではご覧のように業績がぱっとせず、2021年6月期(次ページ図上段)も続落が見込まれていた。ところが、次の2021年新春号で売上高予想が豹変する(同下段)。ベトナムの太陽光パネルメーカー、VSUN社を買収し年商140億円が上乗せされたためだ。VSUN社は「年商250億円規模、世界20社に入る大手。米バイデン政権発足で再エネ需要高まり来期躍進」の期待が台頭する。前号の60億円が200億円に跳ね上がり、2022年6月期の売上高予想

「政策に売りなし」を体現するかのよう

3856 Abalance

【特色】企業向けソフト開発・販売で創業。11年に建機商社WWBと株式交換。現在の主力は太陽光事業

【連結事業】IT1(▲70)、建機販売4(▲19)、グリーンエネルギー94(13)、他2(▲6)〈20・6〉

【決算】6月 【設立】2000.4 【上場】2007.9

【続　落】メガソーラー建設の自社保有進め一段減収。太陽光、風力の売電拡大だが、電源稼働は後半で寄与限定的。建機賃貸も黒字化微妙。収益の柱は分譲ソーラーにとどまる。営業益続落。ベトナム太陽光パネル会社を持分化なら経常益2億円上振れ。

【売　電】花畑発電所(群馬)にみずほ銀など13億円の融資枠設定。電源順次稼働し来期に利益貢献。抗ウイルス剤の販売網拡充。

【株主】㊖1,595名〈20.6〉 万株
龍潤生 178(34.2)
山下博 25(4.9)
㈲飯塚フューチャーデザイン 21(4.1)
FBCインベストメント㈱ 20(3.8)
日野豊 15(2.9)
㈱神宮館 12(2.3)
厳平志郎 9(1.8)
飯塚芳枝 5(1.0)
松井証券 5(0.9)
渡辺毅 4(0.9)
〈外国〉1.3%　〈浮動株〉15.7%
〈投信〉0.0%　〈特定株〉58.5%

【役員】㈳光行康明 ㈹龍潤生 ㈼佐伯英隆* 日下部笑美* 若杉武治* 六川浩明*（9.28予）

【連結】WWB, バローズ, 日本光触媒センター, Abit

【株式】7/31 5,195千株
単位 100株
時価総額 43.6億円

【財務】〈連20.6〉 百万円
総資産 14,764
自己資本 2,093
自己資本比率 14.2%
資本金 702
利益剰余金 1,368
有利子負債 5,432

【指標等】〈連20.6〉
ROE 10.4% 予9.1%
ROA 1.4% 予1.3%
調整1株益 —円
最高純益(18.6) 756
設備投資 1,560 予5,000
減価償却 188 予 350
研究開発 ‥ 予 ‥

【キャッシュフロー】 百万円
営業CF ▲861(▲146)
投資CF ▲472(▲1,619)
財務CF 1,465(1,912)
現金同等物 679(530)

年月	【資本異動】	万株
14.3	無割1:1	351
14.5	予約権	504
14.11	減資	504
17.1	三者14万株(605円)	518

東証②	高値	安値
07~18	504000(07)	204(15)
19	790(1)	420(1)
20.1~8	1126(8)	418(3)

	高値	安値	出来万株
20.6	817	552	128
7	1096	705	302
8	1126	742	225

【四半期利益率】2.7%(11.6pt)
過去平均▲8.9%　増収率61.9%
【進捗率】3期平均—%
今期—%(—pt)

【業種】パッケージソフト
時価総額順位 57／68社
【比較会社】4776 サイボウズ, 1407 ウエストH, 4651 サニックス

【業績】(百万円)	売上高	営業利益	経常利益	純利益	1株益(円)	1株配(円)
連16.6	4,539	397	426	231	45.9	11
連17.6	6,495	115	48	▲175	▲34.5	11
連18.6	7,300	926	874	756	145.9	17
連19.6	5,984	608	566	316	61.2	17
連20.6	6,678	361	305	211	40.9	17
連21.6予	6,000	300	260	190	36.8	17
連22.6予	5,500	400	550	380	73.5	17
連19.7~12	3,060	212	121	55	10.7	7
連20.7~12予	3,600	180	150	100	19.3	7
会21.6予	6,000	300	260	191	(20.8.14発表)	

【配当】	配当金(円)
18.6	10
18.12	7
19.6	10
19.12	7
20.6	10
20.12予	7
21.6予	10
予想配当利回り	2.02%
1株純資産(円)〈連20.6〉	405.0 (381.4)

【本社】140-0002東京都品川区東品川2-2-4 天王洲ファーストタワー ☎03-6864-4001

【従業員】〈20.6〉連73名 単13名(47.4歳)[年]728万円
【証券】[上]東京② [幹](主)HS(副)みずほ, Mリンチ, SBI, いちよし, 東海東京, 三菱Uモル [名]みずほ信 [監]アスカ
【銀行】みずほ, 徳島大正, きらぼし, 七十七, 京葉, 千葉, 第四
【仕入先】VSUN, ニンテックス・ジャパン
【販売先】九州電力, 中部電力, NEC

●Abalance（3856）2020年4集秋号

3856 Abalance

【特色】企業向けソフト開発・販売で創業。11年に建機商社WWBと株式交換。現在の主力は太陽光事業

【連結事業】IT1(▲70)、建機販売4(▲19)、グリーンエネルギー94(13)、他2(▲6)〈20・6〉

【決算】6月 【設立】2000.4 【上場】2007.9

【大幅増益】ベトナム太陽光パネル会社を子会社化し年商140億円上乗せ。太陽光の3電源稼働、既存電源も本格化し売電収入拡大。光触媒抗菌剤も黒字化。建機・IT不振と償却負担補い一転大幅増益。増配へ。

【戦略子会社】太陽光パネルVSUNは年商250億円規模、世界20社に入る大手。米バイデン政権発足で再エネ需要高まり来期躍進へ。抗菌剤は病院、スーパー等に反響。

【株主】㊖1,595名〈20.6〉 万株
龍潤生 178(34.2)
山下博 25(4.9)
㈲飯塚フューチャーデザイン 21(4.1)
FBCインベストメント㈱ 20(3.8)
日野豊 15(2.9)
㈱神宮館 12(2.3)
厳平志郎 9(1.8)
飯塚芳枝 5(1.0)
松井証券 5(0.9)
渡辺毅 4(0.9)
〈外国〉1.3%　〈浮動株〉15.7%
〈投信〉0.0%　〈特定株〉58.5%

【役員】㈳光行康明 ㈹龍潤生 ㈼佐伯英隆* 日下部笑美* 六川浩明* 若杉武治*

【連結】WWB, バローズ, 日本光触媒センター, Abit

【株式】10/31 5,198千株
単位 100株
時価総額 149億円

【財務】〈連20.9〉 百万円
総資産 14,991
自己資本 2,237
自己資本比率 14.9%
資本金 703
利益剰余金 1,508
有利子負債 6,128

【指標等】〈連20.6〉
ROE 10.4% 予13.9%
ROA 1.4% 予 2.1%
調整1株益 —円
最高純益(18.6) 756
設備投資 1,407 予5,000
減価償却 188 予 350
研究開発 ‥ 予 ‥

【キャッシュフロー】 百万円
営業CF ▲861(▲146)
投資CF ▲472(▲1,619)
財務CF 1,465(1,912)
現金同等物 679(530)

年月	【資本異動】	万株
14.11	減資	504
17.1	三者14万株(605円)	518
20.12	三者10万株(2068円)	530

東証②	高値	安値
07~18	504000(07)	204(15)
19	790(1)	420(1)
20.1~11	2913(11)	418(3)

	高値	安値	出来万株
20.9	919	743	122
10	2026	880	845
#11	2913	1583	889

【配当総額】0.89億円(154.3%)
過去平均0.35億円　配当性向28.7%
【四半期進捗率】3期平均33.9%
今期55.7%(+21.8pt)

【業種】パッケージソフト
時価総額順位 38／69社
【比較会社】4776 サイボウズ, 1407 ウエストH, 4651 サニックス

【業績】(百万円)	売上高	営業利益	経常利益	純利益	1株益(円)	1株配(円)
連18.6	7,300	926	874	756	145.9	17
連19.6	5,984	608	566	316	61.2	17
連20.6	6,678	361	305	211	40.9	17
連21.6予	20,000	700	560	310	58.7	17~24
連22.6予	35,000	1,200	1,000	600	113.7	17~46
連19.7~12	3,060	212	121	55	10.7	7
連20.7~12予	17,000	550	450	250	47.4	7
連19.7~9	1,828	253	183	106	20.6	
連20.7~9	1,923	390	335	192	37.2	
会21.6予	20,000	700	560	311	(20.10.5発表)	

【配当】	配当金(円)
18.6	10
18.12	7
19.6	10
19.12	7
20.6	10
20.12予	7
21.6予	10~17
予想配当利回り	0.59%
1株純資産(円)〈連20.9〉	432.6 (405.0)

【本社】140-0002東京都品川区東品川2-2-4 天王洲ファーストタワー ☎03-6864-4001

【従業員】〈20.9〉連63名 単12名(47.4歳)[年]728万円
【証券】[上]東京② [幹](主)HS(副)みずほ, BofA, SBI, いちよし, 東海東京, 三菱Uモル [名]みずほ信 [監]アスカ
【銀行】みずほ, 政策公庫, 七十七, 千葉, 徳島大正, きらぼし, 京葉, 第四, 大阪厚生信金, さわやか信金
【仕入先】VSUN, ニンテックス・ジャパン
【販売先】九州電力, 中部電力, NEC

●Abalance（3856）2021年1集新春号

に至っては350億円と前期実績の5倍以上となった。

続く会社四季報2021年春号が「連結のVSUNがバイデン政権の米国から大型受注相次ぐ。ハノイ市場上場の計画あり、当社来期純益は上振れ余地」と報じたころには、株価は3カ月で1000円台半ばまで倍化していた（株価は分割調整後価格、以下同）。

Abalanceのような銘柄では上値目標の設定が難しい。チャートをさかのぼると、上場翌月の2007年10月に1440円をつけたことがあるが、すでに更新されており、この先に株価のフシはない。会社四季報2021年春号発売段階で**今期予想PER60倍、PBR6・8倍とあっては、いくらまでなら妥当という合理的な説明はつけようがない**。

売上高が株価目標に

こうした場合に、「時価総額は売上高にいずれ追いつく」という仮説を立ててみるとどうだろう。会社四季報2021年新春号掲載の時価総額は149億円（株価958円）、対して売上高予想は200億円だった。このとおりの成長が続けばという大前提だが、株価の上昇余地は計算上34％高（200億円÷149億円－1）で、第1の目標株価は1285円。2期目の売上高予想は350億円なので次の目標は2・35倍高（350億円÷149億円）の2250円（958円×2・35倍）となる。

実際、Abalanceの株価は第1目標を同号発売から1カ月せずしてクリア、第2目標もその3カ月後に達成し、さらに2年後の2023年4月には1万3620円まで買われテンバガーを達成した。

しかし、その後の株価は残念ながら芳しくない。2023年8月14日に発表した「決算発表の延期のお知らせ」をきっかけに人気が離散。供給過剰によるパネルの値崩れや米政府によるベトナム製品への免税打ち切りで業績が急悪化し、株価は往って来いの状態となってしまった。

最後になるが、時価総額と同じDブロックに掲載されている総資産についても触れておきたい。**総資産も売上高と掛け合わせると、その意味するものがイメージしやすい数字の1つで、会社の〝体の引き締まり具合〟がわかる**。

総資産とは負債と資産の合計であり、簡単にいえば会社が所有する有形無形の財産の総額だ。会社はこの総資産を使って利益を稼ぎ出すわけだが、同じ利益ならできるだけ少ない総資産で稼ぐほうが効率的ということになる。

売上高を総資産で割った指標を総資産回転率（単位は回）という。業種にもよるが、会社四季報をぱっと眺めて判断するにはやはりこれも1以上が好ましく、それ以下の会社は売上高が小さすぎるか、総資産が大きすぎる。**人間でいえばぜい肉が多い状態であり、遊休資産を売るとか過剰設備を削減するといった施策が必要なことを示唆している**。

コラム

初値倍率のトリック

新興企業は売上高が小さい一方で、新興市場には一定の投資資金がつねに存在しているため株価指標は割高になりやすい。

ＩＰＯ（新規公開株式）時には、市場で最初につけた価格である「初値」が、事前の需要予測をもとに決めた公開価格を上回った、いや下回っただのと騒がれる。初値はＩＰＯ企業の人気のバロメーターと信じ込んでいる投資家もいるようだ。

実は、初値を公開価格で割って算出する「初値倍率」は、その会社の事業内容やビジネスモデル、将来性とはほとんど関係がない。前評判の高い一部の会社を除けば、市場からいくらの資金を吸収したかの調達額でほぼ決まってしまうのだ。

ＩＰＯ初日はまずは売り手がいなくては始まらない。ここで買い向かう主なプレーヤーは個人投資家である。その時々の地合いにもよるが、市場には新規公開株に買い向かう資金がつねに10億円程度待機しているとされ、調達額がそれより小さければ初値倍率が跳ね上がり、大きく上回ると公募割れしやすい。

▼小粒化の指摘も

ＫＯＫＵＳＡＩ　ＥＲＥＣＴＲＩＣ（6525）が時価総額で最大となった2023年のＩＰＯは、前年より5社多い96社だった。**このうち約7割の67社で初値が公開価格を上回ったが、一方では「小粒化」も指摘されている。**2023年ＩＰＯの初値騰落率を見ると、トップ10までが公開価格の3倍以上をつけている。しかし、公開価格に公開株数を掛けた市場からの吸収資金（調達額）を見ると半数以上の6社が10億円以下、2023年の平均調達額14億7300万円（東証調べ）を基準にすると7社がそれ以下だった。

初値倍率5・3倍でトップとなったアイデミー（5577）は、従業員数1000人を超える会社を中心にＡＩやＤＸ教育支援を手がけているが、調達額はわずか5億3000万円にとどまった。2位で4・5倍をつけたジェノバ（5570）の調達額はさらに少ない4億3000万円だ。センチメートル級の高精度な位置情報配信サービスを展開している。

3位は、注目度ではナンバーワンの宇宙ベンチャー、ｉｓｐａｃｅ（9348）で、初値倍率は3・9倍。トップ10企業では最大の70億円強を調達したにもかかわらず、この高倍率はかなりの人気だ。ちなみに1245億円を調達した半導体製造装置メーカーＫＯＫＵＳＡＩ　ＥＲＥＣＴＲＩＣは57位の15％高とごく平凡。**これを見ればＩＰＯ人気化のカギはビジネスモデルなどではなく、あくまで調達額の多寡だとわかるだろう。**

第15章

割安株の本当の探し方

「PERは低いほど割安」は大間違い

株式投資の基本は「安く買って高く売る」に尽きる。では株価が安いか高いかは何をもとに判断すればよいのだろうか。

最もポピュラーな指標は、本書でも何度か登場したPERだろう。株価が1株当たり純利益の何倍まで買われているかを見る指標だ。「PER（倍）＝株価÷1株当たり純利益」の式で求めるが、これは時価総額を会社の最終的な儲けである純利益で割るのと同じことである。ちなみに1株当たり純利益は「EPS（Earnings Per Share）」と略して呼ばれることが多い。

PERを求めるときに使うEPSは、過去の実績ではなく予想EPSを使う。今期予想のEPSを使えば今期予想PERとなり、来期予想EPSを使えば来期予想PERが求められる。会社四季報欄外の株価指標欄では上段が今期予想PER、下段が来期予想PER、カッコ内の数字は決算期を示している。

上段と下段のPERを比べて下段の数字がぐっと下がっている銘柄は来期業績が大幅によくなる銘柄だ。**今期から来期に関心が移るタイミング（例えば3月決算期でいえば12月発売の新春号）で来期の躍進企業を探したいときは、ここを拾い読みしていくのも裏技の1つだ。**

PERの数値は低いほど割安とされるが、すべての会社に共通して目安となる絶対的水準はない。会社四季報2024年夏号で見ると、本書でもたびたび登場するレーザーテック（6920）の2025

過去3年強の月足チャートと株化指標を掲載

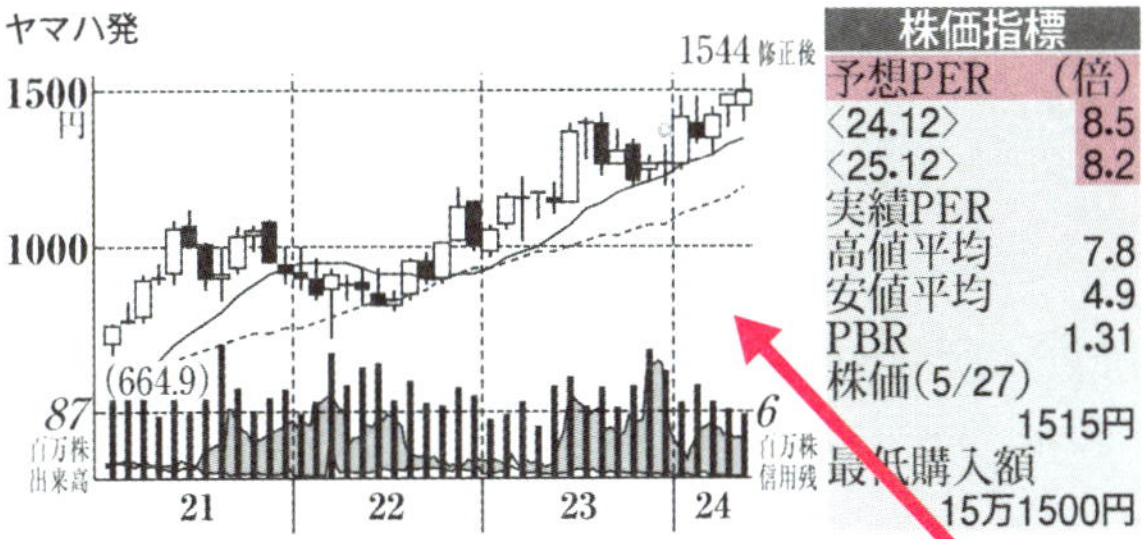

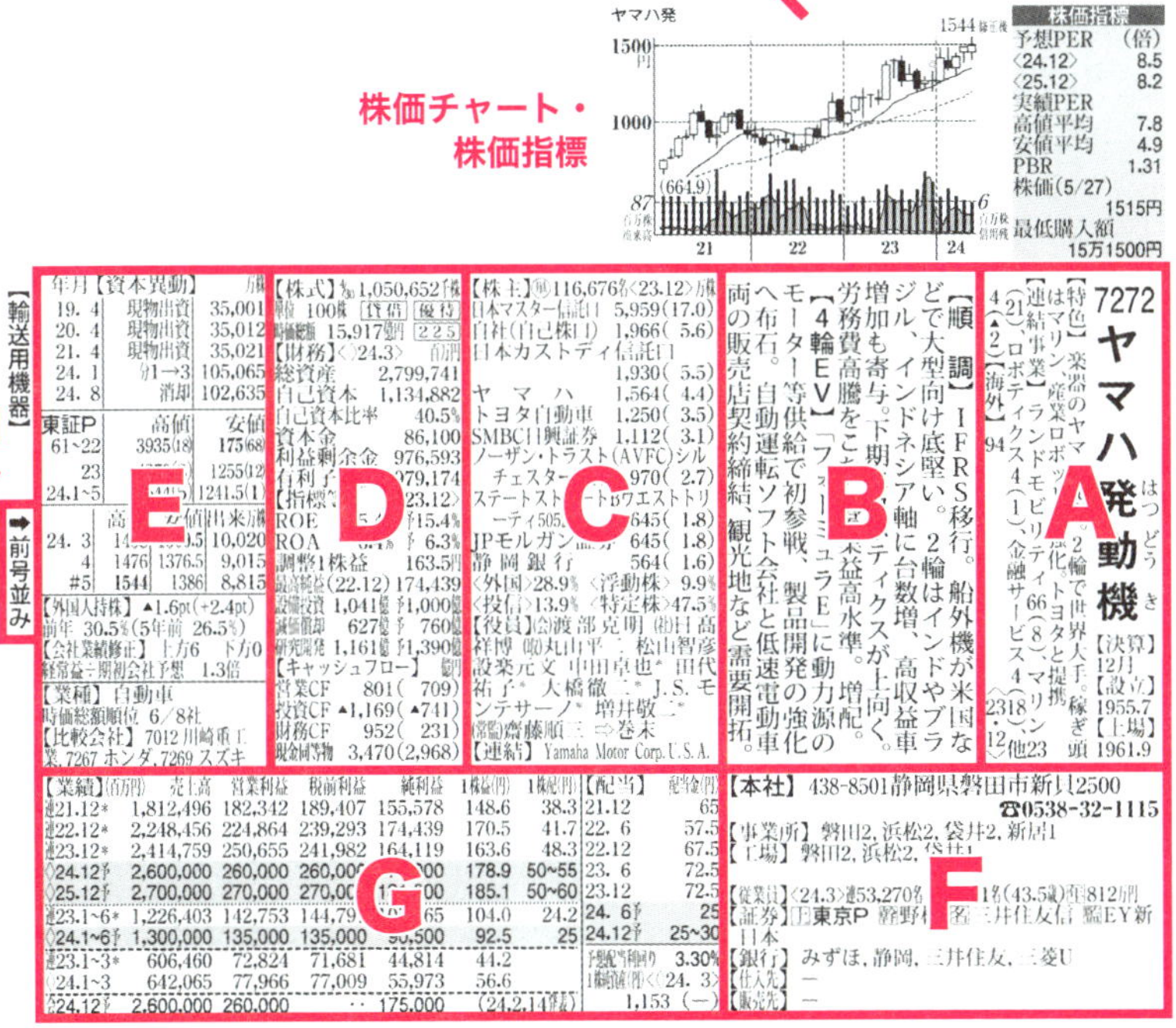

ヤマハ発
1544 修正後
1500 円
1000
(664.9)
87 百万株 出来高
6 百万株 信用残
21 22 23 24

株価指標
予想PER (倍)
〈24.12〉 8.5
〈25.12〉 8.2
実績PER
高値平均 7.8
安値平均 4.9
PBR 1.31
株価(5/27)
1515円
最低購入額
15万1500円

7272 ヤマハ発動機《はつどうき》
【決算】12月
【設立】1955.7
【上場】1961.9

【特色】楽器のヤマハから独立。2輪で世界大手。稼ぎ頭はマリン、産業ロボット。トヨタと提携強化
【連結事業】ランドモビリティ66(8)、マリン23(21)、ロボティクス4(1)、金融サービス4(18)、他4(▲2)【海外】94 〈23.12〉

【順 調】IFRS移行。船外機が米国など大型向け底堅い。2輪はインドやブラジル、インドネシア軸に台数増、高収益車増加も寄与。下期、ロボティクスが上向く。労務費高騰をこなし営業益高水準。増配。
【4輪EV】「フォーミュラE」に動力源のモーター等供給で初参戦、製品開発の強化へ布石。自動運転ソフト会社と低速電動車両の販売店契約締結、観光地など需要開拓。

【株主】㊥116,676名〈23.12〉万株
日本マスター信託口 5,959(17.0)
自社(自己株口) 1,966(5.6)
日本カストディ信託口 1,930(5.5)
ヤマハ 1,564(4.4)
トヨタ自動車 1,250(3.5)
SMBC日興証券 1,112(3.1)
ノーザン・トラスト(AVFC)シルチェスター 970(2.7)
ステートストリートBワエストトリーティ505 645(1.8)
JPモルガン証券 645(1.8)
静岡銀行 564(1.6)
〈外国〉28.9% 〈浮動株〉 9.9%
〈投信〉13.9% 〈特定株〉47.5%
【役員】(会)渡部克明 (社)日高祥博 (取)丸山平二 松山智彦 設楽元文 中田卓也* 田代祐子* 大橋徹二* J.S.モンテサーノ* 増井敬二* (常監)齋藤順三 ⇒巻末
【連結】Yamaha Motor Corp.U.S.A.

【株式】1,050,652千株
単位 100株 貸借 優待
時価総額 15,917億円 225
【財務】〈◇24.3〉 百万円
総資産 2,799,741
自己資本 1,134,882
自己資本比率 40.5%
資本金 86,100
利益剰余金 976,593
有利子負債 979,174
【指標等】 〈◇23.12〉
ROE 予15.4%
ROA 予 6.3%
調整1株益 163.5円
最高純益(22.12) 174,439
設備投資 1,041億 予1,000億
減価償却 627億 予 760億
研究開発 1,161億 予1,390億
【キャッシュフロー】 億円
営業CF 801(709)
投資CF ▲1,169(▲741)
財務CF 952(231)
現金同等物 3,470(2,968)

【輸送用機器】

年月	【資本異動】	万株
19. 4	現物出資	35,001
20. 4	現物出資	35,012
21. 4	現物出資	35,021
24. 1	分1→3	105,065
24. 8	消却	102,635

東証P	高値	安値
61~22	3935(18)	175(68)
23		1255(12)
24.1~5		1241.5(1)

	高値	安値	出来万株
24. 3			10,020
4	1476	1376.5	9,015
#5	1544	1386	8,815

【外国人持株】▲1.6pt(+2.4pt)
前年 30.5%(5年前 26.5%)
【会社業績修正】上方6 下方0
経常益÷期初会社予想 1.3倍
【業種】自動車
時価総額順位 6/8社
【比較会社】7012 川崎重工業,7267 ホンダ,7269 スズキ

【業績】(百万円)	売上高	営業利益	税前利益	純利益	1株益(円)	1株配(円)
連21.12*	1,812,496	182,342	189,407	155,578	148.6	38.3
連22.12*	2,248,456	224,864	239,293	174,439	170.5	41.7
連23.12*	2,414,759	250,655	241,982	164,119	163.6	48.3
◇24.12予	2,600,000	260,000			178.9	50~55
◇25.12予	2,700,000	270,000			185.1	50~60
連23.1~6*	1,226,403	142,753			104.0	24.2
◇24.1~6予	1,300,000	135,000	135,000		92.5	25
連23.1~3*	606,460	72,824	71,681	44,814	44.2	
◇24.1~3	642,065	77,966	77,009	55,973	56.6	
会24.12予	2,600,000	260,000	‥	175,000	(24.2.14発表)	

【配当】	配当金(円)
21.12	65
22. 6	57.5
22.12	67.5
23. 6	72.5
23.12	72.5
24. 6予	25
24.12予	25~30

予想配当利回り 3.30%
1株純資産(円)〈◇24. 3〉
1,153 (―)

【本社】438-8501静岡県磐田市新貝2500
☎0538-32-1115
【事業所】磐田2,浜松2,袋井2,新居1
【工場】磐田2,浜松2,
【従業員】〈24.3〉連53,270名
【証券】上東京P 名 監EY新日本
【銀行】みずほ,静岡,三井住友,三菱U
【仕入先】―
【販売先】―

●ヤマハ発動機（7272）2024年3集夏号

年6月期の予想ＰＥＲは58・7倍だが、総合商社の伊藤忠商事（８００１）は11・8倍（２０２５年3月期予想）、2輪世界大手のヤマハ発動機（７２７２）は8・5倍台（２０２４年12月期予想）となっている。各社とも最高益を更新する見通しだが、ＰＥＲの水準はだいぶ違う。数字だけ見ればレーザーテックは超絶に高く、ヤマ発はバーゲンセールのような値段だ。では、3社のうちヤマ発が買いかとなると、そうではないところがＰＥＲの問題点というか、勘違いされている点である。

ＰＥＧレシオに注目

ＰＥＲは成熟した産業の銘柄では低く、ハイテク銘柄ほど数字が高くなる傾向がある。この違いは、産業の成長率の高さに由来する。

少々寄り道になるが、高いＰＥＲが常態となっている成長株では「ＰＥＧレシオ（Price Earnings Growth Ratio）」という指標がよく使われる。フィディリティマゼラン・ファンドの運用で名を残した伝説のファンドマネジャー、ピーター・リンチがまだ駆け出しの頃、このアプローチで大成功したといわれている。ＰＥＧレシオは会社の中期的な利益成長率を加味して株価の水準を測る指標で、ＰＥＲを中期の成長率で割って求める（単位は倍）。

ＰＥＲが10倍で中期成長率が10％の銘柄のＰＥＧレシオは10倍÷10％＝1倍となる。1倍はＰＥＧレシオの標準的水準だ。ＰＥＲが30倍で一見割高に見える銘柄も、中期成長率が30％ならＰＥＧレシオは1倍となる。ＰＥＲが10倍で割安に見える株でも中期成長率が5％しかなければＰＥＧレシオは2倍となり、後者のほうが割高という判断になる。高成長株の場合は2倍以下なら割安とされる。
問題は中期成長率に何の数字を使うかだが、ここで会社四季報独自の2期予想の出番となる。本業の儲けを示す営業利益の今期予想増益率と来期予想増益率を計算して、その平均を使えばよいのだ。

試しにレーザーテックで計算してみると、会社四季報2024年夏号予想では1期目（2024年6月期）の営業増益率が15・6%、2期目は33・3%で平均では24・5%になる。同号採録時点のPERは71・5倍だから、PEGレシオは71・5÷24・5＝2・9倍でやや割高という結果になる。

さらに突っ込んだ使い方をするなら、PERがPEGレシオ2倍となる水準を事前に求めておき、その水準を割り込んできたら割安感が出始めるということになる。レーザーテックの場合は49倍（＝2×24・5）だ。これに今期予想EPS742・9円を掛け算した3万6402円が割高かどうかの境界となる。

PERは重視されすぎ!?

話をPERに戻そう。**結論から言うと、PERの低い株を買って成功することはまずないと断言してよいだろう。**

会社四季報オンラインでは、月曜から金曜までの毎朝6時に銘柄達人の選んだ「厳選注目株」を配信している。私はこの欄を長く編集してきたが、選者たちが原稿でPERに言及することは極めてまれだ。**少なくともPERが低いという理由だけで注目株が選ばれたケースは一度も見たことがない。**要する

第15章 割安株の本当の探し方

に銘柄選びのうえでPERはあまり重要視されていないのだ。

下表は、日経平均株価とTOPIXがそろって史上最高値を更新した2024年7月4日時点における250営業日前比（つまり1年前比）の株価パフォーマンスランキングで、対象は時価総額1兆円以上の会社176社に絞ってある。この日の日経平均の予想PER17・4倍、プライム全銘柄16・8倍を基準とすると、トップ10銘柄でこれより低いのは3位川崎汽船（9107）の16・0倍と、5位のMS&ADインシュアランスグループホールディングス（8725）の10・0倍だけであり、10銘柄平均では28・4倍という結果だ。

かつて大手証券会社で機関投資家セールスをやっていた人から聞いた話だが、彼の客先のベテランファンドマネジャーは「2つある銘柄の中からどうしても1つだけ選ばなければならないときは迷わずPERが高

時価総額1兆円企業の株価リターンランキング

順位	証券コード	銘柄名	株価（円）	リターン（%）	時価総額（億円）	予想PER（倍）
1	7011	三菱重工業	2,021	200.3	65,668	28.5
2	6146	ディスコ	64,580	190.5	69,670	63.3
3	9107	川崎汽船	2,770.5	136.7	19,619	16.0
4	3099	三越伊勢丹HLD	3,278	126.4	12,770	23.6
5	8725	MS&ADIGHLD	3,860	125.8	61,240	10.0
6	7936	アシックス	2,403	116.7	17,995	39.1
7	6501	日立製作所	3,725	108.9	170,950	28.9
8	6701	NEC	14,130	105.2	37,885	24.9
9	7735	SCREENHLD	15,710	97.3	15,761	21.9
10	6762	TDK	10,840	97.3	40,996	28.7

（注）株価は2024年7月4日終値、リターンは250営業日前比、PERは同時点における今期会社予想ベース

PERは株価を主語にして考える

$$PER = \frac{株価}{1株利益}$$

$$株価 = PER \times 1株利益$$

い銘柄を買う」と断言していたそうだ。ＰＥＲが高いということは市場の期待が高いことを意味しているからだという。**そう、ＰＥＲは割高・割安を測る指標であると同時に、市場の期待度を示す指標でもあるのだ**。

ＰＥＲは本当はこう使う

ＰＥＲは数値が低いほど割安というのは、ある意味正しく、ある意味間違っている。おそらく誤解のもとは「ＰＥＲ＝株価÷１株利益」という数式によるものだろう。

株式投資の目的は「株価が上昇する」こと。つまり主語はあくまで株価でなければならない。であるなら、この式は右辺と左辺を移項して、「株価＝ＰＥＲ×１株利益」とするのが本来の姿だ。つまり、株価が上昇するにはＰＥＲが上昇するか１株利益が増えるか、できればその両方が必要なことがわかる。

このことを理解すれば銘柄選択の視点はこれまでとは違ったものになるはずだ。まずは、１株利益が増えそうな銘柄を選ぶのが常道だろう。**短期的には業績上振れ期待が濃厚な銘柄、中長期的には連続増益が期待できる銘柄を物色していく**。自己株取得計画を発表した銘柄が値上がりするのもこの理屈による。

それとは別に、１株利益予想に変化がなくても、**ＰＥＲ、すなわち市場の期待度**

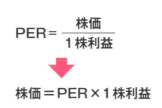

が上昇しそうな銘柄を選ぶやり方もある。その代表格はテーマ株だ。中でもその時々の政権が掲げる方針に関連するテーマ株は「政策に売りなし」の格言どおり潮流に乗りやすい。

先ほどの株価パフォーマンスランキングでトップとなった三菱重工業（７０１１）や８位のＮＥＣ（６７０１）は、国の防衛力増強の国策テーマに乗って上昇した。その迫力たるや会社四季報を見れば一目瞭然で、三菱重工の「スタンドオフミサイルなど防衛・宇宙事業で４〜６月６４９１億円受注（前年同期６５０億円）。通期受注計画上振れ濃厚」（２０２３年秋号）や、ＮＥＣの「約２００億円投じ防衛装備品工場新設や25年度まで人員を１０００人規模増員」（２０２４年新春号）という記事を目にした投資家はおもわず誌面に付箋を貼ったことだろう。

会社四季報Ｂブロックの19行×９行の記事は、最初の【見出し】に始まる業績欄が１株利益に関する説明であり、２つ目の【見出し】に始まる材料欄が株価材料、つまり市場期待（ＰＥＲ）に関する内容だと思って読むとおもしろい。両者を掛け合わせたものがほかならぬ株価となる。

株価の居所を知る

三菱重工業は防衛事業の成長期待をテコに、10倍前後が居所だったＰＥＲを１年で20倍台へと切り上げた。並行して、ガスタービンや航空機エンジンなど好調なエナジー事業を牽引役に１株利益（ＥＰＳ）を２０２３年３月期の38・８円から２０２４年３月期には66・１円に７割伸ばしたことで、株価は掛け算で急伸した。期待（ＰＥＲ）と実力（１株利益）の両方とも上昇しそうな銘柄に出合えれば、株価上昇をダブルで享受できるという好例だ。

一方、過大評価されやすい成長株があれよあれよと急落するのも原理は変わらない。**1株利益が減少してバラ色のシナリオが狂うと、失望一色からPERも急低下する。歯車がダブルで逆回転し始め、惨めな結果となるわけだ**。

会社四季報の株価指標欄は、実績PERの高値と安値それぞれの平均値を掲載している。これは過去3期について、最高株価と最低株価、実績1株利益からPERを求めたもので、最高PERと最低PERに挟まれたゾーンはその銘柄の居所《いどころ》と呼ばれる。

海の魚は種類によって生息する水深が違うように、それぞれの銘柄の居所は異なる。それが高値と安値の平均ゾーンであり、10～15倍が居所の銘柄もあれば20～30倍の銘柄もある。**PERがこの居所の上限に近づいたらそろそろ売り時、下限に来たら買い時と判断できる**。

株式投資の基本は「安い時に買う」であって「安い株を買う」ではない。PERが誤解されているといったのはこの点だ。

3900を超える上場銘柄の中には「万年割安株」といって、好業績にもかかわらず低PERが常態化している銘柄も多い。足元のPERが低くても屋根（＝居所の上限）が低くては、上昇余地は限られる。一方で、とくに財務面やガバナンス上に問題がなく、最高益が予想されているにもかかわらず、下限を大きく割り込んでいる銘柄は狙い目となる。**会社四季報に最高益の文字があり、PERがアンダーシュート（下落方向に行きすぎること）していたら目をつけておいて損はない**。

会社四季報２０２４年夏号に掲載されている髙島屋（８２３３）の例を紹介しよう。第11章でも紹介した百貨店業界3位の老舗で、２０２３年2月期に業界の先陣を切って16期ぶりに最高益を更新した。インバウンド需要や富裕層による高額消費は足元でも続いており、中期経営計画では２０２７年２月期営業利益を５７５億円（２０２４年２月期実績４５９億円、３年で25％増）を目標に据えた。

下図にあるように、PERは過去3期の安値平均が15・1倍。これに対して今期予想PERは11・3倍（２０２４年５月27日終値２４４５円で計算）だ。見出しに【連続最高

明らかに割安。どう仕掛ける？

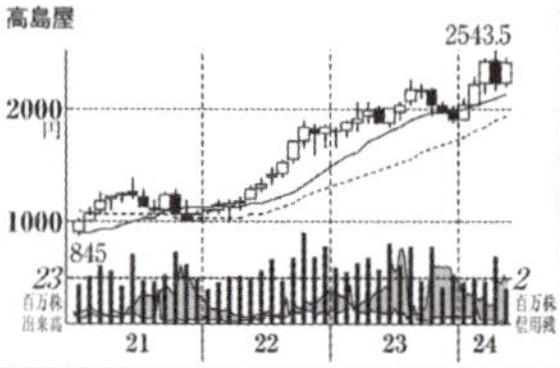

株価指標

予想PER	（倍）
〈25.2〉	11.3
〈26.2〉	10.6
実績PER	
高値平均	22.0
安値平均	15.1
PBR	0.85
株価(5/27)	2445円
最低購入額	24万4500円

8233
(株)
髙《たか》島《しま》屋《や》

【決算】2月
【設立】1919.8
【上場】1949.5

【特色】東京、大阪など全国展開する老舗百貨店。シンガポール店とSC子会社・東神開発の寄与大きい
【連結事業】百貨店業73(8)、商業開発業11(17)、金融業4(21)、建装6(▲2)、他6(3)〈24・2〉

【連続最高益】国内百貨店は高額品軸に富裕層・訪日客向け増勢。中間層向け衣料のセール減り粗利改善。総務や庶務コスト抑制も効く。ＳＣは国内の改装費増を東南アジアの伸長でかわす。最高純益。連続増配。
【新中計】27年２月期に営業利益５７５億円目標。ベトナム開発に重点投資し26年以降ハノイで百貨店を含む複合施設開業へ。国内は玉川や柏など主要ＳＣで大型改装。

年月【資本異動】		万株
06. 4	三者240万株(OA)	32,742
18. 9	併2→1	17,775
24. 4	消却	16,382
24. 8割	分1→2	32,765

東証P	高値	安値
49~22	4390(89)	59(49)
23	2286(8)	1665(1)
24.1~5	2543.5(4)	1901(1)

	高値	安値	出来万株
24. 3	2463	2152.5	2,096
4	2543.5	2167	3,373
#5	2475.5	2223.5	1,902

【外国人持株】+0.9pt(▲2.1pt)
前年 14.4%(5年前 17.4%)
【会社業績修正】上方6 下方1
経常益÷期初会社予想 1.4倍
【業種】百貨店
時価総額順位 4／10社
【比較会社】3086 Jフロント, 3099 三越伊勢丹, 8242 H2Oリテ

【株式】4/30 163,827千株
単位 100株 貸借 優待
時価総額 4,005億円 225
【財務】〈連24.2〉 百万円
総資産 1,270,475
自己資本 454,078
自己資本比率 35.7%
資本金 66,025
利益剰余金 320,867
有利子負債 208,951
【指標等】〈連24.2〉
ROE 7.3% 予7.5%
ROA 2.5% 予2.7%
調整1株益 170.5円
最高純益(24.2) 31,620
設備投資 304億 予557億
減価償却 342億 予335億
研究開発 ‥億 予 ‥億
【キャッシュフロー】億円
営業CF 595(364)
投資CF ▲385(▲107)
財務CF ▲206(▲324)
現金同等物 928(886)

【株主】単173,705名〈24.2〉 万株
日本マスター信託口 2,502(14.0)
自社(自己株口) 2,002(11.2)
日本カストディ信託口 890(5.0)
日本生命保険 496(2.7)
自社共栄会 335(1.8)
SMBC日興証券 268(1.5)
BNYメロンGCMクライアントM・ILMFE 243(1.3)
相鉄ホールディング 240(1.3)
ステートストリートBウエストトリーティ505234 180(1.0)
クレディセゾン 165(0.9)
〈外国〉15.3% 〈浮動株〉29.4%
〈投信〉11.6% 〈特定株〉41.3%
【役員】(社)村田善郎 (専)横山和久 園田篤弘 (常)八木信和 高山俊三 宇都宮優子 牧野考一 (取)清瀬雅幸 後藤晃* 横尾敬介* 有馬充美* 海老澤美幸* ⇨巻末
【連結】東神開発, 高島屋ファイナンシャル・パートナーズ

【業績】(百万円)	売上高	営業利益	経常利益	純利益	1株益(円)	1株配(円)
連20. 2	919,094	25,582	23,200	16,028	93.3	24
連21. 2	680,899	▲13,496	▲13,637	▲33,970	▲203.7	24
連22. 2	761,124	4,110	6,903	5,360	32.1	24
連23. 2	443,443	32,519	34,520	27,838	169.8	26
連24. 2	466,134	45,937	49,199	31,620	200.5	37
連25. 2*予	497,000	50,000	53,000	34,000	215.6	*40
連26. 2*予	525,000	54,000	57,000	36,500	231.4	*40~50
連23.3~8	221,175	20,810	22,181	14,962	94.9	17
連24.3~8予	243,600	23,600	23,700	14,600	92.6	20
会25. 2予	497,000	50,000	53,000	34,000	(24.4.12発表)	

【配当】	配当金(円)
22. 2	12
22. 8	12
23. 2	14
23. 8	17
24. 2	20
24. 8予	20
25. 2予	10
予想配当利回り	1.64%
1株純資産(円)〈連24. 2〉	2,879 (2,620)

【本社】542-8510大阪市中央区難波5-1-5
☎06-6631-1101
【店舗】大阪, 堺, 泉北, 日本橋, 新宿, 大宮, 柏, 京都, 洛西, 横浜, 玉川 計11 37.2万㎡
【従業員】〈24.2〉連6,733名 単3,826名(49.1歳)年738万円
【証券】上東京P 幹野村, 三菱Uモル, シティ, UBS 名三菱U信 監あずさ
【銀行】三菱U, みずほ, 三井住友, りそな, 三井住友信
【仕入先】エルメスジャポン, LVJグループ
【販売先】一般消費者

●髙島屋（8233）2024年３集夏号

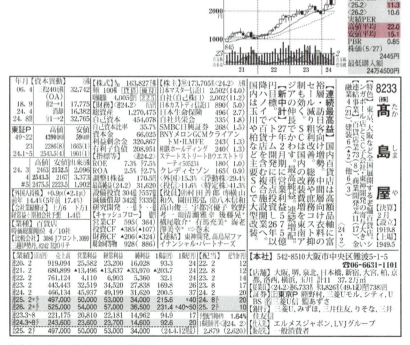

益】とあるように文句なしの業績で、明らかにアンダーシュートしていると考えられるのだ。

どこまで上がるかの見極め術

会社四季報の株価指標欄は、高値目標をどこに設定するかを考えるうえでも役に立つ。**PERの高値平均に今期予想1株利益（EPS）を掛け合わせた数字を1つの目安にすればよいからだ**。髙島屋のPER高値平均は22・0倍、EPSは215・6円だから、22・0倍×215・6円＝4743・2円が目標値となる。2024年8月末付で株式を2分割しているので分割調整後だと2371・6円だ。

この価格は、日経平均株価とTOPIXがともに最高値を更新した7月4日の同社終値1465円を基準にすると62％高い位置にある。そう聞くと現実的に思えないかもしれないが、1989年につけた上場来高値4390円に比べればはるか下、2006年1月の戻り高値2125円からだと12％高いだけだ。業績は当時を大幅に上回っていることや、今後の還元策などを期待すればありえない数字ではない。

居所は未来永劫一定というわけではない。市場のセンチメントが強気に傾けば上方にシフトし、弱気に傾けば下方シフトする。また、会社の稼ぐ力に磨きがかかれば市場環境に関わりなくPERは上昇する。**これを「居所を変える」とか「居所がシフトした」などと表現する**。

欧米での販売比率8割で、世界シェアトップの高級ヘルメットメーカー、SHOEI（7839）のケースで見てみよう。同社は9月決算なので会社四季報に掲載されるPERの高値平均・安値平均は毎年12月発売の新春号で更新される。
居所の変遷をたどると、２０１８年までは高値平均、安値平均ともわずかな変化だった。しかし、２０１９年に居所を大きく上方シフトした。どうしてか。ヒントは、会社四季報２０１７年夏号の【特色】欄にある。前号の春号までは「世界シェア1位。国内でもアライと首位争う」となっていたのが、夏号から「国内もアライを抜き首位」と紹介されるようになったのだ。おそらくこのことによって株式市場での評価がアップしたのだろう。**業界内での序列の変化や、成熟産業である食品会社が医薬品に参入するとPERの居所が上方シフトするのはよくある話だ。**

なお、会社四季報の高値平均ＰＥＲ・安値平均ＰＥＲが過去3期の平均をとっているということは、3期中に赤字転落したり特別損益を計上したりするなどして極端に低い（高い）数字となった決算期があると機能しないという点には注意しておきたい。

PBR1倍割れは「事業価値なし」

株価の割安・割高を測る指標としてＰＥＲと並んでポピュラーなの

SHOEI（7839）のPERの変遷

会社四季報（年、各1集新春号）	実績PER（倍）	
	安値平均	高値平均
2016	8.3	16.8
2017	9.0	16.5
2018	9.9	17.9
2019	**12.2**	**22.3**
2020	14.3	24.5
2021	15.4	27.7

が、同じく株価指標欄に掲載されているPBR（Price Book-value Ratio、株価純資産倍率）だ。

PERが「1株当たり利益」という、1年で稼ぐ利益（フロー）を用いて株価の割安度を判断するのに対し、PBRは1株当たり純資産（BPS、Book-value Per Share）という決算期末時点の会社の保有資産（ストック）を用いて計算する。

具体的には、株価を直近決算期末の1株純資産（BPS）で割って求める。1株純資産は会社四季報Gブロックに前期と2期前の数字が掲載されている。

PERには「何倍なら割安・割高」といった決め手となる水準はないが、PBRでは1倍が基準となる。**会社が解散を決議した場合、資産を売り払って負債を返済し、その残りを株主で分配することになる。その残りが純資産だ**。

つまりPBRは貸借対照表上の解散価値を表している。PBRが1倍を超えていれば、株主としては解散せずにそのまま経営を続けさせたほうが得だが、1倍割れの場合は会社を解散し、株主の権利の1つである「残余財産分配請求権」に基づいて、財産を株主で山分けしたほうがお得という理屈になる。**あくまで理論上の話ではあるが、1倍割れの銘柄は株式市場が事業価値なしと見ていることを意味している**。

PBR1倍割れの会社は教科書的にいえば、貸借対照表に計上されていない含み損があったり、業績悪化で資産の縮小が懸念されたりしている会社ということになる。ただ東証の調べによると、東証プライム市場の50％にあたる922社、スタンダード市場ではなんと64％にあたる934社が1倍割れとい

PBRを分解してみると……

$$\text{PBR} = \frac{\text{株価}}{\text{1株純資産}}$$

$$\underset{\text{PER}}{\frac{\text{株価}}{\text{1株利益}}} \times \underset{\text{ROE}}{\frac{\text{1株利益}}{\text{1株純資産}}}$$

う状況だというのだから穏やかではない。

海外の主要企業と比較すると惨状はさらに鮮明で、日本のＴＯＰＩＸ５００では４３％が１倍割れなのに対し、欧州（ＳＴＯＸＸ Ｅｕｒｏｐｅ ６００）は２４％、米国（Ｓ＆Ｐ５００）は５％にすぎない（いずれも２０２２年７月１日時点）。この中には三菱ＵＦＪフィナンシャル・グループ（８３０６）など３メガバンクをはじめ、東海旅客鉄道（９０２２）、ホンダ（７２６７）、アイシン（７２５９）、日本製鉄（５４０１）、東レ（３４０２）、三菱商事（８０５８）、三井物産（８０３１）といった名だたる会社も数多く含まれていた。

PBRを理解すれば値上がり株が見えてくる

ここにメスを入れたのが、東証による例の「資本コストや株価を意識した経営」の要請だった。私も当初、市場関係者から「誰もが触れるのを避けてきたパンドラの箱の蓋についに東証が手をかけた」という声を何度も聞いた。ただ「ＰＢＲ１倍割れは失格」というムードが醸成されるにつれ、「【改善策】低ＰＢＲの是正めざし、中期計画を補正。事業成長力や株主還元の強化、不十分なＩＲ対応修正へ」（立川ブラインド工業〈７９８９〉２０２３年秋号）といった具合に市場の景色は急速に変化していった。

PBRも株価を主語にして考える

$$\text{PBR} = \frac{\text{株価}}{\text{1株純資産}} = \text{PER} \times \text{ROE}$$

↓

$$\text{株価} = \text{PER} \times \text{ROE} \times \text{1株純資産}$$

ではこのPBR、投資家目線ではどう活用すればよいのか。

実はPBRもPERと同様、「PBR＝株価÷1株純資産」という計算式を鵜呑みにしているだけでは何も見えてこない。計算式を分解してみると、図のようにPBR＝PER×ROEという関係が成り立つ。つまり低PBRということはPER×ROEが低いということだ。

PBRが0・5倍のA株とB株があったとしよう。A株はPER5倍でROE10％、B株はPER50倍でROE1％とする。さて、どちらが割安なのか。

A株は市場で重視されるROEは合格点だが、PERが1桁と低いせいでPBRが低く出る。つまり株価は割安と判断できる。一方のB株はPERが50倍と高いが、肝心のROEは1％と極めて低い。これでは割安とはいえない。

このように、PBRは単独で考えるのではなく、ROEと組み合わせて考えると、なぜ高いのか安いのかの本質が見えてくる。

さて、PERのときと同様に、先ほどの計算式を、株価を主語にするために右辺と左辺を移項してみよう。「株価＝PER×ROE×1株純資産（BPS）」という関係式が成り立つ。ここまで理解できれば、何がどうなれば株価が上昇するかがわかるだろう。**そう、右辺の3つの要素である市場人気（PER）が上昇するか、ROEが改善するか、増益を続けて1株純資産を大きく積み上げるか、だ。3つが同**

時にそろえば理想的だ。

お話ししたように、いくらＰＥＲが低くても万年割安株ではＲＯＥの劇的改善を待つか、利益の積み上げに数年待たねば株価は上昇しない。他方、豊富な市場テーマを抱えている銘柄はＰＥＲが上昇しやすく、かつ業績が良好だとテコの原理で株価が上昇する。ＲＯＥについては外国人持ち株比率のところで説明したように、なぜ彼らがＲＯＥの水準ではなく「改善度」を重視するかがこの公式で理解いただけたと思う。

第16章

株価チャートはここだけ見よ！

昔の会社四季報にはチャートがなかった

会社四季報のチャートは月足チャートだ。証券会社のサイトを見れば日足チャートどころか1分刻みの分足チャートも無料で見られる時代に「月足チャートに意味なんてあるの？」という人もいるかもしれない。**しかし、あとでお話しするように、月足チャートには月足チャートならではの使い方があり、データ満載の会社四季報にあって見どころの1つとさえいえる。**

会社四季報が発売されると3度読むというファンドマネジャーの話を第2章で紹介したが、彼が最初にチェックするのがGブロックの【業績】欄、2度目読みではBブロックの業績記事、そして3度目読みでチェックするのがこの月足チャートだった。

会社四季報は基本的には株式投資で儲けるための「ファンダメンタルズ分析」に使うものといってよい。ファンダメンタルズとは日本経済や世界経済における経済指標のことを指すが、株式投資の世界では意味合いがちょっと異なる。決算や財務状況、収益性、成長率など、これまで説明してきた各種指標を使って、会社の適切な株価と現在の株価を比較検討すること。それをファンダメンタルズ分析という。

ファンダメンタルズ分析と対になるのが「テクニカル分析」である。こちらは、株価の値動きや相場の行方を過去のデータや経験則から分析することを指し、株価チャートはこのテクニカル分析に必要不可欠な存在となっている。投資家の中には、ファンダメンタルズ分析は得意だがチャートの見方はよく

ローソク足の４本値の意味

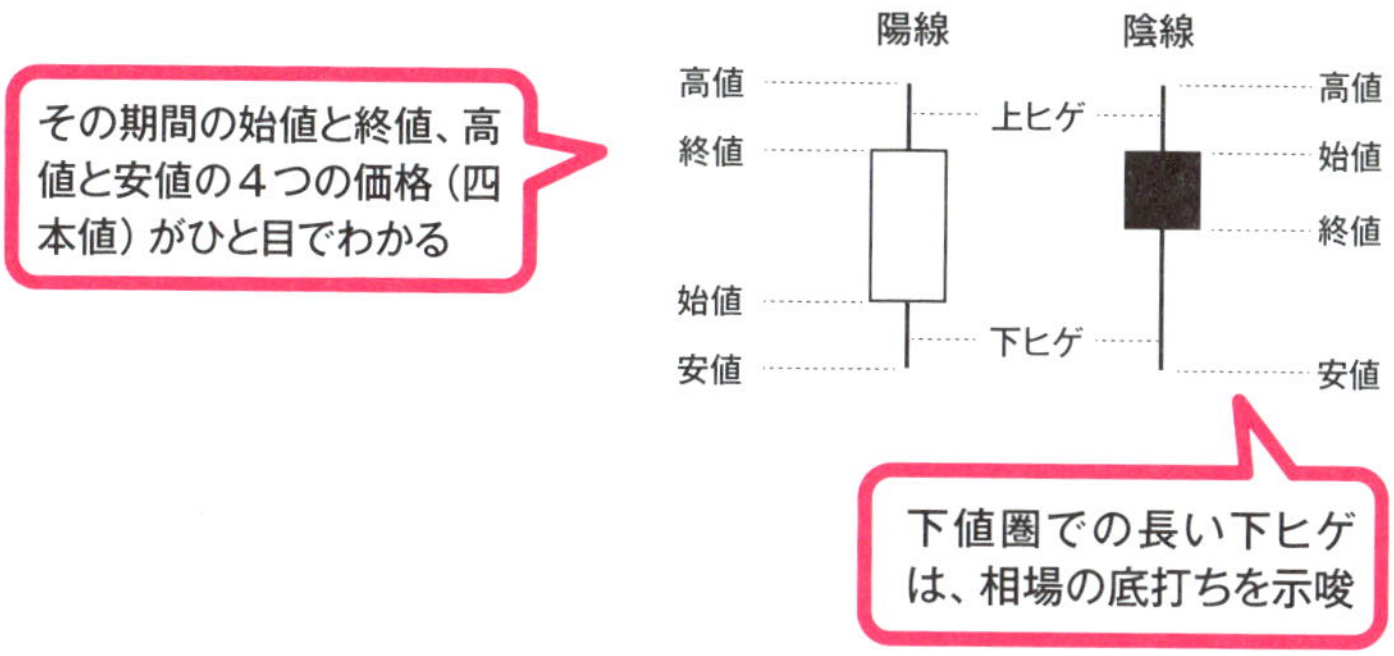

わからないという人もいれば、逆に高機能チャートさえあれば十分で会社四季報はめったに見ないという投資家も数多くいる。**実をいうと会社四季報もかつてはファンダメンタルズ重視で株価チャートの掲載はなく、現在チャートのあるスペースはメモ欄になっていた（！）**。掲載が始まったのは1981年秋号からのことだ。

実際は、ファンダメンタルズ分析、テクニカル分析ともそれぞれ長所、短所があり、お互いを補うためにも両方マスターするのが投資家としての絶対条件だ。両方をうまく組み合わせた投資は「テクノファンダメンタル投資」と呼ばれている。

投資家心理を表すローソク足

株価チャートを理解するうえで基本となるのは「ローソク足」と「移動平均線」の2つである。

ローソク足とは、相場分析に不可欠な「始値《はじめね》」（1日や1週間、1カ月などの一定期間において最初に取引された価格）、「終値《おわりね》」（最後につけた価格）、「高値《たかね》」（その期間につけた最も高い価格）、

「安値《やすね》」（最も低い価格）の4本値を1本のローソクの形で示したものだ。
ローソクの胴体に当たる部分は始値と終値を結んだもので、これを「実体」と呼び、その上下についたヒゲ部分が高値と安値を示している。始値より終値が高ければローソク足は白（「陽線」と呼ぶ）、逆に終値のほうが安いときは黒（「陰線」と呼ぶ）で表現される。

月足チャートでは1本のローソクが1カ月間の株価の動きを示している。陽線（白）は月間を通じて株価が上昇した月、陰線（黒）は下落した月を意味し、ローソク足の実体（始値と終値を結んだ、ローソクの胴体に当たる部分）が長ければそれだけ勢いよく上昇した、あるいは下落した証拠だ。逆に実体が短い場合は1カ月を通してほとんど値動きがなかったことを示している。

中には「十字線」といって実体がほとんどなく、上下にヒゲだけをつけたローソク足が現れることがある。株価の上下はあったものの、結局、始値と終値が同じだった（これを「往って来い」という）ときに現れる。**別名「迷いの十字線」などとも呼ばれ、相場の転換点に出現することが多い**。

高値と安値を示す「ヒゲ」も重要なサインだ。長いヒゲをつけたロー

長い上ヒゲが発現

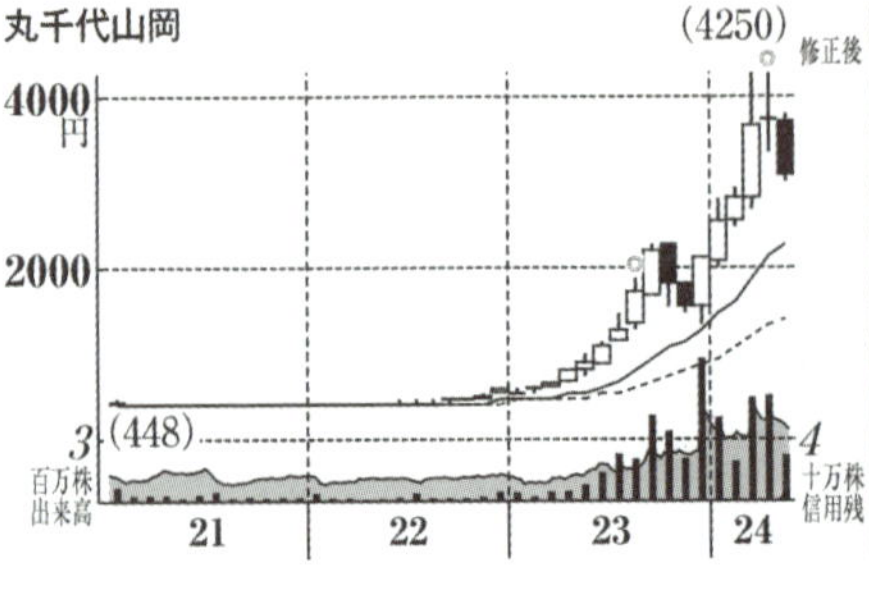

株価指標	
予想PER	（倍）
〈25.1〉	19.5
〈26.1〉	17.4
実績PER	
高値平均	17.4
安値平均	7.4
PBR	8.07
株価（5/27）	3185円
最低購入額	31万8500円

●丸千代山岡家（3399）2024年3集夏号

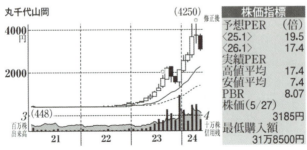

ソク足が相場の天井圏や底値圏で出現すると相場転換のシグナルとなる場合がある。天井圏で出た長い上ヒゲは下落トレンド転換を示唆する警戒シグナル、底値圏で出た長い下ヒゲは上昇トレンド転換のシグナルとされる。ときには実体の数倍もあるヒゲをつけることもある。

ある銘柄の株価が月初めから上昇を続け、月の半ばまで順調に値を伸ばしたものの、ある日を境に売り勢力のほうが優勢となり月末にかけてぐいぐいと押し戻されてしまった。この場合は上ヒゲが現れる。これとは逆に下ヒゲは、買い勢力が勢いづいたパターンだ。実体部分が陽線か陰線かは問わない。天井圏の上ヒゲも底値圏の下ヒゲも、どちらも売り勢力と買い勢力の形勢が逆転した証拠なのだ。

もし、発売されたばかりの会社四季報を見ていて、直近月のローソク足が高値圏で長い上ヒゲを引いていたら、たとえ業績がよくてもひとまず高値づかみを警戒する必要はあるだろう。買うのは調整後の反発を待ってからでも遅くない。

日経平均株価やTOPIXが最高値を連続更新した2024年の相場では、こうしたチャートパターンは出現しにくいが、参考までにラーメンチェーンの丸千代山岡家（3399）の2024年夏号に掲載されたチャートを前ページの図に示した。3月の月足が大陽線となり大きく値を伸ばしたものの長い上ヒゲをつけている。翌4月は最高値を更新したものの、結局月足は先ほどの「迷いの十字線」でほぼ往って来いとなり、続く5月には比較的大きな陰線を引いて下落しているのがわかる。ここにはないが実は6月も月足陰線となり、株価は3カ月あまりで4250円から2726円まで36％下落してしまった。会社四季報の見出しは春号が【続伸】、夏号が【最高益】であるにもかかわらずだ。

なぜ移動平均線がそれほど重要なのか

チャートを見るうえで、ローソク足と並んで重要なのが移動平均線だ。移動平均線は日々の株価を平準化することで、上下動にまどわされることなく、より大きなトレンドの方向性を見られるようにしたものだ。**順調に上昇中の株価は、今後も移動平均線に沿って上昇する習性がある。ただ、いったん移動平均線を割り込むと黄信号が点灯し、警戒する必要が出てくる。一方、底打ち反転して回復基調にある株価の場合は、その上に移動平均線があるとそこで頭をたたかれる可能性が高い**。

話を単純化するために日足チャートで使われる5日移動平均（つまり1週間）を例にすると、1日経過するごとに古いほうの株価を外し新しいほうの株価を加えて5で割った数字、これが移動平均株価だ。この作業を毎日繰り返し、移動平均株価を結んだ線が5日移動平均線となる。移動平均線はその期間の売り買いのコストの平均を示しているとも言える。

一般に日足チャートで使う移動平均は5日、25日、75日（それぞれ1週間、1カ月、3カ月に対応）。週足では13週、26週、52週（同3カ

理想的な「順の並び」

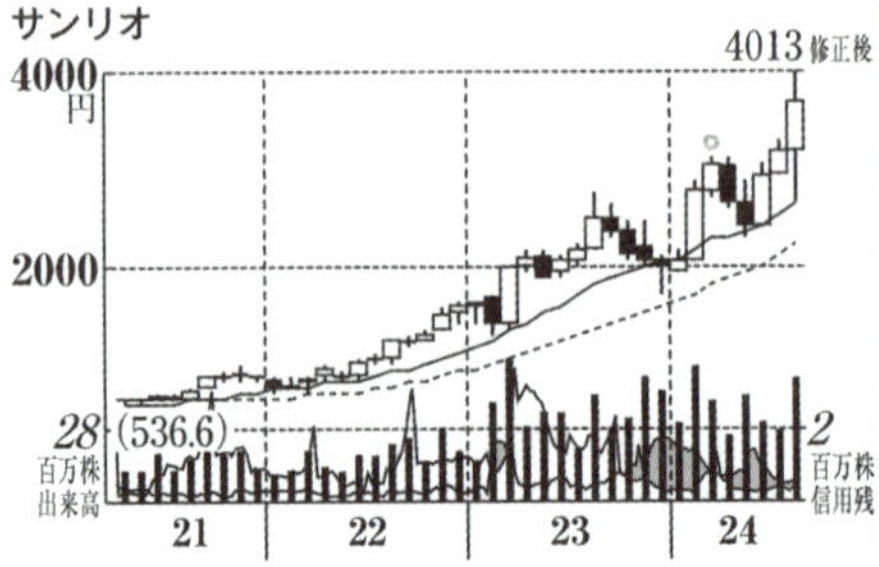

株価指標	
予想PER	（倍）
〈25.3〉	29.9
〈26.3〉	27.2
実績PER	
高値平均	51.1
安値平均	23.8
PBR	11.58
株価（8/26）	3627円
最低購入額	36万2700円

●サンリオ（8136）2024年4集秋号

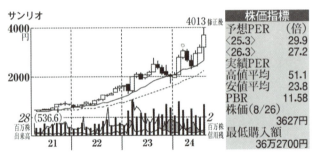

月、半年、1年）。また、月足では12カ月、24カ月、60カ月が使われるが、**会社四季報の月足チャートでは12カ月（実線）と24カ月（点線）が掲載されている**。

移動平均線でまずチェックしたいのは、2本（12カ月と24カ月）の移動平均線の傾きと株価の関係だ。具体的には、①2つの移動平均線は上向きか下向きか、②ローソク足は移動平均線の上にあるか下にあるかを見る。

①と②の組み合わせはいくつか考えられるが、上から順に、株価、上向きの12カ月線、上向きの24カ月線と並ぶいわゆる「順の並び」が理想の形だ。逆に最悪なのは下から順に株価、下向きの12カ月線、下向きの24カ月線で並ぶ「逆順」と呼ばれるパターンとなる。**順並びは今後も上昇トレンドの継続が期待される強気の相場、逆順は今後も下落トレンドが続くと予想される弱気相場を示唆している**。

トレンドの変化はこうして察知する

株式投資で重要なのは銘柄選びもさることながら、トレンドの変化をいかに早く的確にキャッチして上手に売買できるかにある。このタイミングをつかむために行う作業がテクニカル分析である。

テクニカル分析の際の売買サインは、先ほどのローソク足では天井圏での上ヒゲや底値圏での下ヒゲ、あるいは十字線の出現であり、移動平均線では「ゴールデンクロス」や「デッドクロス」がサインとなる。ゴールデンクロスは、短期の移動平均線が長期の移動平均線を下から上に突き抜けることを指す。株価トレンドが下落基調から上昇基調に転換したことを示しており、これが出たら買いシグナルだ。一方、デッドクロスとは反対に短期の移動平均線が長期の移動平均線を上から下に突き抜けることをいい、株価トレンドが下落基調に変化したことを示唆する売りシグナルだ。**どちらのシグナルも、いったん現れるとその後しばらくは同じ方向のトレンドが継続する傾向がある**。

　ゴールデンクロスやデッドクロスは誰にでもわかりやすいのが最大のメリットだが、「だまし」に終わることも少なくないという弱点もある。少しでも見方の精度を上げるには、長期の移動平均線の向きに注意したい。

　ゴールデンクロスの場合、長期線が横向きだったり下向きのままだったりするとだましに終わり、その後下降トレンドに向かってしまうことがある。「信頼できるゴールデンクロス」は長期線が上向きのときだけである。デッドクロスも同様に、長期線が下向きのときが「信頼できるデッドクロス」となる。

　ゴールデンクロスやデッドクロスのもう1つの弱点は、実際の株価の動きに比べてタイムラグが発生するという点だ。そもそも移動平均線自体が遅行指標であり、移動平均線が上向き

ゴールデンクロスとデッドクロス

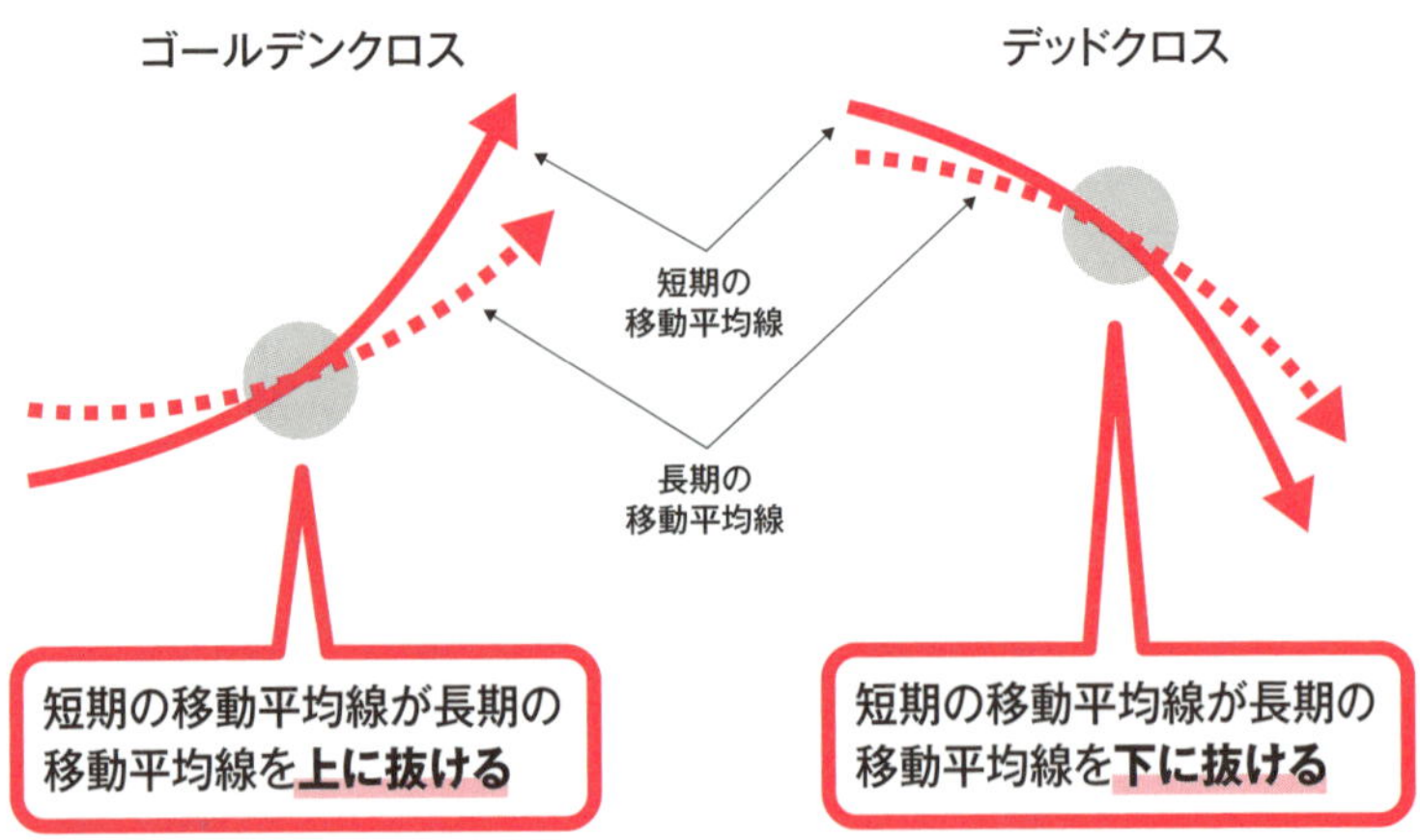

（下向き）始めたときには株価はもっと上昇（下落）している。

相場格言にあるように「頭と尻尾はくれてやれ」と割り切れるならともかく、損失は少しでも抑えたい、利はできるだけ多く乗せたいと考えるなら、移動平均線と株価の位置関係をしっかりチェックすることだ。移動平均線が上向き推移していてもローソク足が割り込む動きを見せていたらひとまず警戒するとか、逆に、下向き推移する移動平均線をローソク足が明確に上抜いたら打診買いを入れておくなどの突っ込んだテクニックが必要となるだろう。

「出来高は株価に先行する」は確かな経験則

もう1つ、チャート上でトレンド転換を知らせてくれる強力な助っ人が出来高である。この章の冒頭部分で「テクニカル分析は過去のデータや経験則から分析すること」といったが、**「出来高は株価に先行する」という投**

ソニーグループ（6758）の30年の月足チャート

資格言もかなり確度の高い経験則といえる。

出来高は市場参加者の注目度のバロメーターだ。人気が出ると出来高が膨らみ、人気が離散すると出来高は細る。株価の上昇や下落はその結果にすぎない。出来高の伴わない株高は本物とはいえず、また逆に出来高の伴わない株安はまだ底値とはいえない。

前ページの図はソニーグループ（６７５８）の１９９０年以降の30年強の月足チャートだ。

まず注目してほしいのは、ＩＴバブルさなかの２０００年3月に上場来高値を記録した局面である（①）。ここをズームアップしたのが次ページの図だ。出来高の増加とともに株価が急上昇し、高値ピークとなった月に出来高も最高に膨らんだ。これが人気絶頂の合図となり、株価は下落。出来高もしだいに細っていく。

次のポイントは大幅な下方修正を発表した２００３年4月（②）。前年度の第４四半期が赤字に陥ったうえ、新年度の業績見通しも大幅減益とあって翌日以降はソニー株に大量の売り注文が殺到。国際優良株の代名詞とも言える銘柄にありながら売買が成立しない異常事態となり、連日でストップ安を喫する。**ソニーがダメならあれもこれもと業種を超えて狼狽売りが広がり、市場は売り一色となった。これがいわゆる「ソニーショック」である**。

この月のソニーの出来高は、株価ピークの①より膨らんでいるのがわかる。また、２００８年10月に下方修正を発表したときも出来高が急増した（③）。どちらの局面も、前の安値を割り込んだことでパニック売りとなったのだろう。ただ、それによって売り玉はほぼ出尽くし、乱高下はなくなった。

①2000年の高値ピーク

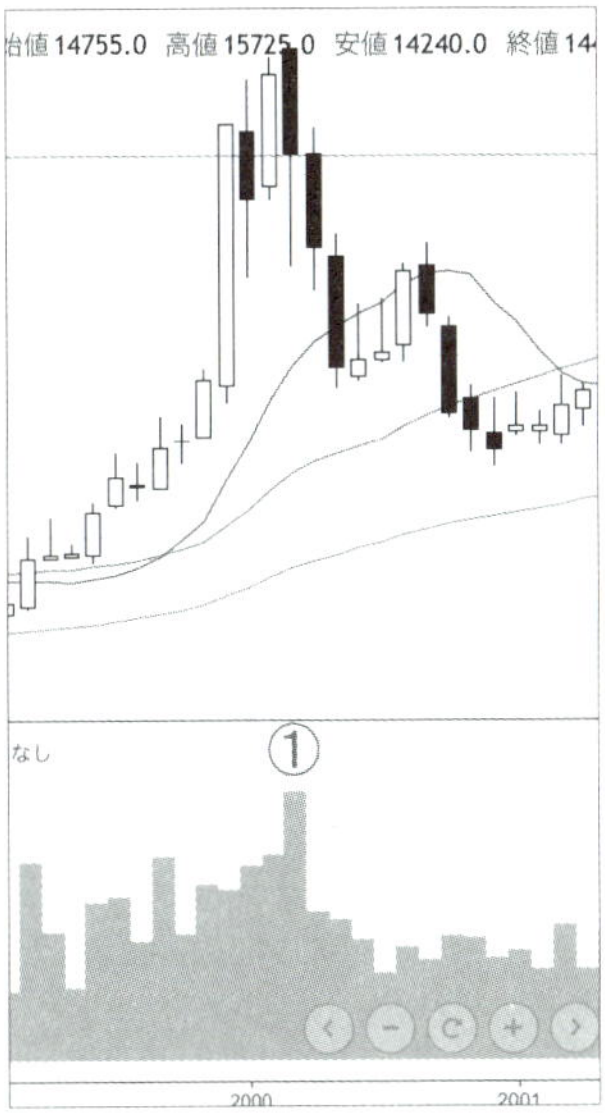

②大幅株価下落局面

③底割れパニック

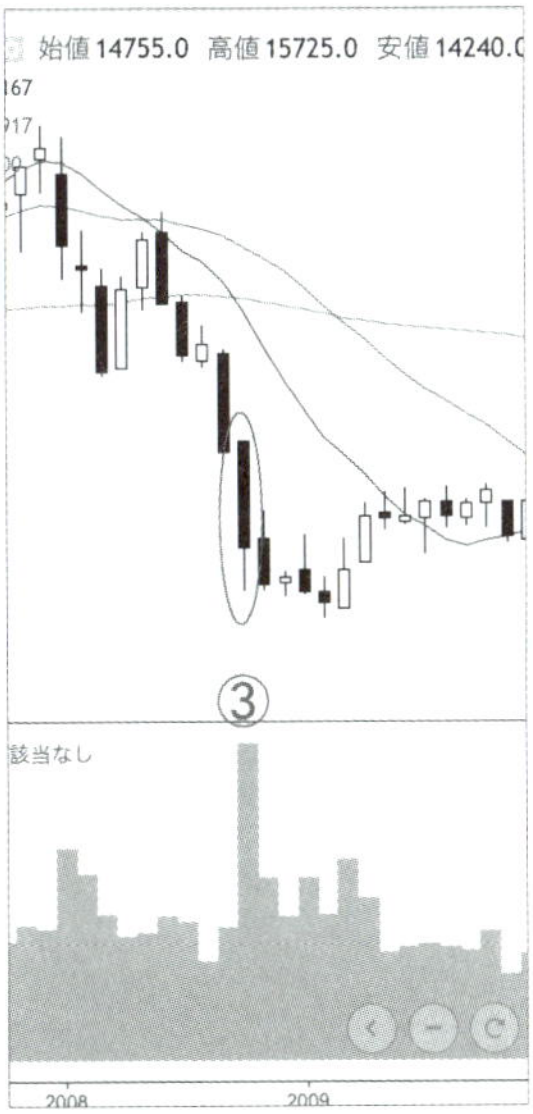

④外国人買いが入る

(注) ①～④の各図は縮尺率が異なるため、303ページの図とは一致しない場合がある

後追いでも余裕で儲かる

最後の注目ポイントは2013年1月に過去最高の出来高をつけた局面だ（④）。これより以前の2012年6月に、ソニー株は節目の1000円（分割調整前価格）を32年ぶりに割り込み大きな話題となっていたが、この局面での異様なまでの出来高増加はこれまでとは明らかに意味合いが違う。新たな買い勢力の台頭だ。

この月にソニー側はなんらアクションを起こしていない。では買い勢力とは誰か。そう、海外勢である。前月の2012年12月に第2次安倍晋三政権が誕生し、「3本の矢」を柱とする経済政策を表明した。それ以降、海外勢がどっとなだれ込み、出来高がかつてない規模へと膨らんだ。

その証拠に、会社四季報バックナンバーでソニーの外国人持ち株比率を調べてみると、2012年新春号（調査は2011年9月末時点）で42・7％だった持ち株比率はその後、半年ごとに36・5％→33・8％と漸減していったが、2013年夏号（調査は2013年3月時点）の32・6％を底に反転し、2014年新春号からは40・6％→42・2％→52・7％と増加。2022年新春号では59・8％まで回復している。つまり、2013年1月の大商いこそが大底をつけたサインだったことになる。

ソニーのチャートからわかることは、出来高が急増した翌月に追いかけても余裕で儲かるという事実である。大商いは結果的に6カ月間続き、ソニーという超大型国際優良株にあってテンバガーを達成している。大底圏での出来高急増は絶対に見逃せないシグナルなのだ。

テクニカル分析は非常に奥が深く、ここではその全部は紹介できない。それどころか1冊2冊の本でも収まらないほどだ。銘柄選び以上にテクニカル分析に注力し、銘柄は自分の得意な5、6銘柄に絞り、上手に売買することで資産を築いた投資家もいる。後で聞くとそれはなんら変哲のない電力株だったりするから驚きだった。テクニカル分析が少しでもおもしろいと感じ始めた投資家は、ぜひ一歩踏み込んで勉強してみることをおすすめする。

月足には月足のよさがある

ほとんどの投資家がそうだと思うが、日頃使うのは日足チャートか週足チャートであって、月足チャートは特別な目的でもない限り使う機会がめったにない。**だからこそ会社四季報で銘柄チェックをするときくらいは月足チャートをじっくり見てもらいたいと思う**。

最近とみにそう感じるようになったのは、ここ数年に株式市場でいろいろな変化があったからだ。日経平均株価は2020年3月のコロナショック時には1万6359円まで下落したが、そこから約4年でバブル超えを果たすと誰が予想しただろうか。それどころか、2024年3月には史上初の4万円に乗せ、「日経平均10万円説」すらささやかれている。確かに株価が歴史的水準にあるときは、短期の視点だけだと見誤ることがある。今は「木を見るより森を見ろ」の局面なのだろう。

木を見ているだけでは自分がどこにいるのかわからなくなってしまうのと同じで、今の株価も短期チャートだけ見ていると歴史的に見てどの高さにいるのか気づかない。上場来高値を更新する銘柄が続出する中、一方では高所恐怖症のように感じる銘柄も月足チャートで見ると過去につけた上場来高値のいまだ5合目だったりする。

ソニーグループの株価は歴史的に見てどの位置にあるか？　トヨタ自動車（７２０３）株は今どのへんか？　と聞かれて、即座に答えられる人は「森」を見ることができている人だ。トヨタは２０２１年以降毎年コンスタントに上場来高値を更新しているが、ソニーグループはＩＴバブル期の２０００年につけた最高値をいまだ更新できていない（２０２４年7月時点）。この違いの「なぜ」を考えることが投資の勉強になるのだ。

知り合いの億り人に言わせると、株がわかるようになるには7年かかるという。痛い思いを3年少々、よい思いも3年少々で計約7年。その後も相場の波にもまれるように成功と失敗のサイクルを繰り返して上達していく。彼曰く、「若い投資家を見るとうらやましい」のだそうだ。「若いうちに始めたほうがこのサイクルを多く経験できるから」だという。

こうした人たちの体内時計もある意味、月足や年足だ。投資の勉強は短期間ではできない。

会社四季報発売は年に4回。取材執筆する記者は、大げさではなく本当に全力投球している。会社四季報歴30年超の私も、締め切りが来るたびに必死だった。引退した今も四季報読破は続けているが、読むときはそれこそ必死だ。本書を読んだ読者も、次号の会社四季報はぜひ「必死」で読んでみてほしい。会社四季報誌面はモノクロだが、掘り当てたお宝銘柄はカラーで見えてくるはずだ。

【た】

【な】

【は】

【ま】

【や】

【ら】

索　引

【A～Z】

【あ】

【か】

【さ】

【著者紹介】
山本隆行（やまもと　たかゆき）
1959年生まれ。早稲田大学卒業。東洋経済新報社で『会社四季報』記者として多岐にわたる企業・業界を担当したほか、『週刊東洋経済』では副編集長として主にマーケットや投資に関する企画を担当。『オール投資』（現在休刊）編集長、『会社四季報プロ500』編集長、証券部編集委員、名古屋支社長などを経て、2012年『会社四季報』編集長。2013年10月「会社四季報オンライン」立ち上げに伴い初代編集長に就任。2024年3月退職。現在は個人投資家や証券会社のファンドマネジャー、トレーダーなど幅広い層を対象に『会社四季報』の活用法をテーマにした講演活動や執筆活動を続けている。

伝説の編集長が教える
会社四季報はココだけ見て得する株だけ買えばいい　改訂版
2024年12月13日　第1刷発行
2025年 2 月10日　第2刷発行

著　者——山本隆行
発行者——山田徹也
発行所——東洋経済新報社
〒103-8345　東京都中央区日本橋本石町 1-2-1
電話＝東洋経済コールセンター　03(6386)1040
https://toyokeizai.net/
装　丁………橋爪朋世
ＤＴＰ………アイランドコレクション
印　刷………港北メディアサービス
製　本………積信堂
編集協力……太田直人
編集担当……髙橋由里

ISBN 978-4-492-73372-1